미술치료의 길잡이

-이론과 매체 적용-

이영희·박정원·김은영·양지원

창지사

머리말

언어적 표현이 서툰 내담자들의 미술을 통한 자기표현, 자기인식 과정은 무척 신기하고 놀라운 경험이다. 미술치료는 미술이라는 매체를 활용하여 자신의 내면을 표현하며, 이 과정에서 내면에 억압되어 있던 부분을 스스로 발견하여 자신을 이해하고 통찰하는 과정을 통해 심리적인 성장을 이루는 분야이며, 최근에는 방송 매체를 통해서도 많이 소개되어 널리 알려지고 있다.

간혹 미술을 부담스럽게 생각하고 다가오기 힘들어하는 분들이 계신다. 다수가 어릴 적 미술 시간을 떠 올리며 자신 없어 하기도 한다. 따라서 미술치료사들은 미술치료가 미술교육과는 다른 과정에서 우열을 가리지 않고 자유롭게 나만의 창의성을 표현하는 시간임을 잘 이해시키고 알려야 하는 과제가 있다. 또한, 미술치료에서의 치료(therapy)의 의미를 물으며 자신이 치료를 받아야 할 만큼 심각한 상황인지 묻는 분들도 있다. 미술치료에서의 치료에 대한 부담감을 표현하는 것인데, 미술치료사들은 이 또한 미술을 매개로 한 상담 형식으로 진행됨을 잘 설명해야 한다.

미술치료 분야가 우리 사회에 익히 알려져 있지만, 막상 미술치료를 받아야 하는 상황이 되면 앞서 말한 미술에 대한 부담감이나 치료에 대한 두려움을 표현하며 망설이기도 한다. 미술치료는 인간의 심리를 연구하는 전문분야로 미술치료사에게는 고도의 학습과 훈련이 필요하다. 미술치료사는 미술치료에 참여하는 내담자들이 편안하고 자연스럽게 미술을 통해 자신의 문제와 욕구를 해결하도록 안내한다. 즉 전문가로서의 미술치료사 과정은 쉽지 않겠지만 미술치료에 참여하는 내담자에게는 어느 시간보다 편안하고 따뜻한 시간이 될 수 있을 것이다.

이 책은 미술치료에 다년간 몸담고 예비 미술치료사들을 지도하며 다양한 내담자들을 만나 많은 임상경험을 해 온 저자들이 함께 마음을 모아 집필한 결과물이다. 따라서 각 저자의 임상경험에서의 노하우가 심리치료 이론과 연결되어 실제 상담현장에서 응용될 수 있도록 집필한 것이 특징이다. 특히 각 장 마무리에 미술치료 기법과 실습, 즉 매체 적용에 대한 실제를 작성하여 미술치료에 입문하거나 상담현장에서 적용하고 있는 분들에게 많은 도움이 될 것이다.

이 책은 모두 10장으로 구성되어 있다. 제1장에서는 미술치료의 정의, 장점 및 역사 등 미술치료의 기본적인 이해에 관해 기술하였고, 제2장에서는 미술치료에 사용되는 다양한 매체의 종류와 특징들을 정리하였다. 제3장에서는 미술 자체가 가지고 있는 치료적인 특성과 미술 활동 과정에서 나타나는 치료적 요인들을 기술하였다. 제4장은 미술치료의 기반이 되는 다양한 심리이론들의 개념, 치료과정과 더불어 그 이론과 접목이 되는 미술치료 기법 및 미술치료 실습방법 등을 정리하여 미술치료사들이 실제 상담현장에서 적용하는 데 도움을 주고자 하였다. 제5장은 우리의 삶과도 밀접한 관련이 있으며 미술치료에서 치료적으로 활용할 수 있는 색채 심리에 관하여 기술하였고, 제6장에서는 다른 심리치료와 구별되는 미술치료만의 특징적인 면이자 기본적으로 가장 빈번히 적용되는 미술치료의 진단기법들을 소개하였다. 제7장은 실제 임상에서 미술치료를 준비하고 진행하는 계획 및 치료의 과정, 기록과 평가에 관한 내용으로 임상을 시작하기 전후에 참고하기에 적절한 부분이며, 제8장은 미술치료에서 고려하여야 할 미술치료사의 자질과 역할 및 윤리에 대하여 기술하였다. 제9장은 미술치료의 단계별 프로그램의 설명과 프로그램의 예시를 소개하였다. 제10장 미술치료의 실제 적용에서는, 미술치료 이론을 기반으로 진단 및 치료기법을 적용한 실제 사례에 대해 제시하였다. 기존 미술치료 관련 책에는 대부분 개인 사례 위주로 소개되었기 때문에 이 장에서는 집단미술치료 사례를 제시하였고, 사례의 대상은 상담현장에서 상담자가 가장 많이 만날 수 있는 아동, 학교와 상담센터에서 주로 만나게 되는 청소년, 노인복지 관련 기관에서 만날 수 있는 노인 사례를 대표적인 미술치료 사례로 제시하였다. 제10장 미술치료의 실제 적용 사례를 통해 제1장부터 제9장까지 소개되었던 미술치료의 이해, 매체의 분류와 특성, 미술의 치료적 의미, 미술치료의 심리이론, 색채 심리, 미술치료의 진단기법, 미술치료 진행 과정, 미술치료와 윤리, 미술치료 단계별 프로그램이 내담자에게 어떻게 적용되었고 효과성은 있는지 등을 제시함으로써 미술치료를 진행하는 상담자에게 미술치료의 실제 적용 방법을 이해하고 활용하는 데 도움이 될 것이다.

책을 집필하며 삶의 어려움을 함께 나누었던 많은 내담자와 열심히 미술치료를 공부하면서 미술치료사로서의 미래를 고민하는 예비 미술치료사들의 모습이 떠올랐다. 미술을 매개로 삶의 희로애락을 표현하고 꿈과 미래를 함께 이야기 나누었던 모든 분들에게 진심으로 감사드린다. 이 책이 미술치료를 전공하는 학생, 현장에서 미술치료를 진행하는 미술치료사들 그리고 미술치료 및 상담에 관심 있는 분들에게 도움이 되기를 진심으로 바란다.

2022년 1월

저자 일동

차례

01

미술치료의 이해

I 미술치료의 정의

미술치료는 미술이라는 매체를 활용하여 내담자가 자신의 내면을 표현하며, 억압되어있거나 왜곡된 부분을 스스로 발견하여 자신을 이해하고 통찰하는 과정을 통해 심리적인 성장을 이루는 심리치료의 한 분야라고 할 수 있다. 심리치료를 시행할 때 언어적 상담만으로 진행하기 어려운 경우 다양한 미술활동을 통해 내담자들의 심리를 진단하고 치료할 수 있는데, 이는 미술활동을 통해 인간의 심상이 시각화되며 자신의 성격이나 경험, 생각과 감정, 그리고 소망 등을 나타낼 수 있기 때문이다(정현희, 2018). 특히 미술활동은 언어로 자신의 내면을 표현하기 어려운 아동이나 장애인들에게는 언어보다 편안한 도구로써 상담에 적용할 수 있고, 미술활동 자체가 정화의 기능을 가지므로 내담자의 불안하고 상처 입은 내면을 치유하는 데 도움을 줄 수 있다.

미술치료(Art Therapy)라는 용어는 1961년 『Bulletin of Art Therapy』의 창간호에 실린 울만(Ulman, 1961)의 논문에서 처음 사용되었다. 미술치료는 이후 발전을 거듭하여 현재 심리치료, 상담, 교육, 재활 등 다양한 분야에서 활용되고 있으며, 대상자도 아동, 청소년, 성인, 노인, 장애인, 부부, 가족 등 매우 포괄적이다. 미술치료는 어떤 대상에게 적용하든 미술활동을 통해 자아를 표현하고 자신을 인식하며, 인격의 통합을 이루고자 하는 목적은 동일하다고 하겠다.

미술활동은 내담자의 생각이나 감정을 파악할 수 있도록 적용이 가능하며, 심리적인 문제를 치유하는 데에도 유용하다. 내면의 상처, 상실, 결핍 등이 미술활동을 통해 표현될 수 있으며 이때 내담자가 내면에 가지고 있는 불안과 긴장이 해소될 수 있다. 대부분 표현되지 않은 상처와 고통의 경험은 해결되지 않은 채 내면에 깊이 억압되어 우리의 행동에 영향을 주며 때로는 문제행동으로 드러날 수 있기 때문이다.

미술활동을 통해 상담자는 내담자의 무의식을 의식화하는 작업을 진행할 수 있다. 자발적인 미술활동은 내담자에게 즐거움을 주며, 자신을 표현하고 이해하는 과정을 통해 조화로운 내면을 형성하게 된다. 그리고 격렬한 감정을 가지고 있는 경우일지라도 미술활동을 통해 표현하는 방식은 일반적으로 안전한 방법이므로 내담자는 편안함과 안정감을 느낄 수 있다.

우리는 의사소통을 할 때 언어적인 의사소통 방법과 비언어적 의사소통 방법을 사용한다. 미술치료는 이 중 비언어적 의사소통 방법에 가까우며, 대부분 시각적 이미지를 창조하고 언어적인 보완을 이루는 과정이라고 할 수 있다. 이 과정을 통해 그동안 억압되고 왜곡하거나 방어했던 모습에서 명확하게 자신을 인식하고 더 나아가 자기실현을 이루게 되는 것이다.

2 미술치료의 장점

미술치료의 입장이나 성격에 다양한 견해가 있을 수 있으나 다른 치료기법과 비교했을 때 대체로 다음과 같은 장점을 가지고 있다고 할 수 있다(Wadeson, 1980).

1) 미술은 심상의 표현이다.

인간은 삶의 경험의 다양한 기억들을 심상의 형태로 가지고 있으며, 언어로 표현하기 전에 먼저 심상으로 사고를 한다. 즉, '사과'라는 말을 표현하기 전에 자신이 보거나 맛보았던 '사과'의 심상을 떠올릴 것이다. 특히 인간에게는 삶의 초기 경험이 중요한 심상의 요소가 되며, 그 심상은 성격 형성에 중요한 역할을 한다. 미술치료는 내면에 가지고 있는 심상을 표현하도록 유도하게 되는데 심상은 삶의 경험을 통해 이미 형성되어 있으므로 표현하는 것이 그리 어렵지 않으며, 미술치료는 시각적 이미지를 창조하는 과정을 활용하므로 심상의 표현은 중요한 장점이 될 수 있다.

2) 내담자의 방어를 감소시킬 수 있다.

인간은 언어로 의사소통을 하고 언어화시키는 작업에 숙달되어 있다. 언어적인 상담의 경우 이성의 통제를 받아 방어를 사용하는 경우가 많다. 그러나 미술치료는 비언어적인 의사소통에 가까우므로 통제를 적게 받는다. 가끔 내담자의 의도와는 다른 예상치 않았던 표현이 미술작품에서 나타나게 되는데, 이는 치유적 관점에서 볼 때 방어를 내려놓는다는 중요한 의미가 있다고 할 수 있다. 예상치 않았던 자신에 대한 인식은 내담자를 통찰과 성장으로 유도하기도 한다.

3) 구체적인 유형의 자료가 형성된다.

미술치료를 통해서 시각적인 형태의 작품이 만들어지는데, 상담자와 내담자가 함께 볼 수 있고 만질 수 있는 내담자의 구체적인 작품을 통해서 둘 사이를 연결하는 다리가 놓인다고 할 수 있다. 저항이 심한 내담자의 경우에는 언어적인 방법보다 그들의 작품을 통해 소통하는 것이 더 편할 수 있으며, 내담자들도 자신이 만든 작품을 바라보면서 자신의 감정이나 사고 등을 이해하고 통찰하게 된다.

4) 자료의 영속성이 있다.

미술작품은 보관이 가능하므로 내담자가 만든 작품이 필요할 때에 다시 검토해 볼 수 있다. 작품을 다시 검토할 때 전에 미처 깨닫지 못했던 새로운 통찰이 일어나기도 하며, 내담자 자신도 이전에 만든 작품을 다시 보면서 당시의 사고나 감정을 회상하기도 한다. 즉, 보관이 가능하고 영속성 있는 작품을 통해서 내담자의 주관적인 기억의 왜곡을 방지할 수 있으며, 일련의 작품을 통해 치료의 과정을 한 눈으로 이해할 수 있다.

5) 미술은 공간성을 가진다.

언어는 일차원적인 의사소통 방식으로 한 가지씩 순서대로 나아간다. 즉, 시간적이라고 할 수 있다. 미술표현은 본질적으로 공간적이며 미술작품에서는 공간 속에서 연관성이 나타난다. 언어로 가족을 소개할 때 먼저 아버지, 어머니를 소개하면서 두 분의 관계를 얘기하고, 그리고 형제들과 그들의 관계, 그리고 모든 가족들과 자신과의 관계를 말하게 된다. 그러나 우리는 삶에서 이 모든 것을 동시에 경험하고 있으며, 미술치료에서는 가족을 말로써 소개하면서 동시에 그림으로 표현할 수 있다. 인물, 장소와 함께 그들의 관계 특성이 한 공간에 표현되는 것이다.

6) 미술은 창조성과 신체적 에너지를 유발 시킨다.

미술작업을 시작하기 전에 신체적 에너지가 다소 떨어져 있던 내담자는 미술활동을 진행하고 자신의 작품을 감상하면서 이야기하는 과정에 활기찬 모습으로 변하는 경우가 많다. 첫 회기에는 표정이 없고 위축되어 있으며 자신감이 낮은 모습을 보이던 내담자가 미술활동을 통해 점차 감정을 표현하게 되며, 표정이 풍부해지고 자신이 느낄 때 체내 에너지 정도가 변화했다고 하기도 한다. 그 에너지의 변화는 단순한 신체적인 움직임의 증가라기보다는 '창조적 에너지'의 발산이라고 할 수 있다.

[그림 1-1] 창조적 에너지

3 미술치료의 역사

1) 선사시대

미술치료는 예술의 영역과 심리학이 결합된 분야라고 할 수 있다.

예술작품을 만드는 것은 인간의 본능으로서 인간은 선사시대부터 자신들의 생활상, 바라는 소망 등을 미술작품으로 표현하였고, 때로는 주술적인 목적으로 나타내기도 하였다. 선사시대의 미술활동을 잘 보여주는 동굴벽화는 중요한 미술사적인 자료가 되는데 동굴에 사냥감의 모습을 그리고 창을 던지거나 창을 맞는 모습을 그림으로 표현하여 당시의 생활상을 보여주고 있다. 이러한 생활상과 소망, 주술적인 모습은 많은 유적지의 건축물, 공예품, 벽화 등에서 찾아볼 수 있다.

2) 20세기 초

20세기 들어 정신의학 분야에서는 무의식과 심상, 감정과 이미지의 관계에 주목하기 시작하였고, 미술표현이 개인의 내면세계의 모습을 보여준다고 믿는 사람들이 등장하였다.

1907년 이후 미국에서는 정신과 병동에서 미술가들의 지도 아래 환자들에게 미술활동을 하도록 하였고 독일의 정신병원에서도 미술활동을 작업치료의 한 부분으로 적용하였다.

오늘날의 미술치료는 상징화의 중요성을 부각시킨 프로이트(Freud, 1922)와 융(Jung, 1964)의 역할이 크다고 할 수 있다. 프로이트는 무의식의 상징적 표상으로 꿈을 강조하였고 융은 인간의 보편적 무의식인 집단 무의식을 개념화하면서 다양한 문화권에서 나타나는 공통된 상징에 주목하였다(정현희, 2018).

3) 현대 미술치료

1940년대부터 심리치료의 한 부분으로 미술표현이 사용되기 시작하였다. 미국의 정신분석학자인 나움버그(Naumburg)는 미술치료의 개척자 역할을 한 인물로 내담자에게 자유연상을 하게 하고 그림을 그리도록 유도하였다. 나움버그의 입장은 내담자의 무의식적인 사고와 감정이 그림에 직접적으로 표현된다는 것인데, 그녀는 그림이 내담자의 내적 상태를 표현한 상징적인 언어라고 생각하였고 그림과의 대화를 중요시하였다(Naumburg, 1953).

1950년대에 접어들면서 크레이머(Kramer)가 나움버그의 뒤를 이어 미술치료를 연구하였다. 그녀는 미술치료에서 미술의 입장과 미술 교육적 관점을 중요시하였는데, 특히 승화를 중요하게 생각하였다. 또한 아동을 대상으로 미술치료를 적용하면서 아동의 갈등 표출과 에너지의 전환에 주목하였다(Kramer, 1958).

울만(Ulman)도 미술치료를 발전시킨 중요한 인물로서 나움버그와 크레이머의 이론을 통합하려는 노력을 하였고 '미술'과 '치료'의 합성어인 '미술치료'라는 용어를 소개하였다(Ulman, 1961).

미술치료는 이처럼 정신분석적 입장에서 출발하여 여러 방향으로 계속적인 발전을 거듭하게 되어 오늘날에는 다양한 이론적 접근과 결합하여 적용되고 있다.

1960년대에는 미국미술치료학회(American Art Therapy Association)가 창립되었고 미술치료 전문지가 출간되어 미술치료에 대한 관심이 확산되기 시작하였다. 현재는 다양한 학술단체와 전문연구지를 통해 연구 활동이 활발하게 진행되며 전문가 양성도 활발하게 이루어지고 있다.

이밖에 영국, 네덜란드, 핀란드, 프랑스 등에서 미술치료 연구에 노력하여 1991년 유럽 미술치료 교육협회가 설립되었고, 일본은 일본 묘화검사, 요법학회를 창립하여 다양한 미술치료기법을 개발하는 등 적극적인 활동을 하고 있다.

우리나라의 경우는 정신병원의 입원 환자들을 대상으로 미술치료가 시행되어왔으며, 미술치료가 본격적으로 소개된 것은 1990년대라고 할 수 있다. 1992년 한국

미술치료학회가 창립되어 전문적인 양상을 띠게 되었고, 이후 미술치료 프로그램 개발, 학술연구, 연수 및 월례 세미나, 연 1회의 국제학술대회를 통해 임상 전문가 양성에 주력하고 있다. 현재는 병원, 재활센터, 아동상담소, 장애인복지관, 사회복지기관, 학교 등에서 미술치료가 활발하게 적용되고 있으며, 대학원 과정에 미술치료 전공이 개설되어 전문가가 배출되고 있다.

이처럼 미술치료는 미술활동이 치유의 역할을 할 수 있게 되었다는 점에 의미가 있으며, 독립적인 영역으로 발전하고 있다. 또한 미술치료는 인간의 병리적인 현상에만 초점을 두는 것이 아니라 인간의 잠재력을 개발하고 자신의 본성을 회복하며, 내면의 건강한 힘을 발견하여 심리 정서적인 질환을 예방하는 데에도 초점을 두고 있다.

4 미술치료의 견해

1) 치료에서의 미술(Art in therapy)

나움버그는 1890년 뉴욕에서 태어나 성장하였다. 초기에는 교육자로 활동하다가 심리학과 정신분석학을 공부하면서 치료자로 활동하게 되었다. 그녀는 1920년 뉴욕의 월든학교에서 미술교육의 하나의 방식으로 자발적인 그림(spontaneous art)을 시도하였고, 이를 미술치료기법으로 개발하였다.

나움버그는 1940년대에 프로이트의 이론을 바탕으로 한 정신분석 지향적 미술치료 모델을 정립하여 미술치료의 선구자로 알려져 있으며, 미술을 하나의 도구로 치료과정에 적용하였고 그림의 상징성을 해석하는 것을 목표로 하였다. 그녀는 정신분석이론에서 출발하였고 시각표현의 상징을 해석하는 데에는 융의 분석심리학 이론을 함께 적용하였다. 또한 그녀는 미술치료사와 내담자 사이의 치료적 관계 형성, 자유연상, 자발적인 그림 표현과 해석, 그림의 상징성을 중요하게 생각하였다. 이처럼 치료를 중요시하는 나움버그의 견해를 학자들은 '치료에서의 미술(Art in Therapy)'이라고 명명하였다.

나움버그의 견해에서 미술치료의 장점은 언어보다 그림을 통해 내담자의 내적인 욕구, 꿈, 환상을 직접 표현할 수 있으며, 무의식을 그림으로 표현할 때 언어적 표현보다 방어기능이 약화되어 치료과정이 촉진된다는 점이다. 또한 그림으로 나타난 것은 영속성이 있어서 그 내용을 부정하기 어렵고 전이 문제가 그림에 의해 더 쉽게 해결되며, 내담자는 자신의 그림을 해석할 수 있는 능력에 고무된다는 것이다(Naumburg, 1966).

2) 치료로서의 미술(Art as therapy)

크레이머는 1916년 비엔나에서 출생하고 성장하였으며, 초기에 정신분석이론을 연구하였으나 나움버그의 견해와는 달리 상징을 해석하는 것보다 내담자의 미술작업 과정과 창조성에 치료적 가치를 두었다. 크레이머는 특히 아동 미술치료에 대해 많은 연구를 하였고, 미술치료사의 역할은 내담자의 작품을 해석하는 것이 아니라 내담자가 자신의 욕구와 부정적 감정을 통합하여 승화할 수 있도록 도와주는 것이라고 보았다. 즉 크레이머는 내담자가 자신의 부정적 에너지를 분출함으로써 문제가 감소하거나 건강한 에너지로 전환할 수 있다고 생각하였고, 미술활동 과정을 통해 자아를 표현하고 승화작용을 통해 자아가 성숙하며, 갈등 해결과 통합의 능력을 기를 수 있다고 하였다.

이러한 크레이머의 견해는 미술치료가 진단을 위한 도구가 아니라 작품을 만드는 과정 자체가 미술치료라는 입장으로서 '치료로서의 미술(Art as therapy)'이라고 불리게 되었다.

3) 통합적 입장

울만은 나움버그와 크레이머의 상반된 접근법을 통합시킨 인물이다. 크레이머의 『Art therapy in a children's community』를 읽고 정신분석과 미술적 통찰 간의 관계를 실감하였으며, 1950년대 초 정신병원에서 미술 교사로 활동한 경험을 토대로 미술교사와 미술치료사는 무관하지 않다고 주장하였다.

울만은 치료와 창조적 측면을 모두 중시하였으며, '치료에서의 미술'과 '치료로서의 미술'을 모두 포함하는 정의를 내리기 위해 노력하여 1961년 '미술치료'라는 용어를 소개하였다. 또한 울만은 미술치료가 치료적 측면과 창조적 측면을 모두 가지고 있음을 강조하였다(Ulman, 1961).

4) 다른 견해들

(1) 위니컷의 대상관계이론

자유로운 분위기와 태도를 선호하였던 위니컷(Winnicott)은 정신분석가이자 소아과 의사로서 많은 아동과 부모들을 만나면서 부모가 아동에게 제공하는 환경과 아동의 상호작용을 통해 아동의 발달과 대인관계의 발달을 설명하였다. 또한 한 사람이 하얀 종이에 낙서를 하고 다른 한 명이 그 선을 이용하여 의미있는 그림으로 완성하는 '난화게임법'과 같은 놀이를 개발하여 임상에 적용하였다(Winnicott, 1971).

(2) 코헛의 자아심리학

코헛(Kohut)은 미술치료의 기능이 고통과 신상을 표현하면서 해소하는 것이라고 하였으며 예술과 창조성은 긴장을 없앨 뿐만 아니라 자아의 힘을 만드는 방법이라고 생각하였다. 미술은 인간존재와 관계가 있으며, 인간은 자신의 세계와 그 주위 사람들로부터 깊이 감동하기도 하고 가끔 부담을 느끼기도 한다는 것이다. 가끔 자신의 세계에 깊이 빠져 스트레스를 느끼는 사람을 만나게 되는데, 그런 사람에게 미술작업은 심리적인 스트레스를 해소해 주는 활동이 될 수 있다(Kohut, 1966).

(3) 키아코스카의 가족 미술치료

키아코스카(Kwiatkowska)는 미국 국립 정신건강연구소에서 1958년 미술치료를 시작하였으며 주로 가족미술치료를 연구하였고, 저서 『미술을 통한 가족치료와 평가』는 가족미술치료의 기본적인 바탕이 되고 있다(Kwiatkowska, 1978).

(4) 윌리엄스와 우드의 발달적 미술치료

윌리엄스와 우드(Williams & Woods)는 발달적 미술치료(developmental art therapy) 라는 용어를 만들었고 인지나 정서, 운동 면에서 발달이 늦은 아동들에게 발달적 미술치료를 적용하여 효과를 거두게 되었다(Williams & Woods, 1977).

(5) 웨이드슨의 절충적 접근

웨이드슨(Wadeson)은 프로이트이론을 연구하여 절충적 접근을 정립하였는데, 임상 현장에서 상담자가 치료 과정을 이해하면서 정신분석, 행동주의, 인본주의 등의 이론을 상담 장면에 적절하게 절충하는 접근법을 강조하였다(Wadeson, 1980).

미술치료는 방어나 통제를 줄이고 상징적인 이미지에 의해 감정이나 사고를 표현하는 것을 가능하게 한다. 그리고 시각적 이미지에 의한 표현은 의식의 깊숙한 부분을 자극하여 자기 개방을 더 풍부하게 해 준다.

그러나 단순히 미술치료사가 미술활동을 소개한다고 해서 내담자의 정서가 표현되고 이완되며, 저절로 내면세계가 조화를 이루게 되는 것은 아니다. 미술치료에 대한 구체적 이론, 실제 기법, 미술창작 과정 등에 대한 지식이 선행되었을 때, 내담자의 성공적인 정서적 안정, 갈등 해결, 치료적 변화가 나타나게 되는 것이다(정현희, 2018).

미술치료는 예전에는 회화요법, 묘화요법, 그림요법 등의 단어로 사용되기도 했다. 그러나 미술은 그림만이 아닌 모든 미술활동을 포함하는 것이다. 미술활동에는 그림, 조소, 디자인, 서예, 공예 등의 분야뿐만 아니라 현대 미술로 범위를 확대하면 행위예술, 설치미술, 미디어아트 등이 포함되기도 한다. 그리고 생활 수준 향상과 인터넷 보급 확대 등으로 인하여 1990년대부터 활발해지기 시작한 미술 감상 또한 미술활동 범위에 넣어야 할 것이다. 이렇듯 21세기를 맞이한 우리는 보다 확대되고 자유로워진 미술활동을 활용하여 심리치료를 할 수 있게 되었다.

5 미술치료기법

1) 과자 만다라

■ 목표

- 과자를 이용하여 구상 만다라를 제작해보면서 내면의 표출과 라포 형성, 그리고 만다라 작업을 통한 심신의 평화와 안정, 이완과 즐거움을 체험해본다.

■ 준비물

- 뻥튀기, 물엿, 나무젓가락, 종이컵, 여러 가지 종류의 과자, 비닐백, 물티슈, 도화지 등

■ 방법

① 눈을 감고 음악을 듣거나 조용한 분위기를 조성하여 내면의 목소리에 귀를 기울여 본다.

② 도화지 위에 뻥튀기를 1~2개씩 올려놓은 다음, 종이컵에 물엿을 1/5 정도 담고, 나무젓가락으로 물엿을 찍어서 뻥튀기 위에 바르고 그 위에 여러 가지 과자를 붙여 자신의 마음이 가는 대로 표현을 해 본다.

③ 완성된 작품을 가지고 이야기 나눈다. 작품을 만들기 전의 느낌, 만들 때의 느낌과 만들고 난 후의 느낌을 이야기 해본다.

■ 적용

- 과자를 이용하기 때문에 아동, 성인, 노인 모두 좋아하는 매체로써 임상의 1회기나 초기 단계에 적용하면 미술 심리치료에 대한 기대를 높여주고 라포 형성에 도움이 된다.
- 과자는 가볍고 작은 것일수록 표현이 자유롭다.
- 내담자가 가져갈 수 있도록 비닐백이나 쇼핑백을 준비해주면 좋다.

[그림 1-2] 과자 만다라

6 미술치료실습

프로그램명	별칭 짓기
목표	초기 단계의 어색함을 줄여주고 미래의 긍정적인 자신의 모습을 생각하면서 내담자가 자신의 존재의 의미와 중요성을 인식하고 자신이 지향하는 삶의 방향을 알 수 있도록 한다.
준비물	종이, 색연필, 파스텔, 크레파스, 사인펜 등
방법	① 도입단계로 자신의 긍정적인 미래상을 생각하면서 자신이 불리고 싶거나 앞으로 되고 싶은 별칭을 짓는다. ② 별칭이 가지고 있는 의미를 생각해보며 별칭을 예쁘게 꾸며주고 별칭이 주는 이미지를 상징적으로나 사실적으로 표현한다. ③ 그림이 완성되었으면 각자의 별칭에 대해 이야기를 나누며 자신을 소개한다.
적용	① 작업을 하기 전과 후의 자신의 모습에 대해 어떠한 생각이 들었는지 이야기 나눈다. ② 별칭에 나타난 상징이나 의미에 대해서 서로 이야기를 하고 느낌을 나눈다. ③ 자신이 별칭을 정하지 못하면 다른 집단원들이 별칭을 지어주는 방법도 있다. ④ 자신의 이름을 가지고 이름의 의미와 상징에 대해 이야기를 나누어도 좋다.
작품사진	[그림 1-3] 별칭짓기

02

미술매체의 분류와 특성

미술매체는 서로 다른 특성과 표현기법이 있다. 미술매체의 특성에 따라 내담자에게 적절한 매체를 선택하여 감정을 표출하는 방법과 기법을 적용하는 것이 좋다. 상담자가 모든 매체에 대하여 전문가가 될 필요는 없으나 각 미술매체가 갖고 있는 활용범위나 역량을 상담자가 잘 알고 있으면 내담자의 표현 활동을 촉진시키고 문제해결을 위한 적절한 매체 선택에 도움을 줄 수 있다.

〈표 2-1 매체의 분류 〉

분류		종류
화지		도화지, 한지, 투명지, 마분지, 골판지, 사포지, 스티로폼, 우드락, 하드보드지, 포장지, 신문지, 셀로판지, 휴지, 은박지, 캔버스
건식 매체	2차원 매체	연필, 색연필, 파스텔, 크레파스, 크레용, 파스넷, 콘테, 목탄, 사인펜, 볼펜, 샤프, 마카, 유성 매직펜, 수성 매직펜
	3차원 매체	선재료(지끈, 모루, 철사, 빵끈), 다양한 면재료
습식 매체	2차원 매체	수채화물감, 아크릴물감, 패스물감, 유화물감, 먹물
	3차원 매체	점토, 지점토, 종이죽, 유토, 색점토, 천사점토, 석고붕대, 슬라임
도구		붓, 팔레트, 물통, 가위, 접착제, 이젤

I 화지

화지는 종이류를 말하는 것으로 평면작업을 위한 화지가 필요하고 3차원 매체로도 사용이 가능하다. 종이는 질감, 크기, 색깔이 다양하여 그 자체만으로도 훌륭한 매체로서 사용이 가능하다. 따라서 상담자, 내담자, 치료 목적에 따라 얼마든지 다양하게 활용될 수 있다.

종이의 종류는 한지, 습자지, 색종이, 도화지, 골판지, 하드보드지, 셀로판지, 신문지, 화장지, 선물 포장지, 컴퓨터 용지, 모조지 등 다양하므로 연령과 활동의 종류에 따라 선택하고 크기, 색, 두께가 사용하는 데 불편이 없어야 한다.

1) 도화지

그림을 그릴 때 주로 사용되는 종이다. 도화지는 부드럽고 얇아서 힘을 주어 그리면 찢어질 수 있다. 도화지는 두께와 무늬에 따라 켄트지, 캔손지, 와트만지, 머메이드지 등이 있다.

전지에서부터 다양한 크기로 잘라 사용할 수 있어 2절지, 4절지, 8절지 등 대상에 따라 적절한 크기의 선택이 필요하다. 일반적으로 처음 시작하는 경우 8절지가 많이 사용된다.

2) 마분지

볏짚이나 보릿짚으로 만든 황갈색의 두꺼운 종이. 빛깔이나 느낌이 마분(말똥)을 연상케 하는 데서 이런 이름이 붙었다. 일종의 보드지(board 紙), 즉 황판지(黃板紙)와 같은 것이다. 여러 재료로 기계에 의해 생산되며, 책자 표지의 심지(心紙)와 종이상자 등에 쓰인다. 화지나 입체공작 등에 유용하게 사용될 수 있다.

3) 한지

한국 고유의 기법으로 뜬 독특한 종이로 보통 조선종이라고도 한다. 닥나무(楮) 삼지닥나무(三枝楮) 껍질을 원료로 하여 뜬다. 촉감이 부드럽고 물감의 흡수가 뛰어나고 다양한 여러 가지 색이 있어 마음에 드는 색을 선택하여 사용할 수 있다. 형태를 변형하기 쉬워 입체물 제작에 편리하게 사용될 수 있다.

4) 골판지

접합판지. 물결 모양으로 골을 만든 골심지(중심지라고도 한다)에 라이너지(紙)라고 하는 면이 반듯하고 빳빳한 판지를 한 면 또는 양면에 접착제로 붙여서 완충도를 높인 것이다. 골판지 원지라고도 한다. 완충도를 더욱더 높이기 위하여 이중으로 만든 것도 있으며, 주로 골판지 상자를 만드는 데 쓰인다. 다양한 색상과 무늬가 있으며, 탄력성이 좋아 여러 가지 조형 작업에 많이 사용된다. 재질감을 감각적으로 느낄 수 있는 것이 특징이다(두산백과, 2021).

5) 사포지

사포는 입체 재료의 표면을 연마하는 데 사용하기도 하고, 거칠거칠한 면에 크레파스로 그림을 그릴 때 사용하기도 한다. 사포지에 그림을 그릴 경우 크레파스가 사포 표면에 깎이면서 부드럽고 재미있는 표현이 가능하다. 사포의 번호에 따라 표면 입자의 굵기가 달라지는데 번호가 높을수록 표면이 매끄럽고 입자가 가늘고 번호가 낮을수록 표면이 거칠거칠하다.

6) 투명지

형태를 그리기 어려워하는 내담자에게 밑그림 위에 덮어서 밑그림을 그대로 복사할 수도 있다. 화지로 그 위에 그림을 그리고 유리창에 붙이면 스테인드글라스의 효과를 볼 수 있다.

7) 스티로폼, 우드락

스티로폼이나 우드락은 흡착력이 없고 누르면 들어가는 특징이 있어서 입체 조형물을 만들 때 주로 사용된다. 화지로 사용될 때는 볼펜, 이쑤시개, 못, 샤프 등으로 눌러서 선을 표현하면 재미있는 질감의 선이 표현된다.

2 2차원 건식매체

물이 없이 평면 화지에 그릴 수 있는 매체로 연필, 색연필, 목탄, 콘테, 크레용, 크레파스, 분필, 사인펜, 매직펜 등이 있다. 처음 미술매체를 시작하는 사람이나 통제력이 필요한 내담자에게 유용하다.

1) 연필

연필심의 흑연 성분이 필기 압력에 의하여 필기 면에 묻어 글씨가 써지도록 한 필기구(두산백과, 2021). 연필은 흑연을 굳힌 심의 경도와 농도에 따라 H, F, B 등의 기호로 구분하는데, 각각 Hard, Firm, Black의 머리글자다. H의 숫자가 높을수록 심이 딱딱하고 흐리게 그려지고, B의 숫자가 높을수록 심이 부드럽고 진하게 그려진다. 가장 통제성이 강한 매체 중의 하나다.

2) 색연필

색연필은 소프트 색연필, 하드 색연필, 수채 색연필이 있다. 소프트 색연필은 심이 두껍고 부드러우며 빛과 물에 강하다. 하드 색연필은 육각으로 심이 가늘고 단단해 잘 부서지지 않는다. 섬세한 표현이나 선을 강조할 때 쓰이며 방수성이 있다. 수채 색연필은 건조한 상태에서는 색연필로 그대로 쓸 수 있고, 젖은 수채화 붓으로 칠해주면 수채화 물감의 효과를 낼 수 있다. 통제가 어려운 수채화의 효과를 색연필로 손쉽게 표현해 낼 수 있는 장점이 있다.

3) 크레파스

안료를 유지로 굳힌 화재(畫材)로서 크레용과 파스텔의 중간 정도의 경도를 가지며 두껍게 칠할 수도 있고 깎아낼 수도 있다(네이버 지식백과, 2021). 오일 파스텔이라고도 한다. 다루기 쉽고 사용이 간단하며 다른 보조 도구가 필요하지 않다. 오랫동안 사용 가능하며 강한 색채, 다양한 질감과 색의 구별이 가능하기 때문에 많이 사용되고 있는 매체다.

4) 파스텔

크레용과 같은 계열의 막대기 모양으로 된 건성 화구로 색이 있는 가루 원료를 걸쭉하게 굳힌 것이다. 안료에 점토나 고무 용액을 더해 만들며 입자가 곱고 불투명한 것이 특색이다(네이버 지식백과, 2021). 사용하기에 무난하고 변색되거나 퇴색되지 않는다. 어떤 매체보다도 부드러운 느낌의 색감을 나타낼 수 있는 장점이 있다. 완성 후에는 정착액(fixative)을 뿌려 단단하게 종이에 파스텔 가루를 정착 시켜 보관한다.

5) 파스넷

크레파스와 수채화 물감의 장점을 혼합하여 만든 것으로 사용하면 고급 크레파스 느낌이다. 매우 부드럽고 크레파스의 찌꺼기나 나오지 않으며 넓은 면을 힘들이지 않고 칠할 수 있다. 붓에 물을 묻혀 문지르면 수채화의 효과를 낼 수 있어 편리하게 사용할 수 있다.

6) 콘테

프랑스의 화학자 콘테가 창안한 소묘용 연필의 일종이다. 콘테라는 명칭은 프랑스의 유명한 연필 제조회사의 등록 상표이다(네이버 지식백과, 2021). 콘테는 파스텔처럼 생긴 모양으로 된 검정, 갈색, 흰색으로만 이루어진 것, 긴 파스텔 모양의 다양한 색으로 된 것이 있으며, 색연필처럼 나무로 감싼 것도 있다. 연필보다 농담(濃淡)이 뚜렷하다.

[그림 2-1] 콘테

7) 목탄

가느다란 막대 모양의 숯. 결이 좋고 무른 오동나무나 버드나무 따위를 태워서 만드는데 연필과 달리 연하고 입자(粒子)도 거칠다. 가볍고 편리하며 용이하게 지울 수도 있어서 특히 구도의 밑그림이나 습작 및 스케치에 매우 적합하다.

[그림 2-2] 목탄

3 3차원 건식매체

3차원 건식매체로는 선재료와 면재료로 구분할 수 있다.

선재료는 선을 나타낼 수 있는 재료로 구부리거나 묶거나 붙이면서 입체적으로 표현할 수 있는 재료다. 꼬인 끈이 풀어지는 재료는 신비감과 동기유발에 좋은 재료로 쓰이기도 한다. 지끈, 모루, 빵끈, 노끈, 색철사 등이 있다. 면재료는 다양한데 화지를 잘라 입체로 구성할 수 있는 평면재료가 있고, 계란판이나 종이컵, 박스처럼 재활용품을 이용하여 입체로 제작할 수 있는 재료가 있다.

1) 지끈

다양한 색의 얇고 넓은 종이를 한쪽으로 꼬아 놓은 것으로 반대 방향으로 비틀면 종이가 풀려서 넓게 펴진다. 비틀고 펴는 정도에 따라 다양한 모양이 연출될 수 있다.

[그림 2-3] 지끈

2) 모루

겉으로 보기에는 잔털이 무성하기 때문에 부드러워 보이지만, 그 부드러운 털 속에는 아주 가는 철사 두 줄이 꼬여 있다. 다양한 색이 있어 골라서 사용할 수 있고 안에 철사가 있어 다양한 형태로 쉽게 연출이 가능하여 다방면으로 활용도가 높다.

[그림 2-4] 모루

3) 빵 끈

가운데 철사가 들어있고 금색, 은색, 초록색 등 우리 주위에서 흔히 볼 수 있는 재료다. 빵 끈을 종이 같은 단면에 붙일 때는 일반 풀로는 붙지 않기 때문에 본드를 사용해야 한다. 본드는 유아들이 사용하기 힘들 수 있으므로 도움이 필요하다.

4) 노끈

노끈은 가위나 칼을 사용하지 않으면 잘 끊어지지 않는다. 하지만 세로로는 큰 힘을 가하지 않고도 손으로 쉽게 찢을 수 있다. 비닐 노끈은 잘게 찢을 수 있어 그것으로 여러 모형을 만들 수 있다.

5) 색 철사

철사의 두께와 색은 다양하게 선택할 수 있고 얇은 것은 가위로 자를 수 있으나 두꺼운 것은 공구를 사용해야 한다. 잘 구부러지고 여러 색상이 있어 입체 표현에 유용한 재료가 된다.

6) 기타 재활용매체

달걀판, 요쿠르트병, 플라스틱 용기와 수저, 다양한 병, 휴지 말이 속심, 크고 작은 상자, 쇼핑백, 종이봉투, 종이컵, 종이접시, 아이스 막대 등 주위에 있는 일상용품과 폐품들도 훌륭한 재료가 될 수 있다. 나뭇잎, 솔방울, 곡류 등의 자연물도 좋은 미술 매체다.

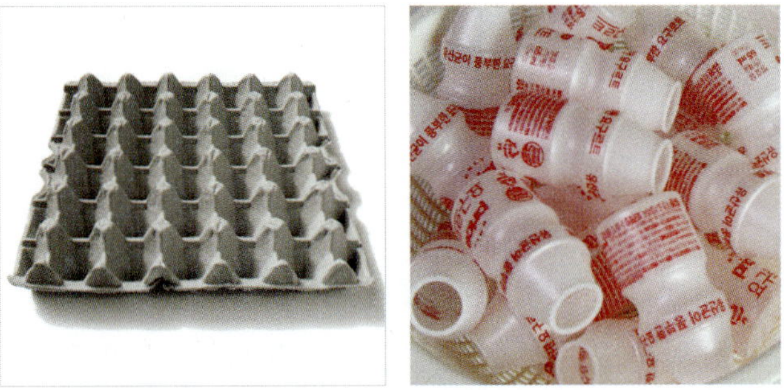

[그림 2-5] 재활용 매체

4 2차원 습식매체

습식매체는 물이 있는 매체로 통제가 어려워 다루기가 힘들지만 자유로운 표현이 가능하다는 장점이 있다. 수채화 물감, 아크릴 물감, 포스터 물감, 유화 물감, 먹물 등이 있다.

1) 수채화 물감

물감에 물을 섞는 정도에 따라 색상이 다양하게 연출될 수 있다. 물을 많이 섞을수록 투명해지고 밝아진다. 물을 많이 섞지 않으면 투명도가 떨어지지만 고유의 색이 진하게 나타난다. 유동적이며 통제가 매우 어렵고 마르는 데 시간이 많이 걸린다. 수채화 물감을 사용할 때는 수채화 붓, 팔레트, 물통 등이 필요하다. 수채화 물감은 불기, 찍기, 데칼코마니 등의 자유로운 표현에 다양하게 활용하기도 한다.

2) 아크릴 물감

아크릴 에스터 수지로 만든 물감을 말하는 것으로 특징은 물을 많이 섞으면 수채화 느낌이 나고 물을 많이 섞지 않고 두텁게 사용하면 유화의 질감을 표현할 수 있다. 색상의 은폐력이 높고 어두운 색 위에 밝은 색을 칠해 올라가는 유화의 성질을 가지고 있다. 하지만 유화 물감과는 달리 여러 가지 보조제가 필요하지 않아 더욱더 편리하게 사용할 수 있다. 약간의 포스터물감이나 과슈와 비슷하긴 하지만 아크릴 물감은 한번 굳으면 지워지지 않는 특징이 있어 팔레트 사용 시 유의해야 한다. 건조가 빨라 벽화, 공예 등에도 유용하게 쓰이나 비싸다는 단점이 있다. 물을 보조제로 사용하므로 유화 물감보다 사용이 간편하고 내구성이 강하며 빨리 말라 여러 번 겹쳐서 그릴 수도 있다. 수채화 물감보다 빨리 마르므로 단기간에 제작할 수 있지만, 마르면 완전히 고착되므로 수정하기 어려워 숙련된 솜씨가 요구된다.

3) 패스(PASS) 물감

투명한 느낌의 수채화 물감과 불투명한 포스터물감의 중간 정도의 패스 물감은 밝고 선명한 색상과 자유롭게 색을 섞을 수 있는 장점이 있어 디자인 분야에서 많이 사용되는 물감이다. 튜브형으로 팔레트에 물감을 짜서 자유롭게 사용할 수 있다. 물을 많이 섞지 않고 불투명하게 사용하여도 되고 물을 섞어 반투명하게 사용도 가능하다. 조금 더 디테일한 묘사가 필요한 경우에는 그 위에 색연필로 덧칠이 가능하다.

4) 유화 물감

물 대신 기름으로 물감의 농도를 조절하여 사용하여야 하고 특별한 기술이 필요하다. 수채화 물감과는 달리 덧칠하여 수정이 가능하고 독특한 질감이 있다. 선을 자유롭게 긋거나 정밀한 명암을 표현할 수 있고, 물감을 되게 개서 두껍게 바를 수도 있다. 마르는 데 시간이 오래 걸려 즉각적인 그림의 효과를 보기에는 어려움이 있다. 유화용 붓과 기름, 팔레트, 캔버스 등 준비해야 할 것이 많고 수채화와는 다른 기술이 필요해 실제 임상에서는 많이 사용하지 않고 있다.

[그림 2-6] 유화 물감, 팔레트, 붓, 나이프, 기름

5) 먹물

색이 없는 무채색으로 적극적인 감정표현에 방어적인 내담자에게 도움을 줄 수 있고 덜 위협적인 방법으로 무의식을 표현하게 할 수 있다. 먹물은 옷에 묻으면 잘 지워지지 않기 때문에 앞치마를 하거나 작업복을 입고 작업하는 것이 부담을 느끼지 않고 자유롭게 표현할 수 있다. 먹의 농담을 이용하여 다양하게 표현이 가능하나 무채색의 범위에서만 작업해야 하므로 단순함과 지루함을 느낄 수도 있다.

5 3차원 습식매체

물이나 기름이 섞인 매체로 입체적인 작품을 만들 수 있다. 뭉치거나 빚거나 조각하여 손쉽게 원하는 형태를 만들 수 있고 점토 종류는 다시 뭉쳐서 쉽게 수정도 가능하다. 입체매체들은 미움, 증오, 분노, 공격성과 같은 강한 감정들을 다루는 데 적합하다. 긴장되고 위축된 내담자들에게 습식매체는 긴장을 해소시켜주고 이완시켜 주는 데 도움이 된다.

1) 점토

입자가 작고 무른 흙을 말한다. 철분의 많고 적음에 따라 색이 달라지고 용도와 성분에 따라 종류가 다양하다. 찰흙, 지점토, 천사 점토, 유토 등 다양한 종류가 있다. 접하기 쉬운 찰흙은 갈색을 띠며 사용하기 쉽고 만지는 대로 반응이 나타나므로 부담 없이 편하게 사용할 수 있는 매체다. 복원이 쉽고 다시 뭉쳐서 사용할 수 있으며 단단해지면 물을 섞어서 다시 반죽하여 사용하면 된다. 촉감이 부드러워 긴장을 해소 시켜주고 정서적 이완의 효과가 있다. 대, 소 근육을 발달 시켜 주는 유용한 매체로 에너지 발산에도 유용하다. 재료가 같아도 내담자마다 다른 기분을 느낄 수도 있다.

2) 지점토

입체 작품을 만들 수 있는 종이 찰흙으로 종이를 펄프와 같이 갠 다음 풀에 반죽하여 만든 것으로 점토와 같은 속성을 지니고 있다. 물이 있는 경우 부드러워 쉽게 원하는 형태를 만들 수 있고 마르면 딱딱하게 굳는다. 점토와는 달리 흰색이기 때문에 완성 후 원하는 색을 그 위에 채색할 수 있다는 장점이 있다.

3) 종이죽

신문지나 종이를 잘게 찢어 물에 오랜 시간 불린 후 밀가루 풀과 섞어서 사용하면 좀 더 끈기가 있어진다. 플라스틱 바가지나 플라스틱 가면 등 원하는 형태 위에 종이죽을 붙여가면서 형태를 만들면 쉽게 작업할 수 있다.

4) 유토

흙가루에 기름을 섞어서 만든 것으로 잘 굳지 않고 단단한 것이 특징이다. 찰흙과 비슷하게 생겼으나 만져보면 단단하고 기름기가 있으며 흙가루가 떨어지지 않아 깨끗하게 사용할 수 있고 다시 뭉쳐서 재사용이 가능하다.

5) 색점토

다양한 색이 있는 점토를 말하며 다른 색점토와 혼색도 가능하다. 손으로 만져주면 말랑말랑해지며 완성 후 마감재를 바르면 오래 보관할 수 있다. 시중에 아이클레이, 컬러믹스 등 다양한 제품이 나와 있다. 요즘에는 액체 함량이 더욱더 많아져 형태를 만들기보다는 자유로운 촉감 놀이를 할 수 있는 다양한 종류의 액체괴물, 슬라임도 있다.

6) 밀가루 색점토

밀가루에 물과 소금과 식용유 약간을 섞어 수제비 반죽하듯 부드럽게 반죽을 하고 어느 정도 반죽이 되었으면 원하는 물감을 섞어서 밀가루 색점토를 만든다. 물감의 양은 원하는 색의 농도에 맞게 조절한다. 부드러운 파스텔 톤을 원하는지 강렬하고 화사한 원색을 원하는 지에 따라 가감하면 되고 물감이 손에 묻어나지 않게 안으로 집어넣으면서 반죽하도록 한다. 아이들과 함께 놀이처럼 반죽을 하면서 보다 안전한 점토를 사용할 수 있다.

[그림 2-7] 밀가루 색점토

7) 풀 물감

밀가루로 풀을 쑤어 수채화 물감을 섞어 다양한 색으로 만들 수 있다. 부드럽고 촉촉하며 색깔이 있을 뿐만 아니라 자유롭고 유연한 재료로 자기표현이 제한되고 위축된 내담자에게 거침없이 자유롭게 표현하는 데 도움을 주는 매체이다. 그러나 산만한 내담자는 감정 조절이 잘 안되어 주의가 필요하고 자폐아동은 접촉 자체를 꺼리는 경우도 있다.

8) 석고붕대

석고를 가열하여 분말이 된 석고가루를 발라 붕대로 만든 것으로 손쉽게 사용할 수 있다. 42~43℃의 온수에 담근 후 가볍게 물기를 짜서 원하는 모양으로 형태를 잡은 후 시간이 지나면 딱딱하게 굳어져서 원하는 형태를 유지할 수 있다. 완전히 굳어진 후 가위로 잘라내어 모양을 다듬고 그 위에 물감으로 장식할 수 있다.

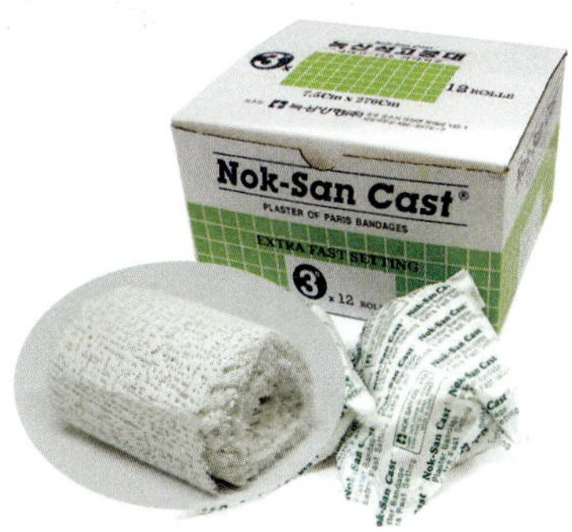

[그림 2-8] 석고붕대

6 도구

1) 붓

물감의 종류에 따라 다양한 붓이 있다. 붓의 모양에 따라 둥근 붓, 납작 붓으로 구분하고 호수에 따라 크기가 달라진다. 숫자가 낮을수록 얇고 숫자가 높을수록 두꺼워진다. 종이가 크고 면적이 넓을수록 호수가 높은 붓을 선택하고 종이가 작고 묘사가 필요할수록 호수가 낮은 붓을 선택하면 된다. 붓은 모의 탄력이 중요한데 주로 사용하는 붓은 인조모를 사용하지만 담비나 다람쥐 등 다양한 동물의 털을 사용한 경우 훨씬 부드럽고 탄력이 좋다. 붓은 작품을 마친 후 즉시 깨끗이 세척하여 끝을 가지런히 모아서 세워서 보관하는 것이 털 빠짐을 방지하고 오래 사용할 수 있다.

[그림 2-9] 수채화용 붓

2) 팔레트

물감의 종류에 따라 다양한 팔레트가 있다. 특히 아크릴 물감은 굳으면 지워지지 않으므로 아크릴물감을 사용할 때에는 1회용 종이 팔레트를 사용해야 한다. 종이 팔레트가 없을 경우에는 1회용 접시나 쿠킹포일을 사용하면 된다. 수채화물감의 경우 팔레트에 색깔별로 순서대로 물감을 짜놓고 굳힌 다음 물로 풀어서 사용하면 편리하다.

[그림 2-10] 수채화 팔레트

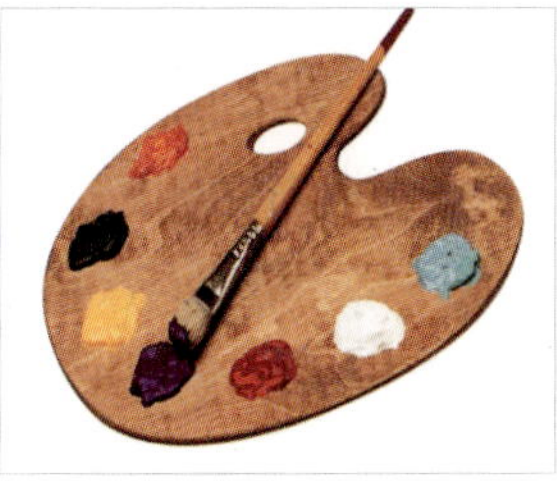

[그림 2-11] 유화 팔레트

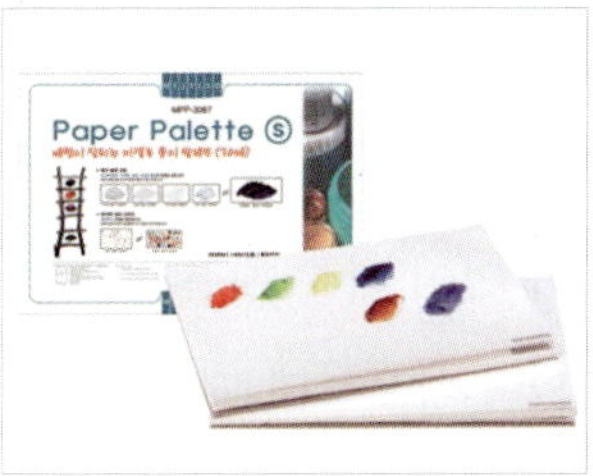

[그림 2-12] 종이 팔레트

3) 접착재료

(1) 풀

다양한 풀의 종류가 있다. 딱풀, 물풀, 녹말풀, 밀가루 풀, 도배용 풀 등이 있다. 딱풀이나 물풀은 종이류를 붙이는 경우에 주로 사용되고, 녹말풀, 밀가루 풀, 도배용 풀은 쓸 만큼 덜어서 다양한 물감을 섞어서 감정 표출하는 데 사용되기도 한다.

(2) 접착제

붙이는 재질에 따라 접착제의 종류도 다양하다. 고무, 가죽, 피혁, 금속, 도기, 석재, 경질 플라스틱, 목재, 직물 등 재료에 맞는 접착제를 선택하여 사용하면 된다. 강력 접착제는 스티로폼, 아스타일, 종이, 건축재료 등의 접착에 사용할 수 있으나 냄새가 강하고 독성이 있어 어린 아동들은 사용에 주의해야 한다. 순간접착제는 금속, 플라스틱, 고무, 나무 등의 재료를 신속하게 고정시키는 데 적합하나 접착제와 신체가 만나면 순식간에 접착되어 떨어지지 않으므로 절대적인 주의가 필요하다.

(3) 글루건

열로 인해 심을 녹여서 사용하는 글루건은 다양한 재료에 사용 가능하고 빠른 시간에 접착된다는 장점이 있어 자주 사용한다. 앞쪽에서 심이 녹아 액체가 되어 나오는데 매우 뜨거우므로 손으로 만지지 말아야 하고 화상을 입지 않도록 유의하여야 하며 어린이들에게는 특별한 지도가 필요하다.

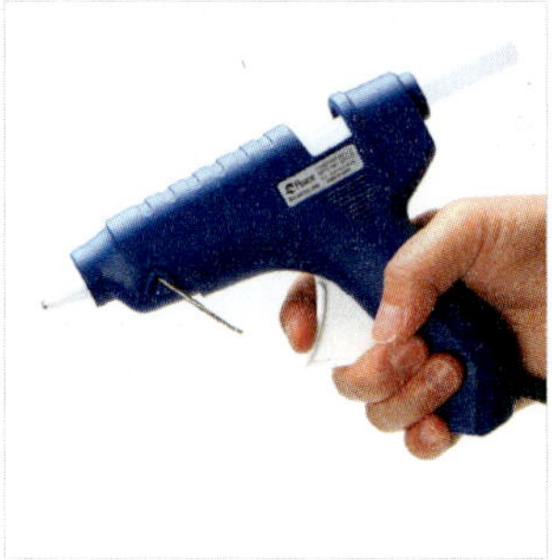

[그림 2-13] 글루건

4) 이젤

그림을 그릴 때 캔버스나 화판을 안정시키기 위해 올려놓는 틀로 나무 재질로 되어 있는 것과 알루미늄 재질로 이루어진 것이 있다. 크기는 화지의 크기에 따라 이젤의 크기도 다양하며 실내용과 실외용이 있다. 실외용은 휴대용 접이식으로 되어 있고 알루미늄 재질로 가벼워 이동이 편리하나 크기가 제한되어 있어 너무 큰 화지는 사용에 어려움이 있을 수 있다. 그림을 그린 후 작품을 바라보거나 전시를 할 때 사용되기도 한다. 매체에 대한 욕구가 강한 내담자들에게는 책상에서 작업하는 것보다 이젤에서 작업하는 것을 선호한다.

[그림 2-14] 나무 이젤

[그림 2-15] 야외용 알루미늄 이젤

7 미술치료실습

프로그램명	콜라주
목표	그리는 것에 대한 부담감이 있는 내담자에게 현재의 관심과 의식적, 무의식적 욕구를 손쉽게 인식하고 표현할 수 있다.
준비물	종이, 다양한 종류의 잡지책, 풀, 가위
방법	① 잡지책에 있는 사진이나 그림, 숫자, 글 중에서 마음에 드는 것을 오리거나 찢어서 종이에 붙여 보도록 하고 자신이 선택한 그림이나 글, 숫자의 의미를 언어로 표현하도록 한다. ② 내담자는 자신이 표현한 상징적인 콜라주와 자신의 모습을 통찰 할 수 있도록 도와준다. ③ 상담자는 내담자에게 적절한 질문을 통해 내담자가 자신을 생각 할 수 있는 기회를 줄 수 있다.
적용	① 미술치료 초기에 실시하면 미술에 대한 부담감을 줄이고, 쉽게 미술치료 장면으로 몰입할 수 있도록 해준다. ② 잡지를 준비 할 때 내담자의 연령이나 성별을 고려해서 준비하는 것이 좋다. 아동인 경우 아이들이 볼 수 있는 잡지를 준비하고, 남성인 경우 등산, 자동차, 낚시, 헬스 등 남성들의 취미생활과 관련된 잡지를 준비하면 좋다. ③ 콜라주를 실시할 때는 잡지뿐만 아니라 다양한 오브제 재료(예: 여러 가지 재활용 제품이나 곡물, 자연물) 등을 사용하는 것도 좋은 방법이다.
작품사진	 [그림 2-16] 콜라주

03

미술의 치료적 의미

I 미술의 특성

인류 역사에서 미술은 각 나라마다 변화하는 시대적 상황을 반영하였다. 그 시대의 새로운 삶을 재조명하며 인간의 삶과 밀접한 시각적 예술로서 성장하였다. 인간의 창의성과 표현의 욕구는 미술을 통해 각 시대의 사회·문화·종교적 특성을 보여주었으며 또한 개인의 심리적 상황과 실존적 물음을 표현하고 나타내는 데도 중요한 역할을 하였다. 미술은 인간이 경험하는 다양한 특성을 나타내므로 누구나 미술을 통해 삶의 어려움을 표현하고 또한 그러한 어려움을 받아들일 수 있는 의지를 얻는다.

1) 미술활동의 생리적 의미

미술활동은 운동, 감각, 지각능력이 필요하다. 운동, 감각, 지각능력에는 뇌와 시지각, 손 근육의 활동이 전제된다.

(1) 미술과 뇌의 연계

인간의 뇌에는 100억개 이상의 뉴런으로 채워진 대뇌피질이 있으며 각각의 기능을 수행한다. 미술활동에서 형체, 색채를 보는 것은 시각이 아니라 대뇌이다. 판단은 감각영역에서 이루어지는 것이 아니라 후두부의 연합령인 대뇌피질에 전달되어 과거의 기억, 경험 등과 연결하여 추리하고 판단한다.

① 전두엽 : 동물에는 없는 창조적 사고, 정서, 의지 등 담당. 미래지향적, 미술활동과 밀접한 관련

② 측두엽: 청각과 언어 관련 기능, 과거와 직결

③ 두정엽: 체성감각과 피부, 운동감각, 촉 지각 담당, 현재와 직결

④ 후두엽: 시각자극 수용과 시각적 기억의 저장, 현재와 직결

(2) 시지각과 미술

시지각은 눈을 통해 사물의 크기나 거리, 공간, 색채 등을 지각한다. 유아기, 아동기에 급격히 발달되나 사람에 따라 발달지체 현상이 나타나기도 한다. 시각적 대상에 대한 왜곡은 지적능력과 상관없이 학습, 미술활동 등에 어려움을 초래한다.

콘(Corn, 1983)은 시지각 기능을 시각적 능력, 개체의 특성, 환경적 요인으로 나누어 삼차원적 모형을 설명하였다. 시지각 기능의 삼차원적 모형의 특성은 다음과 같다.

① 시각적 능력: 원거리/근거리 시력, 중심/주변 시력, 시각계 운동성, 두뇌기능, 빛과 색의 감수성

② 개체 특성: 인지, 감각발달통합, 지각, 심리·신체 구조

③ 환경적 요인: 색채(명도, 채도, 색상), 시간, 공간, 조명

형태 지각도 시지각 현상으로 뇌에서 일어나며 발달단계에 따라 다른 특성이 나타난다. 유·아동 미술에 종종 나타나는 원은 태양 또는 엄마의 얼굴이 되기도 한다. 그러다 초등학교 중기정도 되면 사물과의 관계, 주체·객체의 관계, 시간과 공간에 대한 인식이 표현되며 색채, 형체에 대한 심리적 항상성도 나타난다. 사춘기는 형태의 의미 보다 형태 그대로에 흥미를 느끼며 이 시기는 형태나 리듬, 균형 등을 구체적으로 표현한다.

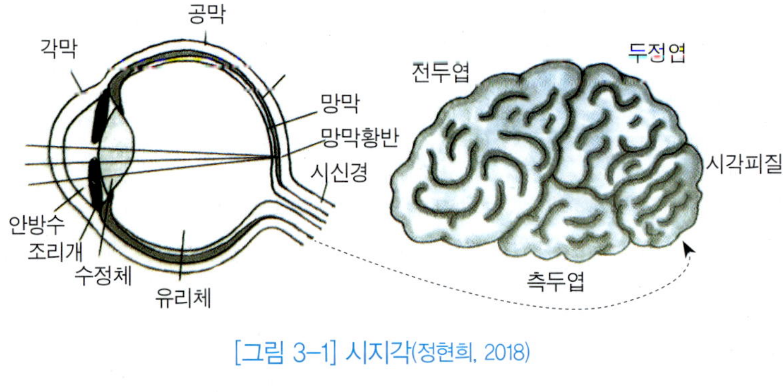

[그림 3-1] 시지각(정현희, 2018)

(3) 손근육과 미술

손은 글쓰기, 그림 그리기, 음식 먹기 등 소근육 운동을 담당한다. 손과 관련한 촉각은 사물판별에 뛰어난 감각으로 인간은 이러한 촉 지각을 통해 감정을 느끼고 사물의 질감을 알 수 있다. 촉 지각은 능동적 지각과 수동적 지각으로 구분할 수 있는데 능동적 지각은 스스로 무엇인가를 능동적으로 만지므로 인식하는 것이고 수동적 지각은 어떤 물체가 피부에 닿으면 인식되는 것을 말한다. 미술은 능동적 촉 지각이 직접적인 영향을 미친다(Pick, 1981).

2) 미술활동

미술활동은 미술의 기본 요소인 색과 형태, 재료의 선택과 결합을 통해 만들어지는 창조적 과정으로 창조적인 사고와 인간의 경험을 연결, 결합시킨다. 미술과 창조성은 인간의 고통과 긴장을 표현할 뿐만 아니라 긴장을 없애고 자아의 힘을 촉진한다. 미술은 인간존재와도 관계가 있어 자신의 내면세계와 타인으로부터 깊은 감동을 받기도 하고 부담을 느끼기도 한다. 미술활동 시 지나치게 부담을 안고 있거나, 스트레스가 심한 사람에게 미술은 심리적인 스트레스를 해소시켜 주는 주요활동이 될 수 있다.

미술활동은 무의식을 의식화하는 데 매우 유용하다. 자발적인 미술활동은 개인의 내면세계가 조화를 이룰 수 있도록 도와준다. 미술활동이 다른 활동들보다 유리한 것은 그리기 혹은 만들기 그 자체만으로도 즐거움을 줄 수 있기 때문이다. 또한 미술적 표현은 사회적, 윤리적 비난에 자유로운 편으로 안전감을 느낄 수 있게 한다.

또한 미술활동은 방어나 통제를 줄이고 상징적인 이미지에 의해 감정이나 사고를 표현하는 것을 가능하게 한다. 시각적 이미지에 의한 표현은 의식의 깊숙한 부분을 자극하여 자기 개방을 더 풍부하게 해 준다. 언어를 통해 교류하는 것이 불가능한 경우 미술을 매개로 개인 간 연결에 도움이 된다.

미술은 단순히 그림만이 아닌 모든 미술활동을 포함하는 것으로 그림, 조소, 디자인, 서예, 공예 등의 영역뿐만 아니라 현대 미술로 범위를 확대하면서 행위예술, 설치미술, 미디어아트 등을 포함한다. 현대 생활수준이 향상하고 인터넷 보급 등이 확대되며 1990년대부터 활발해지기 시작한 미술 감상도 미술활동 범위에 넣는다.

3) 미술교육과 미술치료의 차이

미술치료 연구자들은 미술교육과 미술치료의 차이를 찾아 두 분야의 불분명한 상황을 검토한다. 그러나 이들은 미술이라는 예술적 특성과 창의성 등에 따른 미적 체험을 기본으로 하는 두 분야의 공통점을 참고하여 미술의 창의성을 잘 표현할 수 있는 프로그램, 기법을 함께 연구한다.

(1) 미술교육

① 미술교육은 미술교육 커리큘럼에 따라 미술이론과 실기를 가르치며 학생들의 학습과 활동을 평가, 지도한다. 학교뿐만 아니라 자연, 미술관, 지역사회 연계 등 그 영역이 다양화되고 있다.

② 미술사, 감상, 조형요소, 미술기법 등에 근거한 수업 계획안을 체계적, 구체적으로 짠다. 미술교육의 발달단계이론은 대상자의 미술표현 및 미술활동 과정에 중요 평가요인으로 활용된다.

(2) 미술치료

① 미술치료는 개인의 심리적·정신 병리적 문제 치료에 초점을 두고 개인의 문제에 근거한 미술치료 계획을 세운다. 치료적 상황이나 참여 내담자 요구에 따라 계획, 과정을 변경할 수 있다.

② 미술치료 과정은 미술기법이나 숙련을 위한 지도, 평가가 아닌 개인의 심리적·정신적 문제를 미술로 표현하는 과정을 중요시한다. 미술활동 시 과도한 칭찬이나 질책 등 조심해야 하며 미술작품에 대한 평가는 하지 않는다.

③ 미술치료 대상과의 관계를 중요시하며 연령에 따른 발달과정, 표현 등을 지적하여 개선하도록 하지 않는다.

2 미술활동의 치료적 요인

미술치료는 미술영역과 치료영역의 만남으로 미술이 지니고 있는 치료적 속성을 심리치료에 활용하는 것이다. 언어로 쉽게 표현하지 못하는 심리적·정서적 어려움을 미술활동으로 표현하므로 내면의 고통을 해소하고 스스로를 이해하며 치유해간다.

1) 미술의 심상표현

미술은 심상의 표현이다. '심상(image)'은 감각기관에 대한 자극 없이 의식 속에 떠오르는 영상이다. 즉 우리가 언어로 인식하기 전 우리의 경험을 통해 형성된다.

(1) 심상의 치료적 속성

심리치료에서 무의식과 개인의 경험을 이해하는 것은 매우 중요하다. 심상은 개인의 무의식 세계와 경험을 이해하게 하는 통로이다. 심상을 구체적으로 볼 수 있게 하는 미술적 특성은 미술이 심상의 표현으로서 심리치료에 활용할 수 있는 근거가 된다. 일반적으로 언어보다 먼저 심상이 떠오르기 때문에, 심상을 통해 개인의 정신세계를 일깨워 줄 수 있고 무의식을 의식으로 가져올 수 있게 한다.

(2) 심상의 활용

미술활동에서 통제하기 어려울 정도의 비이성적인 면과 그 이면에 숨겨져 있는 감정이 표현되기도 한다. 내담자가 자신이 표현한 심상을 거리를 두고 본다면, 의식과 무의식 사이에 대화가 이루어질 수 있고 대화 과정에서의 모호한 정서는 구체적인 정서로 변화하게 된다. 정서는 심상으로 표현되고 심상은 언어로 설명되며, 언어를 통해 의식화된다.

(3) 융의 능동적 심상

융(Jung)은 인간의 심상을 개인적 요소와 원형적 요소를 종합하는 방식으로 상담자와 내담자간의 상호 통찰을 이해하는 자료로 사용하였다. 정신의 알지 못하는 영역을 이해하기 위해 더 깊이 들어가는 것을 능동적 심상이라 하였으며 능동적 심상은 내적인 심상의 흐름을 관찰하는 내성법(심리상태나 변화 등을 내적으로 고찰하는 방법)이다. 융은 내담자가 무의식으로 그린 '능동적 심상화'를 강조하며 그림의 이미지를 통해 표현된 내담자의 생각과 감정을 알고 이해하는 것을 중요하게 보았다. 능동적 심상은 융이 또 다르게 강조하였던 꿈과 달리 진행과정을 의식적인 상태로 볼 수 있고, 무의식을 자발적으로 드러낸다는 차이가 있다.

■ 능동적 심상의 4단계

- **1단계** - 자아 사고 연쇄에서 마음 비우기
- **2단계** - 떠오르는 이미지 주의 집중
- **3단계** - 이미지로부터 본 내적 경험 외적 형태로 표현
- **4단계** - 능동적 심상이 전하는 메시지 이해와 의미 발견

능동적 심상에서는 떠오르는 이미지를 의식하도록 한다. 이미지를 외적으로 표현하기 위해서는 내적인 이미지의 흐름을 관찰하는 능동적 심상이 이루어져야 한다. 능동적 심상이 전하는 이미지를 이해하기 위해서는 실제 생활에서 경험했던 일

들을 떠 올려야 한다. 이러한 면에서 능동적 심상은 상상이나 환상과는 다르다고 볼 수 있다.

(4) 심상화의 치료성

심상화를 통해 의식과 무의식이 서로 이야기하는 것을 문답이라고 한다. 문답은 자기와의 대화로부터 시작하여 점차 자기 내면에 있는 사람들과 이루어진다. 직면을 통해 긍정적 관계를 형성할 때 그들은 나의 반대자에서 지원자로 바뀌게 된다.

이러한 과정은 개인의 성장과 발달, 치료의 일부분으로서 인생에서 계속 진행되어야 하는 과정이다. 문답은 직면을 의미하며 일대일 대면 관계에서 가능하다. 정서는 구체적으로 표현되며 처음에는 심상, 다음으로 언어화된다.

그림은 성장과 발달에 필요한 메시지 또는 아직 표현되지 않은 메시지를 전달하는 과정이다. 이 과정은 복잡하게 섞여있던 조각들을 맞추는 과정으로 복잡한 것들이 정리되고 통합된다. 이것이 치료과정이다. 이를 통해 상반되는 것들이 균형을 이루고 평화적으로 공존하며 화해를 이루게 된다.

(5) 심상화의 미술치료 활용

능동적 심상화의 초기 그림은 무의식에서 일어난다. 이 의미가 외적 이미지에서 자극을 받거나 외적 이미지로부터 시작될 수 없다는 것은 아니다. 외부로부터 강한 정서적 반응이 유도될 때나 자극을 받을 때 외적 자극으로부터 시작될 수 있다. 이것은 외부의 자극이 내적 심상과 일치한다는 것을 의미한다.

종이, 풀 등으로 자유로운 형상을 만드는 무의식적 활동을 통해 내면의 무의식을 자극한다. 마치 유아가 어떤 선입견이나 지시 없이 조작이 가해지지 않은 놀이를 하듯 행해지며, 그 과정에 몰입할 때 가능하다. 색상, 형태, 만들기에 몰두하고 때때로 무엇이 일어나는가에 대해 즐거움을 느끼거나 불쾌하게 느끼기도 하며 때로는 놀라기도 한다. 이러한 과정에서 점차 나타나는 것들에 대한 의미를 알게 되며 무의식 형태의 감각이 명료해지는 단계에 이르게 된다.

(6) 심상의 의미 발견

- **심상의 의미 발견은 다음의 세 단계로 나누어진다.**
  - **1단계** - 나타난 대상을 단순히 바라보며 무엇이 일어나고 있는지를 의식한다.
  - **2단계** - 더 많은 것을 보는 것으로 외적인 형상과 관련하여 지각한다.
  - **3단계** - 눈으로 보는 것 이상의 전혀 새로운 사실을 인식한다.

주의하여야 할 것은, 자아가 약한 상태에서 내적 혼란과의 직면은 위험할 수 있으므로 상담자는 내담자의 자아강도를 먼저 확인한다. 강한 자아가 과거와의 대면에서 도움을 받을 수 있기 때문에 자아의 강화가 선행되어야 한다. 그리고 심상화를 진단해서 병명을 분류하는 것은 상담자에게는 도움이 될 수 있으나 내담자에게는 피해를 줄 수 있다. 치료 목적을 위해 작품의 어느 부분들이 왜곡되어 있고 어떻게 표현되었는가를 관찰하여 진단용으로 사용하기도 하지만 상담자는 융이 말한 '개인적 신화' 즉, 그 사람을 특징짓는 그 사람의 역사가 나타내 주는 진정한 모습을 보도록 해야 한다. 또한 상담자는 내담자의 무의식에서 표출되는 것이 무엇인지를 살펴야한다. 이것은 정신의 고유한 성질을 규정짓는 것으로 치료의 힘은 내담자의 정신력에서 나오기 때문이다. 상담자는 내담자의 정신력이 어떤지, 강한 정신력을 지니기 위해 어떠한 도움이 필요한지를 알아야 한다. 때로는 심상을 불러올 때 명상의 목표인 마음이 텅 빈 상태가 발견되기도 한다. 꿈으로든 미술활동으로든, 무의식의 표현을 원할 때 종종 마음을 비우는 순간을 경험할 필요가 있다. 그러나 능동적 심상과 명상은 차이가 있으므로 주의해야 한다.

- **능동적 심상에 의한 미술치료와 명상의 차이**
  - 능동적 심상에 의한 미술치료-심상으로 떠오르는 것에 초점. 심상을 완전히 이해
  - 명상-심상은 마음의 표명으로 무시. 명상의 목표는 마음에 나타나는 현상의 초월

2) 승화

(1) 승화의 치료적 의미

미술활동은 사회적으로 수용 가능한 해롭지 않은 방법으로 개인의 부정적이고 공격적인 에너지를 해소시킬 수 있는 승화의 기능이 있다. 미술활동의 특성인 승화는 심리치료에 활용될 수 있는 근거가 된다. 승화는 프로이트(Freud)의 정신분석이론에서의 자아방어기제 중 하나로 부적절한 감정이나 욕구를 창조적 활동으로 해소시킴으로써 심리적 성장과 높은 사회적 가치로의 전환을 가져온다.

(2) 승화의 심리학적 이해

프로이트의 정신분석이론에서는 원초아의 원시적 충동이 자아에 의해서 직접적인 본능의 만족이 아닌 바람직한 행동으로 변환되는 과정을 승화란 용어로 설명하였다. 자아는 현실을 인지하고 조작하며 성격의 통합 등과 같은 고도의 정신 기능을 담당한다. 자아는 본능적 욕구의 위험성과 잠재적인 파괴력을 바람직한 방향으로 변환시키는 기능을 가지고 있다. 인간의 성숙 정도에 따라 자아의 통제력은 개인의 행동을 보다 잘 예측하게 해주며 사회체제를 유지하는 데 중요하다. 즉, 인간의 본능적 욕구 에너지를 그 본래의 목표나 목적에서 좀 더 성숙한 목표나 목적으로 방향을 돌리는 과정이 필요하다. 원시적 형태의 욕구가 승화를 통해서 변환되는 것이다. 승화는 원시적 욕구에만 적용되는 것은 아니다. 통제력이나 자율성 등이 점차 강해지는 발달과정에서 원초아에서 자아로의 에너지 흐름이 일어나고 공격 에너지, 본능 에너지가 중립화된다.

(3) 승화의 기제

승화의 기제에는 치환, 상징화, 동일시, 동일성이 있다.

개인의 부정적. 공격적인 부적절한 감정이나 욕구를 직접적으로 방출할 수는 없다. 그렇지만 이러한 욕구를 그대로 방치하고만 있다면 욕구불만으로 매우 견디기 힘든 상황이 될 수도 있다. 치환은, 이러한 본능적인 욕구를 직접적으로 해소하거나 충족시키는 것이 아니라 안전한 대상을 통해 다른 방식으로 해소하는 것이다. 예를 들면, 분노 등의 공격성 표출을 야구공 치기, 샌드백 두들기기, 드럼 치기 등으로 발산할 수 있다. 상징화는 직접적이기보다는 상징적으로 개인의 감정이나 생각, 욕구 등을 표현한다. 미술을 통하여 자신을 우회적으로 안전하게 드러낼 수 있기 때문에 외상극복에 도움이 된다. 동일시는 자신을 열등하게 생각하는 사람이 성공한 제3의 인물과 자신을 동일시하므로 자신의 가치를 새롭게 조명하여 긍정적 행동양식과 가치관 획득에 중요한 역할을 한다. 동일성은 현재의 자신은 과거의 자신과 같으며 미래의 자신과 이어진다는 생각에 기인한다.

(4) 승화의 미술치료적 의미

미술치료에서 승화는 창조적인 미술활동을 통해 심리적 성장을 가져올 때 일어난다. 승화가 효과적으로 이루어지기 위해서는 상담자와의 신뢰가 중요하다. 신뢰가 바탕이 될 때 내담자는 점진적으로 안정감을 찾아가고 무의식적인 감정을 드러낸다. 상담자는 내담자로 하여금 두려움에서 벗어나 자유롭게 자신을 표출할 수 있도록 자아를 북돋아주며 고양시킨다. 또한 내담자의 흥미가 집중되어 있는 대상의 변화, 지향하는 목표의 변화, 그리고 목표를 이루고자 하는 활동에의 몰입 정도가 변화하기를 기다려야 한다.

(5) 치료과정

상담자는 미술매체를 사용하여 내담자의 무의식을 점진적으로 드러내고자 한다. 어려서부터 학업과정에서 타인과 비교되고 평가되는 경험들을 하며 실패에 대한 두려움이 마음속에 스며들어 있는 경우가 있다. 미술치료에서는 이러한 두려움에서 벗어나도록 먼저 자아를 북돋아야 한다. 불안을 불러일으키지 않는 방법과 재료를 사용하며 또한 내담자로 하여금 매체를 직접 선택하게 하는 것도 좋은 방법이 될 수 있다. 내담자가 어떤 미술매체를 선택하고 사용한다면, 그것은 그 사람이 지니고 있는 특징일 뿐 다른 사람의 특징이 될 수는 없다. 미술치료에서 상담자는 내담자의 개별성을 충분히 인식하고 있어야 한다.

상담자에 대한 신뢰와 치료관계에 대한 안정감이 높아지면, 상담자는 내담자로 하여금 좀 더 내면화가 가능한 미술활동을 하도록 하여 무의식의 억압된 감정을 드러내도록 한다.

3) 창조성

미술활동은 인간의 창조적 표현이다. 아름다움을 표현하고 새로운 작품을 만드는 미술활동은 인간의 창조성과 관련이 있다. 인간의 삶과 의미, 창조, 예술은 넓은 의미에서 하나로 볼 수 있다. 삶에서의 의미 창조는 미술활동과 심리치료의 핵심이다. 미술활동 과정에서 표현되는 작품의 창조성은 새로운 삶의 의미를 부여하는 것이다. 미술활동을 통해 자신을 직면하고 통찰하며 이해하는 과정이 중요하다. 미술치료를 필요로 하는 많은 사람들은 부정적인 사고로 위축되어 있거나 삶에 의미를 찾지 못하고 있다. 미술치료는 창조적 표현을 본질로 하는 미술을 매체로 삶의 의미를 찾도록 지지하고 격려한다. 내담자로 하여금 그들의 내면에 잠재되어 있는 심상을 자유롭게 표현할 수 있도록 하기 위해서는 무엇보다도 심리적, 물리적으로 안정된 환경이 필요하다. 창조성을 위한 상담자의 노력은 내담자에 대한 존중과 지지이며, 내담자는 안정감을 느끼고 즐거움과 흥미를 가지게 된다.

(1) 치료에서의 창조

미술에서 표현되는 심상은 눈으로 볼 수 있는 형태로 창조된다. 시각화된 심상이 대상과 매우 닮았다고 하더라도 그것은 대상을 그대로 복사한 것이 아니다. 눈과 마음으로 작품을 본다면 작품에는 내담자의 사고와 감정, 경험과 무의식이 형상화되어 있다.

심리치료를 필요로 하는 사람들의 대부분이 자신들의 삶에 의미를 부여하지 못한다. 미술치료에서 창조란 이처럼 인생에 의미를 느끼지 못하는 내담자에게 인생의 의미를 부여해 주는 것이다.

또한 미술치료는 미술 결과물보다 활동과정이 중시되며 내담자의 자발적 표현과 직면, 이해와 통찰이 매우 중요하다. 이 과정에서 상담자의 전문가적 도움이 필요하며 상담자는 미술매체를 통한 표현에서 내담자에게 창조의 의미를 고무시켜야 한다.

(2) 창조의 치료적 과정

미술치료에서 창조의 준거가 무엇인가에 대한 의문이 있을 수 있다. 미술작품의 질이 창조의 정도를 나타낸다고 하기는 하나 미술적 표현이 빈약한 내담자라도 자신의 이미지를 작품에 반영하고 내면의 명료함과 통찰을 갖게 되는 경우가 많다. 즉, 창조에 반드시 예술적인 승화가 포함되는 것은 아니다.

시각적으로 보이는 이미지를 표현하다 보면 의식의 깊숙한 부분을 자극하게 한다. 그리하여 일상적으로 가능한 것보다 더 풍부한 표현을 하게 한다. 물감을 마구 칠하는 행동은 심하게 억압되어 있는 내담자에게 활기를 불어넣어 줄 수도 있는 반면 겁에 질리게 할 수도 있다. 또한 미술매체를 바꿔주는 것은 타성에 빠져있는 내담자의 표현을 촉진시켜 줄 수 있는데 이때 미술매체의 특성이 어떤 효과를 낼 수 있느냐를 고려하여 선택하도록 한다.

자신의 심상을 자유롭고 풍부하게 표현해낼 수 있도록 내면에 잠재되어 있는 것을 끄집어 낼 수 있는 환경을 찾는 것 또한 상담자들의 역할 중 하나이다. 특히, 창조성을 끌이내기 위해서는 무엇보다 내담자가 자유로움을 느끼게 해야 한다. 내담자는 이제까지 자신을 제대로 표현하지 못했기 때문에 자유로움을 느낄 수 있는 심리적, 물리적 환경이 필요하다. 창조성을 나타내기 위한 심리적 환경은 상담자가 제공해 주는 분위기이며, 물리적 환경은 표현을 위한 재료, 공간, 시간 등이다.

(3) 창조성을 위한 심리적 분위기

① 존중과 지지

상담자는 내담자의 말과 행동을 사실 그대로 존중하고 받아들여야 한다. 이러한 과정에서 내담자의 독창성과 자율성, 독립성, 대담성은 자극되고 강화된다. 내담자에 대한 존중은 내담자 스스로 미술매체 및 주제를 선택하고 미술작품을 구성하며 작품 설명에 자유를 주는 것에서도 나타난다. 또한 상담자의 관심과 개별 또는 협동으로 활동하기, 활동 속도와 방법, 매체와 주제의 탐색에서 내담자 자신의 특성과 스타일을 발견할 수 있도록 상담자가 도와주는 태도에서도 나타난다.

내담자에 대한 존중은 작품에 대한 생각과 연상을 정확히 하도록 격려하고 경청하는 것도 의미한다. 내담자의 작품을 소중히 다루고 보관, 전시도 내담자에 대한 존중의 한 표현일 수 있다.

② 즐거움과 흥미

상담자는 내담자의 탐색과 표현에 관심을 가져야 한다. 관심은 민감하면서도 조심스러운 관찰, 진지한 경청, 부드러운 언어적 개입으로 표현될 수 있다. 내담자가 상담자의 도움, 지지, 평가에 대한 욕구를 표현한다면 상담자는 지지자, 촉진자로서 그에게 관심을 표현한다. 또한 내담자가 창조 작업과 성장에 가치를 부여하고 기쁨을 느끼도록 원조한다.

(4) 창조성을 위한 물리적 분위기

창조적 표현을 위해서는 물리적 분위기도 중요하다. 물리적 분위기란 미술재료, 미술활동을 위한 공간과 시간, 내담자가 느끼는 안전 등을 포함한다.

① 미술재료

미술재료는 미술표현을 위한 미술매체이다. 상담자는 미술매체의 특성을 알고 사용할 수 있어야 한다. 창조적인 표현을 위해 새로운 매체를 제공하거나 기존의 매체 또는 폐품을 다른 방법으로 활용하도록 유도할 수 있어야 한다. 이러한 매체의 활용이 기술을 요구하는 경우에는 미술매체에 대한 지도가 먼저 이루어져야 한다.

미술재료들은 내담자의 발달수준, 이전의 경험, 특별한 욕구와 흥미에 맞아야 한다. 그러나 너무 많은 미술재료를 제공하거나 어떻게 해야 하는가를 지시하는 것은 내담자의 심상을 무가치하게 만들거나 왜곡시킬 수 있음을 간과해서는 안 된다. 상담자는 물감이나 진흙에 대해 거부감을 느끼는 내담자를 위해 다른 대안적인 방안을 제공해 줄 수 있는 능력도 필요하다.

② 공간

공간은 미술활동이 이루어지는 곳으로, 편안하게 미술활동을 할 수 있는 장소를 의미한다. 내담자들은 때때로 자신의 표현이 거부될 것이라는 두려움을 느끼지 않고, 아무렇게나 어지럽히고 혼란스럽게 해도 좋을 장소를 필요로 한다. 공간이 더러워져도 정돈이 가능하다는 느낌은 미술활동에 안정감을 준다. 바닥에 앉아서 작업하는 것이 편한 경우도 있다. 공간에는 미술활동을 위한 설비와 작품 보관 장소도 포함되며, 공간이 잘 정비되어 있으면 보다 안정적인 활동이 이루어질 수 있다.

③ 시간

미술치료에서 시간은 내담자가 흥미를 유지하고, 상담자가 창조적 과정에 개입할 수 있을 정도의 충분한 시간을 의미한다. 특히 유아, 노인, 장애아동에게는 그들이 어느 정도의 시간을 이용할 수 있는지를 미리 알려주어야 하며 끝날 즈음 시간을 알려 주는 것도 도움이 된다.

④ 안전

안전은 현실적인 것이나 기괴한 것, 진보적인 것이나 퇴행적인 것, 긍정적인 것이나 부정적인 것 모두 수용되는 것을 의미한다. 제한은 내담자가 자신의 충동으로부터 자신을 보호하는 것을 도와주는 안전의 한 방법이 될 수 있다. 크레파스를 뭉개거나 부러뜨리거나, 파괴적인 주제를 그릴 수 있는 것도 안전에 속한다. 그러나 사람을 때리거나 물건을 파괴하는 행동의 경우는 제한한다.

4) 미술활동 과정의 치료적 요인

미술활동 과정의 치료적 요인은 작품을 구성하는 형상화 과정, 작품을 구성하는 과정에 수반되는 상징화 과정, 대화와 질문 과정, 작품을 구성하거나 만든 후 대화를 통해 상담자와 내담자 사이에 이루어지는 만남과 관계 과정으로 나눌 수 있다.

(1) 형상화 과정

작품을 구성하는 형상화 과정은 무에서 새로운 것을 생성하는 과정이다. 형상화 과정이 이루어지기 위해서는 먼저 매체와의 만남, 매체의 탐구 과정이 이루어져야 한다. 이후 형상화가 이루어질 수 있다.

① 매체와의 만남

매체에 대한 다양한 경험은 자율성과 주도적 자기 선택의 기회를 제공한다. 매체 제공시 상담자는 내담자가 재료를 충분히 탐색하고 익힐 시간과 기회를 주어야 한다. 그래야 내담자는 매체의 특성을 알게 되어 자신감을 갖고 표현할 수 있게 된다.

② 매체의 탐구

언어적인 자유연상같이 재료에 대한 자유로운 탐구를 한다. 상담자는 내담자가 편안하게 탐색할 수 있도록 충분한 안내를 해 주어야 한다. 매체는 정서적·인지적으로 자극하여 내담자의 무의식적 생각과 감정을 발견하게 한다.

③ 형상화

이 과정은 심상을 구체화하여 형상화하는 과정으로 심상을 현실화한다. 상담자는 내담자가 형상화하는 과정을 존중하고 수용해야 한다. 작품으로 만들어진 이미지는 만든 사람의 마음속에 있는 무엇인가를 상징하게 된다. 그러나 내담자가 표현능력이 부족하거나 애매모호한 혼란 상태에 머물러있을 경우, 침착하게 내담자를 대하여 그 상황을 잘 다루어야 한다. 내담자는 애매모호한, 혼란한 반응에서 자신이 방어하고 있음을 스스로 알게 되거나 작품에서 무의식을 알아챌 수 있다. 그리고 작품이 조화로운지, 내적 상상과 일치하는지에 대한 자기평가도 할 수 있다. 내담자는 의식하지 않은 상태에서 색과 형태를 구성으로 자신을 형상화한다. 마음속에 있던 감정이나 심신 상태에 맞는 색과 형태가 작품으로 옮겨진 것이다.

(2) 상징화 과정

미술은 상징 언어의 대표적 예술이다. 그림의 상징성은 시대와 문화를 초월하는 힘을 지니는데, 이는 그림이 인간최초의 단일 언어이자 공통의 언어이기 때문이다. 미술치료 과정에서 그림의 상징성을 읽는 것은 매우 중요하다. 특히, 융학파는 그림의 상징연구에서 그림은 인간의 집단무의식에서 나온 영혼의 커다란 방향 표시로 인식과 가치의 상징이 될 수 있다고 보았다(Riedel, 1988).

① 상징화

작품으로 만들어진 이미지는 만든 사람의 마음속에 있는 무언가의 상징이다. 상징화는 심상이 작품으로 형상화된 것이다. 색을 통해 정서가 드러나고, 형태를 통해 확실한 모습으로 구체화된다. 이 과정에서 정서 및 부조화, 불쾌감, 고통 또는 이미 의식하는 문제와 초점을 표현한다. 작품을 만드는 것은 자기 자신을 정립하기 위한 것이며, 의사소통을 할 수 있는 어떤 것을 제작하는 것이다. 여기에서 작품 이면의 갈등, 원형을 암시하는 심상을 보게 된다.

미술작품과의 의사소통은 계속 이루어진다. 내담자는 이미 형상화 과정에서 작품의 이면과 작품에서 표현된 정서, 갈등을 접했기에 다시는 정서를 위장하거나 그에 압도당하지 않는다. 또한 발견한 내적 심상과 의식적으로 만날 수 있고 능동적으로 대면할 수 있다. 내담자는 자신의 결정을 수정하거나 변화를 주는 것이 가능할 때 안정감을 갖는다. 상담자는 계획, 구성, 시행, 마무리에 이르기까지 활동의 기술적인 진행과정을 적절히 조정해 주어, 내담자가 만족할만한 완성 상태에 이를 수 있도록 해주어야 한다. 이러한 과정에서 내담자의 능력이 개발되고 성취감이 형성될 수 있다.

시각적 산물인 작품이 내담자를 나타내는 것이기는 하지만 미술작품을 볼 때에는 작품의 잠재성과 작품의 형식, 작품 내용이 고려되어야 한다. 작품 주제로부터 작품의 내용을 파악하는 것이 도움이 된다. 또한 작품에서 반복되게 나타나는 내용이나 과장되게 표현한 것, 생략, 왜곡 등은 내담자에게 의미 있는 것이므로 주의 깊게 살펴야 한다. 상담자는 미술활동 과정을 꼼꼼히 잘 관찰해야 한다. 작업 순서, 속도, 리듬, 작품과 관계된 언어적·비언어적 행동은 미술작품의 구성요소와 밀접한 관계가 있음을 파악하게 된다.

② 고려할 점

■ 작품 표현의 개별성

개인의 작품은 다른 어떠한 내담자의 작품과 같을 수 없다. 모든 내담자의 얼굴 표정, 성격이 다른 만큼 서로 다른 작품을 만들어 낸다. 비슷해 보이는 작품일지라도 내면세계를 살펴보면 작품의 의미가 현저하게 달라지는 것을 발견하게 된다. 어떤 내담자는 분노를 표현할 때 휘갈긴 선을 그리지만, 어떤 내담자는 경직된 선으로 분노를 표현하기도 한다.

■ **상담자에 따른 표현의 차이**

미술작품 이해에 가장 큰 어려움 중 하나는 같은 내담자라도 상담자가 누구냐에 따라 표현이 달라질 수 있다. 상담자가 어떤 치료적 접근을 하느냐에 따라 내담자가 표출하는 내면세계의 정도가 다르다. 또한 표현 형태가 다르면 해석이 달라질 수 있다. 아동 경우, 청소년이나 성인보다 자기 조절 능력이나 통제력이 부족하기에 상담자의 영향을 더 많이 받는다.

■ **내담자의 반응에 따른 차이**

미술활동 과정에서 내담자가 자신의 작품에 대해 강한 정서를 분명하게 드러낼 경우, 치료적 접근 방법과는 별개로 상담자는 내담자에게 어떠한 반응을 하게 된다. 내담자의 정서에 반응하는 것은 상담자가 내담자의 작품 내용을 수용하고 있다는 것을 알려 주는 것이다. 내담자에게 상담자의 수용은 보상으로 생각되어 보상은 자신의 작품 과정과 작품에 대한 태도에 영향을 미치게 된다. 작품에 묘사된 내담자의 정서와 문제점, 갈등에 대한 의식은 언어화를 통하여 이루어질 수 있다. 언어화함으로써 의미는 명확해지고, 특정한 경험이나 어떠한 원인에 의한 것인가를 분명히 알게 된다.

(3) 대화와 질문 과정

대화는 작품을 만든 내담자의 내적, 외적 현실에 대한 이해와 동시에 치료적 관계로 연결시킬 수 있다. 작품은 상담자와 내담자 사이에 존재하는 제3자로 둘 사이를 연결시킨다.

■ **대화의 목적**

- 작품 이야기를 통해 내담자의 욕구와 사고, 정서, 경험 등을 외면화하도록 돕는다.

- 내담자가 경험한 인물, 사건, 환경에 대한 그의 생각이나 감정, 느낌 등을 이해해서 내담자에게 최대한 이익이 되도록 한다.

작품의 의미를 잘 이해하기 위해서는 상담자는 내담자가 미술활동 과정에서의 이야기를 잘 듣는 것이 중요하다. 대화를 통해 상징과 자아의 대면이 실제로 의식화될 수 있다. 언급된 내용뿐만 아니라 작품의 색과 형태를 관찰하고, 그 구성에 대해 내담자에게 질문하는 것이 작품 해석에 도움이 될 수 있다. 단순히 무엇을 표현했는지 물어봄으로써 작품 자체에서 느끼는 시각적인 내용 이상의 것을 내담자로부터 들을 수 있다.

(4) 만남과 관계 과정

작품은 치료적 관계를 반영하는 동시에 상담자가 내담자에게 내담자가 상담자에게 주는 메시지이다. 미술치료에서 상담자와 내담자 사이의 관계는 함께 보고 함께 고려해 줄 수 있는 작품과 연결되어 있는 것이다.

미술활동을 통해 파괴할 정도의 증오나 분노감, 자신을 무력화할 정도의 우울감이나 절망감에서 예기치 못한 기쁨, 희망, 성취감, 자아몰입, 활동 자체에 대한 만족감이 나올 수 있다. 그럼으로써 내면의 창의성이 재활동하게 된다. 내담자는 작품을 만들면서 자기 형상화, 개성화, 자기치료를 하는 것이다.

이러한 새로운 의미의 발견은 내담자의 자신감에 영향을 주게 된다. 더구나 집단치료 경우 작품을 참여자들에게 보여주고, 상담자와 참여자들과 함께 작품에 대해 대화를 하는 것은 작품에 대한 긍정적 반응을 일으킬 수 있다. 또한 작품에 대한 좋은 감정을 더욱더 강화시킬 수 있다. 내담자의 작품을 상담자가 어떻게 느끼는지 스스로 인식하는 것도 중요하다. 상담자가 어떤 주제의 작품을 불편해한다면 그 느낌은 내담자에게도 반영된다. 또한 내담자에게는 아직 완전히 받아들여지지 않는 작품에 상담자가 깊이 감동하였을 때도 마찬가지이다. 상담자는 미술치료 과정에서 궁극적으로 치료적 틀을 만드는 것이다.

3 미술치료실습

프로그램명	자유화
목표	내담자의 생각, 욕구, 감정 등을 파악하고 감정을 이완시킨다.
준비물	종이, 색연필, 파스텔, 크레파스, 사인펜 등
방법	① "당신이 그리고 싶은 것을 마음대로 그릴 수 있어요. 그리고 싶은 종이를 선택해 보세요." 내담자가 그리고 싶은 종이를 선택하게 한다. ② 그리고 싶은 것을 자유롭게 그리도록 한다. ③ 그림이 완성되면 무엇을 표현한 것인지 작품에 관해 이야기하도록 한다. ④ 질문을 할 때는 내담자 수준에 맞추도록 한다. ⑤ 내담자가 그린 작품을 소중히 다루어 준다.
적용	① 내담자가 그림을 빨리 완성하는 경우도 있고 완성이 지연되는 경우도 있다. 상담자는 내담자의 작업 속도에 맞추어 주는 것이 좋다. 간섭하지 않고 자유롭게 할 수 있도록 한다. ② 미술치료는 결과물이 중요한 것이 아니라 활동 과정이 중요하므로 내담자가 어떻게 그림을 그리는지 잘 관찰한다. ③ 내담자의 그림을 관찰할 때 자연스럽게 지켜보도록 한다. ④ 시작 시 부담스러워하거나 시작을 어려워하는 내담자 경우, 종이 가장자리에 테두리선을 그리어 심리적으로 안정을 주고 시작하는 것도 좋다. ⑤ 내담자 특히 아동이 자신의 이야기 표현을 힘들어하는 경우 지나치게 종용하지 않는 것이 좋다.
작품사진	 [그림 3-2] 자유화

04

미술치료의 심리이론

Ⅰ 정신역동이론

1) 프로이트의 정신분석이론

지그문트 프로이트
(Sigmund. Freud, 1856~1939)

프로이트(Freud)는 오스트리아 모라비아 지방에서 3남 5녀 중 첫아이로 태어났다. 프로이트의 부모는 경제적으로 풍족하지는 못했지만 그의 명석한 지적 능력을 키워 주기 위해서 뒷바라지에 모든 노력을 다 기울였다. 프로이트는 여러 가지 방면에 관심이 많았지만, 유대계 혈통이라는 이유 때문에 직업의 선택에 제한이 있었고, 결국 의사가 되기로 결심했다. 그는 26세 때 비엔나 대학에서 의학박사 학위를 취득하고 4년 후에 강사가 되었다.

프로이트는 생애의 대부분을 정신분석이론을 형성하고 확장하는 데 투여했다. 주로 환자들을 치료하면서 발견한 문제들과 자기 분석에서 발견한 문제들을 통하여 자신의 이론을 형성하였다.

프로이트는 매우 생산적이었으며 하루에 18시간이나 연구를 하기도 하여 총 24권의 전집을 출간하였다. 생애의 마지막 기간 동안 그는 구개암으로 33번이나 수술을 받았으며 끊임없는 고통 속에 살았다.

정신분석이론의 창시자인 프로이트는 인간행동을 이해하는 새로운 분야를 개척했으며, 그의 이론은 이후의 많은 성격이론에 영향을 미쳤다.

정신분석이론은 프로이트에 의해 만들어진 성격이론이자 최초의 심리학 이론이다.

18세기 자연과학의 발달은 인간의 행동에 대한 연구에 많은 영향을 주었으며 인간은 과학적 연구의 대상이 되었는데, 프로이트는 인간의 신체와 더불어 인간의 성격도 그 대상이 될 수 있다는 생각을 하게 되었고 이를 성격이론에 적용시켜 정신분석이론을 창안하게 되었다(Hall, 1954).

(1) 기본이론

프로이트의 이론적 모형은 지형학적 이론(topographical theory), 구조적 이론(structural theory), 역동적 이론(dynamic theory)으로 구성되어 있다.

지형학적 이론은 인간의 마음을 지층에 비유하여, 지각할 수 있는 내용에 따라서 의식층, 전의식층, 무의식층으로 설명한다. 의식은 현재 인식의 범위, 전의식은 현재 인식하지 못하지만 노력하면 인식할 수 있는 범위, 무의식은 우리가 인식하지 못하는 가장 심층적이고 접근이 어려운 범위라고 할 수 있다.

구조적 이론은 인격의 구조를 원초아(id)-자아(ego)-초자아(super-ego) 라고 규정하고 이들의 구조적 기능은 불변한다고 설명한다. 자아와 초자아 그리고 원초아가 서로 협동하는 한 단위로 작용하여 인간의 기본적 욕구를 충족시키고 타인과 만족스러운 관계를 이루도록 하며, 주변 환경과 효과적으로 상호 작용하도록 돕는다.

역동적 이론은 인식의 수준(무의식, 전의식, 의식)과 인격의 구조(원초아, 자아, 초자아) 간의 역동을 설명하고 있다. 인간의 마음을 움직이는 힘의 양은 한정되어 있으므로 무의식적 욕구과 소망을 발산하려 하는 원초아, 무의식적 발산을 억제하는 초자아, 현실을 검증하는 자아의 조절이 충돌할 때 정신적인 에너지는 끊임없이 상호작용하는 역동적인 상태에 있는 것이다.

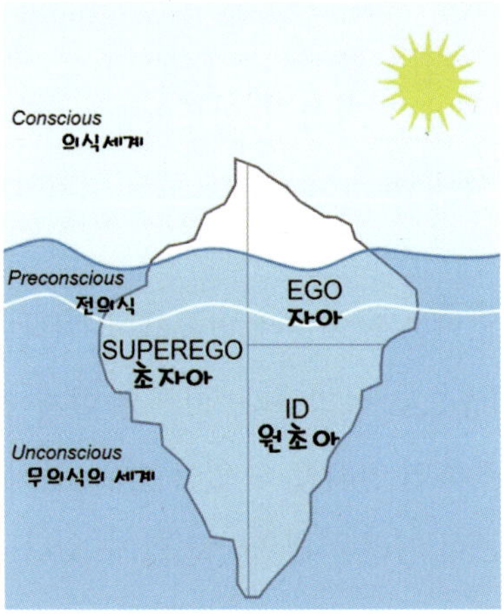

[그림 4-1] 역동적 이론

(2) 인간관

프로이트의 인간관은 정신적 결정론, 무의식의 중요성, 성적 에너지(리비도: libido)로 설명할 수 있다. 첫째, 정신적 결정론은 인간의 정신적 활동이 이전의 행동이나 사건에 의해 결정된다고 보는 것이다. 둘째, 프로이트는 인간의 행동이 의식적 과정보다는 인식할 수 없는 무의식에 의해 더 많이 유발된다고 보았다. 셋째, 본능적인 성적 에너지(리비도)가 인간의 행동과 사고의 동기가 된다고 생각하였다.

인간의 본성에 관한 프로이트의 관점은 기본적으로 결정론이라고 할 수 있는데, 프로이트에 의하면 인간의 행동은 무의식적 동기와 생애 초기 5~6년 동안의 심리성적 발달상에 전개된 본능적 충동에 의해 결정된다.

본능은 프로이트적 접근의 핵심이다. 프로이트는 초기에 성적 에너지를 리비도라고 불렀는데 후에는 모든 삶의 본능적 에너지를 리비도라고 그 의미를 확장하였다. 리비도는 성장, 발달, 창조성을 추구하므로 성적 에너지를 포함한 그 이상의 동기의 원천으로 이해되어야 한다. 프로이트는 즐거움을 추구하는 모든 활동을 삶의 본능(에로스: eros)이라고 하였으며 인간의 삶의 목표는 고통을 피하고 쾌락을 얻는 것이라고 생각하였다. 프로이트는 또한 죽음의 본능(타나토스: thanatos)을 설명하였는데, 이는 공격적 욕구로서 인간은 때로 자신이나 타인을 죽이거나 해치려는 무의식적 소망을 행동으로 나타낸다고 하였다. 또한 프로이트는 성적 충동이나 공격적 충동이 인간행동의 강력한 결정요인이라고 생각하였다.

(3) 주요개념

① 성격의 구조

정신분석이론에 따르면 인간의 성격은 원초아(id), 자아(ego), 초자아(super-ego)의 세 가지 요소로 이루어져 있다.

원초아는 긴장과 고통을 피하고 쾌락을 추구한다는 쾌락의 원칙(pleasure principle)에 의해 기능하는 것으로 한 인간이 태어날 때에는 모두 원초아로만 이루어져 있다. 원초아는 생물학적인 측면이 강하며 본능의 욕구를 충족시키기 위해 비논리적이고 맹목적으로 작동한다. 원초아는 계획을 세우거나 사고하지 않으며 즉각적인 욕망의 충족을 위해 움직여서 곧바로 긴장과 고통이 없는 균형 상태로 가고자 한다. 그리고 이와 같은 과정은 무의식적으로 이루어진다.

자아는 현실과 환경을 고려하는 현실의 원칙(reality principle)에 의해 기능하는 것으로 원초아와 초자아, 그리고 환경 간에 균형을 유지하기 위해 노력한다. 따라서 자아는 현실을 이해하고 판단하며 미래에 대한 계획을 세우고 논리적인 사고를 한다. 원초아는 충동적이고 주관적인 요구에 의해 움직이는 반면, 자아는 외부 현실을 지각하고 원초아의 충동을 조정하고 관리하는 역할을 한다.

초자아는 성격에서 쾌락보다는 완전함을 추구하는 기능을 가지며 한 개인의 도덕적인 규범에 해당한다. 따라서 초자아의 주된 관심사는 선과 악 그리고 옳고 그름이다. 초자아는 부모의 가치관과 전통적인 사회적 규범을 내면화한 것으로서 원초아의 충동을 억제하며 자아가 도덕적이고 규범적인 기준에 맞추어 더욱더 완전하게 살도록 유도한다.

프로이트에 의하면, 각 개인에게는 제한된 양의 심리적 에너지가 있으며, 성격구조의 세 가지 요소 중 어느 요소가 그 에너지에 대해 통제력을 많이 가지고 있는가에 따라 인간의 행동이 결정된다. 예를 들면, 원초아가 한 개인의 심리적 에너지를 좌우하는 경우, 그 사람은 현실적이나 규범적이기보다는 욕망의 충족에 더 많은 관심을 가지고 긴장과 고통을 즉각적으로 해소하려는 방식으로 행동할 것이다. 반면 초자아가 한 개인의 심리적 에너지를 상대적으로 많이 좌우하는 경우, 그 사람은 소망의 만족이나 현실적인 대안을 선택하기보다는 완전성을 추구하고 사회적 규범에 맞는 행동을 하려고 할 것이다.

② 의식과 무의식

프로이트의 가장 큰 공헌은 무의식(unconsciousness), 전의식(preconsciousness)과 의식(consciousness)의 차원에 대한 개념을 제공한 것으로 그 개념은 행동이나 성격의 문제를 이해하는 핵심이다. 무의식은 우리 마음속의 85% 정도를 차지하고 있다. 무의식은 우리가 인식하지 못하는 마음으로서 그곳에는 모든 경험, 기억, 억압된 자료들이 저장되어 의식 영역에서 사람들이 어떻게 생각하고, 느끼고, 행동하는지에 영향을 미친다. 무의식에는 고통스러운 기억, 충족되지 못한 본능적 소망, 공격적 욕구, 성적 욕구, 수치심, 열등감, 상처 등이 포함된다. 의식은 어느 주어진 시점에서 완전히 알아차릴 수 있는 정신 활동의 내용이며, 전의식은 즉각적으로 인식할 수는 없지만 노력하면 의식 수준으로 끌어낼 수 있는 내용을 말한다.

무의식은 직접 알 수는 없지만, 행동에서 추론될 수는 있다. 무의식에 대한 임상적 증거는 다음과 같다.

- 무의식적 욕구, 소망, 갈등의 상징적 표상인 꿈
- 말의 실수나 친숙한 이름을 잊어버리는 것
- 암시로 인한 최면 후의 행동
- 자유연상에서 나온 경험의 자료
- 투사법(projective techniques)에서 도출된 자료

③ **불안**(anxiety)

불안은 무언가를 하도록 인간을 동기화시키는 긴장 상태이며, 원초아, 자아, 초자아 사이의 갈등이 정신 에너지의 통제를 넘어설 때 일어난다. 불안의 기능은 임박한 위험에 대해서 경고하는 것이다.

불안에는 현실적 불안(reality anxiety), 신경증적 불안(neurotic anxiety), 도덕적 불안(moral anxiety) 등 세 가지가 있다. 현실적 불안은 외부세계에서 오는 위험에 대한 두려움으로 불안의 정도는 실제 위험의 정도에 비례하여 나타난다. 신경증적 불안은 자신이 본능을 통제하지 못해 그로 인해 어떤 행동을 하게 됨으로써 처벌받지 않을까 하는 두려움에서 발생한다. 도덕적 불안은 자신의 양심에서 생기는 두려움으로서 양심이 잘 발달된 사람은 자신의 도덕적 규칙에 위배되는 일을 할 때 죄책감을 느끼는 경향이 있다.

자아가 합리적, 직접적인 방법으로 불안을 통제할 수 없을 때 자아는 비현실적인 방법, 즉 방어기제를 선택하게 된다.

④ **자아 방어기제**(ego-defense mechanism)

자아 방어기제는 자아가 불안으로부터 자신을 보호하기 위한 수단이다. 자아가 위협받는 상황에서 무의식적으로 자신을 속이거나 상황을 다르게 해석하여 감정적 상처로부터 자신을 보호하는 것을 의미한다. 자아 방어기제의 사용에는 심적 에너지가 소모되며 그 결과 자아의 유연성과 힘을 약화시킨다. 더불어 자아 방어기제들은 우리의 충동, 공포, 원망에 대한 왜곡된 그림을 만들어낸다. 그러나 프로이트는 인간은 모두 어느 정도 방어기제를 사용하고 있으며 오직 과도하게 의존할 때만 문제가 된다고 주장했다. 심각한 정신 병리적 문제들은 방어기제들이 현실을 크게 왜곡할 때에 발생한다는 것이다.

■ 억압(repression)

프로이트는 억압을 가장 기본적인 자아 방어기제로 생각했다. 그것은 억압이 보다 정교한 방어기제들의 토대일 뿐만 아니라 불안을 회피하기 위한 가장 직접적인 방법이기 때문이다. 억압은 용납될 수 없는 충동과 불유쾌한 기억을 의식으로부터 배제하는 과정이다. 그 결과 개인은 불안을 유발하는 갈등을 의식하지 못하거나 정서적으로 고통스러운 과거의 사건들을 기억하지 못하게 된다. 예를 들면, 어린 시절에 성폭행을 당한 여성이 전혀 그 사건을 기억하지 못하는 경우를 들 수 있다. 그러나 억압된 기억과 충동들은 무의식 속에서 활동 상태로 남아있기에 이들이 의식 속으로 들어오는 것을 막기 위해서는 끊임없이 심적 에너지가 소요된다. 이처럼 자아의 자원을 계속 소모하면 보다 건설적이며 창조적인 행동에 사용할 에너지의 양이 심각하게 제약을 받게 된다. 한편 억압된 자료를 밖으로 표현하려는 노력은 꿈이나 농담이나 말실수 등을 통하여 일시적인 만족을 얻기도 한다. 프로이트 심리학에서 억압은 모든 신경증적 행동, 정신 신체적 질병 및 심리-성적 장애들의 중심 기제로 논의된다. 즉 억압은 가장 기본적이며 널리 사용되는 방어기제인 것이다.

■ 투사(projection)

투사는 용납할 수 없는 욕구나 충동을 다른 사람이나 환경 탓으로 돌리는 것으로서 자신의 잘못을 다른 사람이나 사물에 전가할 수 있도록 해 준다. 테니스 경기를 할 때 자신이 공을 잘 못 치고는 라켓을 던지거나, 시험을 망친 학생이 시험문제가 잘못 출제되었다고 불평하는 경우 등에서 볼 수 있다.

■ 치환, 전치(displacement)

치환은 본능적 충동을 위협적인 대상에서 덜 위협적인 대상에게로 방향을 바꾸어 표현하는 것이다. 흔한 예로는, 부모에게 야단을 맞은 큰 아이가 동생에게 화풀이를 하거나 직장에서 상사에게 야단맞은 남편이 아내에게 버럭 화를 내는 행위 등을 들 수 있다. 또한 타인에 대한 적대적 충동이 자기 자신에게로 치환되어 우울증과 자기비하를 낳는 수도 있다.

■ **합리화**(rationalization)

합리화는 현실 왜곡을 통해서 자존감을 보호하려는 방어기제이다. 합리화에서는 비합리적 행동을 자신과 타인에게 합리적이며 정당화될 수 있는 행동으로 보이도록 시도한다. 대표적 예는 이솝 우화에 나오는 '여우와 신 포도' 이야기이다. 포도가 먹고 싶었던 여우는 몇 번 포도를 따려고 시도했으나 실패하자 그 포도는 어차피 시어서 못 먹는 포도라고 둘러댄다. 일상생활에서도 사람들은 합리화를 많이 사용하는데, 데이트를 신청했다가 거절당한 남자가 상대 여자가 사실은 그리 매력 있는 여자는 아니라고 자신을 위로하는 예를 들 수 있다.

■ **반동형성**(reaction formation)

반동형성은 금지된 충동으로부터 자신을 방어하기 위해 정반대의 감정이나 행동으로 대체시켜 표현하는 것이다. 즉 겉으로 나타나는 태도나 언행이 마음속의 욕구와 반대인 것으로서 '미운 놈 떡 하나 더 준다.'는 우리 속담에 잘 반영되어 있다.

■ **퇴행**(regression)

퇴행은 위협에 직면하여 미성숙하고 어린아이 같은 행동 패턴으로 되돌아가는 것을 의미한다. 안전하고 즐거웠던 어린 시절로 돌아감으로써 불안을 감소시키려는 방법이다. 자주 관찰되는 퇴행의 예로, 대소변을 잘 가리던 아이가 동생이 태어나자 잘 때 오줌을 싸는 행동을 보이는 것을 들 수 있다. 성인들도 화가 나서 물건을 부수고, 무모하게 차를 몰거나 어린아이처럼 말하고 행동하는 것 등에서 퇴행의 모습을 발견할 수 있다. 정신병 환자가 태아의 자세로 누워있는 것도 안락했던 엄마의 자궁 속으로 되돌아가고자 하는 바람에서 비롯된 퇴행 행동으로 설명된다.

■ **승화**(sublimation)

승화는 허용될 수 없는 충동을 사회적으로 허용되는 사고와 행위로 전환시키는 것으로서 가장 건강한 방어기제이다. 승화는 충동의 표현을 억제하지 않고 충동의 목표와 대상을 사회적으로 허용되는 형태로 변화시키므로 에너지가 사회적으로 쓸모 있게 전환된다. 예를 들면, 강한 무의식적인 공격 충동을 지닌 사람이 외과 의사나 법관이 됨으로써 공격 충동을 사회적으로 허용되는 형태로 충족시킬 수 있다. 프로이트는 모든 문화적 성취는 승화된 원시적 충동의 결과라고 주장한다.

■ **부정**(denial)

부정은 불유쾌한 사건이 일어난 것을 부인하는 것이다. 배우자의 죽음을 믿지 않고 살아있는 것처럼 대화도 하고 식사와 옷을 준비하는 아내의 경우에서 부정의 예를 볼 수 있다. 부정은 불치의 병을 선고받은 환자가 겪는 심리적 단계의 하나이기도 하다. 프로이트에 따르면 부정은 어린아이나 미성숙한 어른에게서 가장 전형적으로 나타나지만 성숙한 어른도 극히 고통스러운 상황에서 때때로 부정 기제를 사용한다고 한다.

⑤ 심리성적 발달단계 (Psychosexual developmental stage)

프로이트는 출생 시의 유아는 제한된 몇 가지 본능을 가지고 태어난다고 보았다. 즉 호흡을 하고 배고픔을 해결하며 성적 만족을 얻고자 하는 본능, 공격 본능 등이다. 성적 본능의 에너지를 리비도라 하는데 이 리비도는 일생을 통해서 정해진 순서에 따라서 각기 다른 신체 부위에 집중된다고 하였다. 이에 따라 발달단계를 구강기, 항문기, 남근기, 잠복기, 생식기로 구분하였다. 이러한 발달단계 중 앞의 세 단계(구강기, 항문기, 남근기)가 성격 형성에 결정적 역할을 하게 되는데, 이 시기에 리비도는 신체의 특정 부위에 자리 잡고 그 특정 부위에서 만족을 추구한다.

만일 심리성적 단계가 성공적으로 진행되지 못하고 한 단계에서 다음 단계로의 진행이 방해받으면 특정 단계에 고착될 수 있는데, 이 고착은 성인기의 성격에 직접적 영향을 미친다고 보았다.

■ 구강기(Oral Stage: 0-18개월)

영아는 출생 시로부터 18개월까지 구강기를 경험한다. 어머니의 젖을 빠는 것은 배고픔과 쾌락의 욕구를 만족시켜주며, 영아는 빠는 자극과 깨무는 자극을 통해 쾌감을 느끼게 된다.

영아가 긴장을 해소하고 쾌락을 얻으려면 외부의 대상(어머니)에게 의존해야 하므로, 그 어머니는 영아의 행동을 통제할 수 있다. 어머니가 젖을 주는 것은 사랑과 칭찬을 의미하는 것이고, 젖을 주지 않는 것은 거부와 반대를 의미하는 것이므로, 영아는 어머니가 그를 거부하거나 혼자 내버려 둘 때 불안해진다. 영아의 구순 쾌락을 위협하는 일이 많아지면, 영아는 어머니나 그 밖의 타인에게 지나치게 의존하게 된다. 또한 이 시기에 구강 욕구가 적절하게 만족 되지 못하면, 성인이 된 후 타인에 대한 강한 불신으로 대인관계가 어려울 수 있으며 수동적이고, 타인 의존적이 된다. 그리고 엄지손가락 빨기, 손톱 물어뜯기, 연필 깨물기, 과식, 흡연 같은 강박적 습관들을 발달시키게 된다. 반면 구강기 후반기에 고착되면 논쟁적이고, 험담을 많이 하며, 타인을 이용하거나 지배하려는 경향을 보이게 된다.

■ 항문기(Anal Stage: 18개월-3세)

18개월에서 3세까지의 기간으로 리비도가 항문 부근에 머무는 단계이다. 유아는 자신이 원하는 대로 배변이나 배뇨를 조절할 수 있게 되며 변의 보유, 배설과 관련된 행동을 중심으로 성격이 발달한다. 배변 훈련을 시킬 때 부모가 보이는 감정이나 태도 및 반응은 유아의 성격 형성에 큰 영향을 미친다. 이 시기에 유아는 분노, 적대감 등의 부정적 감정을 수용하는 것을 배우며, 실수를 하기도 하고 실수해도 괜찮다는 것을 알게 됨으로써 자신을 독립적이고 개별적인 존재로 여기게 된다.

배변 훈련은 인간이 규율과 외부의 권위를 경험하는 최초의 결정적 사건이다. 이 시기 유아가 배변훈련에 대한 준비가 되기 전에 너무 일찍, 엄격하게 시키면 유아는 지나치게 질서 유지나 청결함을 고집하거나 강박적으로 시간을 지키고자 하는 성격을 발달시키게 된다. 반대로 부모가 배변훈련에 지나치게 무관심하면 유아는 극도로 지저분하고 무질서한 행동을 보이게 된다. 또한 부모가 지나치게 엄격한 훈련을 시키면 유아는 그들의 배설물을 흩어놓음으로써 분노를 표출하기도 하며 이런 행동은 후에 잔인함, 부적합한 분노의 표현, 극도의 불결한 성격을 형성하기도 한다. 프로이트는 이것을 항문공격적 성격이라고 표현하였다. 반대로 유아가 배설할 때 과도하게 칭찬을 하고 너무 신경을 쓰면 유아는 배설 활동을 너무 과대평가하게 되어 보유, 인색함 같은 특성에 고착되는데 이것을 항문보유적 성격이라고 한다. 배변 훈련이 시작되면서 유아의 본능적 충동은 양육자인 어머니에 의해 통제된다. 이때 양육자는 유아에게 본능적 욕구의 옳고 그름에 대해 알려주게 되는데 이것이 초자아 발달의 시초가 된다.

■ 남근기(Phallic Stage: 3-6세)

리비도가 항문 부위에서 성기로 옮겨가 집중되어 아동은 성기 자극에서 즐거움을 추구하며, 남녀 간의 성기의 모양, 크기에 대한 관심이 많아진다. 남아의 경우 자신의 성기가 중요하다는 것을 인식하고 자기애적 관심을 보인다. 또한 이 시기에 오이디푸스 콤플렉스(Oedipus complex)가 나타난다. 오이디푸스 콤플렉스라는 용어는 그리스의 신화에서 인용되었다. 오이디푸스 왕은 자신의 부친을 살해하고 모친을 부인으로 맞도록 운명 지워져 있어 부모는 이 신탁으로부터 모면하려고 모든 수단을 다 이용한다. 그러나 몰랐다고는 하나 결국 이 두 가지 죄를 범하였다는 사실을 알게 되어 그 죄로 마침내 자신의 눈을 도려낸다는 이야기이다. 이 시기의 남아는 어머니를 독점하려고 하여 아버지의 존재를 방해자로 생각하고 아버지를 배척한다. 그러나 이러한 감정을 아버지가 알면 자신의 성기를 거세하여 처벌할 것이라는 두려움, 즉 거세 불안(castration anxiety) 때문에 표현을 하지 못하고 억압시킨다. 그 대신 남아는 아버지의 사랑과 승인을 얻기 위해서 아버지의 성격과 가치를 동일시하여 내면화한다.

이와 같은 심리적 현상이 여아에 있어서도 마찬가지로 나타난다고 생각하고, 여아가 아버지에 대해 가지는 성적 애착과 접근의 소원을 엘렉트라 콤플렉스(Electra complex)라 불렀다. 여아의 경우에는, 자기에게 없는 남근에 대한 부러운 감정, 즉 남근 선망(penis envy)을 갖는다고 한다. 이 단계의 아동들은 오이디푸스 콤플렉스 해결로 초자아를 형성하게 되고, 원초아, 자아, 초자아 간의 관계가 이 시기에 형성되어 이것이 아동의 기본 성격을 이루게 된다. 한편 남근기 동안 일어날 수 있는 다양한 외상(trauma) 경험은 신경증의 원인이 되기 쉽다. 또한 남근기에 고착된 남성은 경솔하고 과장이 심하며 야심이 강하고, 여성은 난잡하고 유혹적이며 경박하다.

■ **잠복기(Latency Stage: 6-12세)**

이 시기에는 사회적인 관심이 확대되어 성적 발달의 휴지기에 접어들며 사회적 관계가 이루어지는 시기이기 때문에 사회화 시기라고도 부른다. 아이들은 학교에 가게 되고 교사나 놀이 친구들, 그리고 가족 안에서 이루어진 행동 양식이 새로운 동일화를 통하여 수정된다. 충동을 조절하는 것을 배우고, 새로운 기술과 역할을 습득하는 기회, 근면의 습관을 배우는 기회를 갖게 되는데, 일이 뜻대로 안 되고 친구에게 질 때는 열등감을 갖기도 한다. 또 어떤 일을 성취했을 때에는 자부심을 경험하게 되며 집단 활동을 통해 서로의 문제를 나누면서 즐기기도 하고, 때로는 집단적으로 특정한 사람을 괴롭히고 놀려대고 몰아내기도 하는 행동 양상도 배우게 된다. 또한 전보다 더욱더 동성의 부모를 동일시하여 남성다움이나 여성다움이 더욱더 뚜렷해진다. 사회적 관습과 태도를 배우는 것도 이 시기이다. 성장과 교육 경험으로 초자아를 공고하게 하고, 동성의 친구를 동일시하며 성인의 사회적 가치를 받아들인다. 이 시기에 과도한 성적 억압을 하게 되면 수치심, 도덕적 반동형성, 혐오감에 빠질 수 있다. 잠복기에 고착되면 성인이 되어서도 이성에 대한 정상적인 친밀감을 갖지 못한다.

■ **생식기(Genital Stage: 12세 이후)**

12세 이후에서 성인이 되기까지를 생식기라고 하는데 이때는 잠복해 있던 성적 충동을 다시 회복한다. 사춘기가 시작되면서 성적 에너지가 다시 분출되어 억압되었던 충동이 무의식에서 의식세계로 들어오게 되며, 그러한 충동을 현실적으로 수행할 수 있는 능력을 갖추게 된다. 이 시기에 이르면 이성에 대한 진정한 관심을 가지고 성숙한 사랑을 할 수 있게 되며, 순조로운 발달을 성취한 사람은 타인에 대한 관심과 협동의 자세를 갖게 된다. 성적매력, 사회화, 그룹활동, 직업계획, 결혼준비 그리고 어린아이를 기르려고 하는 생각이 이때 싹트기 시작한다. 또한 자신의 성격에 대한 정체감을 가지고 새로운 적응과 통합을 이루게 된다.

(4) 치료과정

① 치료목표

정신분석적 치료의 목표는 첫째, 무의식을 의식화함으로써 개인의 성격구조를 수정하는 것이며, 둘째, 자아를 강화시켜 행동이 더욱더 현실적이게 되고 본능, 충동에 따르지 않도록 하는 것이다. 무의식을 철저히 분석하는 이 치료방법은 아동기의 경험을 재구성, 해석하며 분석하게 된다. 문제해결이나 새로운 행동을 학습하는 것이 아니라 자기이해를 위해 과거 속으로 깊이 탐색해 들어가는 것인데, 이것은 성격변화에 필수적이라고 할 수 있다.

② 치료기법

정신분석 치료의 기법들은 내담자의 자각을 증진시키고 자신의 행동에 대한 통찰을 얻게 하며 증상의 의미를 이해시키기 위해 사용된다. 치료의 과정은 내담자와의 대화를 통해 정화로, 정화를 통해 통찰로 그리고 통찰을 통해 무의식적인 문제를 다루는 과정으로, 그리고 성격의 변화로 이끄는 일련의 지적이며 정서적인 이해와 재교육의 목표를 향해가는 것이다.

■ 자유연상법

자유연상법이란 상담자가 내담자로 하여금 자신의 마음속에 떠오르는 것들을 있는 그대로 이야기하도록 하는 것이다. 보통 내담자는 카우치에 눕고 상담자는 연상의 흐름에 방해가 되지 않도록 내담자의 머리맡에 앉는다. 내담자가 자유연상을 하는 동안 상담자는 판단을 중지하고 강요하지도 않는다.

내담자는 자신의 마음속에 떠오르는 것을 있는 그대로 상담자에게 이야기하는 한편, 상담자는 그 내용을 분석하여 내담자의 마음속에 있는 억압된 자료를 수집하고 그것을 해석하며, 의미를 찾아가면서 내담자의 통찰을 돕는다.

■ 해석

내담자의 무의식적 갈등을 의식화하기 위해 기본적으로 해석을 사용한다. 해석은 내담자의 꿈과 자유연상, 상담 과정에서의 전이 및 저항, 치료관계 자체에서 나타난 내담자의 행동의 의미를 상담자가 지적하고 설명하며 때로는 가르치는 것이다. 해석의 기능은 자아를 새로운 자료에 동화시켜 더 깊은 무의식의 자료를 밝히는 과정을 촉진시키는 것이다.

해석하는 데는 몇 가지 원칙이 필요하다. 첫째, 해석하려는 내용이 내담자의 의식 수준에 가까이 있을 때, 즉 내담자가 아직 스스로 깨닫지는 못하고 있지만 견뎌낼 수 있고, 자신의 일부로 수용할 수 있다고 판단될 때 해석이 이루어져야 한다. 그렇지 않을 때, 내담자는 상담자의 해석을 쉽게 거절하게 된다. 둘째, 항상 표면적인 것에서 시작해서 내담자가 정서적으로 상황을 수용할 수 있는 깊이까지만 해야 한다. 셋째, 저항이나 방어의 저변에 있는 감정이나 갈등을 해석하기 전에 먼저 그런 저항이나 방어를 내담자에게 알려주는 것이 좋다.

■ 꿈의 분석과 해석

자유연상과 마찬가지로 내담자의 무의식 세계에 접근할 수 있는 또 하나의 방법이다. 프로이트는 꿈에 무의식적 염원, 욕구, 두려움이 표출되므로 꿈을 무의식에 이르는 왕도로 보았다. 잠을 잘 때는 내담자의 방어기제가 약화되어 억압된 욕망과 갈등이 의식 표면으로 떠오르는데, 상담자는 꿈의 이러한 특성을 활용하여 내담자의 꿈을 분석하고 해석하여, 내담자의 문제와 갈등에 대해 통찰을 얻게 하는 방법이다.

상담자는 내담자로 하여금 치료 과정에서 꿈의 내용을 말하게 하고 그것을 토대로 자유연상을 하도록 하며, 그와 관련된 감정도 이야기하도록 유도한다. 상담이 진행되고 해석이 이루어지면서 내담자와 상담자는 꿈의 의미를 이해하게 되며 내담자의 문제에 대해 통찰을 얻게 된다.

■ 저항의 분석과 해석

저항이란 치료의 진행과정을 방해하고 내담자가 무의식적인 자료를 생산하는 데 방해가 되는 모든 것을 의미한다. 그리고 변화를 방해하는 모든 의식적, 무의식적인 생각, 태도, 감정, 행동을 의미한다. 저항은 내담자에게 위협이 되는 그 어떤 것을 의식에 떠오르지 않게 하는 것이므로 상담자는 내담자의 저항을 분석하고 해석함으로써 내담자가 무의식적으로 숨기고자 하는 것, 피하고자 하는 것, 불안해하거나 두려워하는 대상 등에 대한 정보를 얻고 그러한 상황과 무의식적 갈등의 의미를 파악하여 내담자로 하여금 통찰을 얻도록 돕는다.

■ 전이의 분석과 해석

전이란 내담자가 치료 상황에 대해 가지고 있는 일종의 왜곡으로서 과거의 중요한 타인에 대해 느꼈던 감정을 현재의 상담자에게 가지는 것을 의미한다. 내담자는 상담자와의 관계를 통해서 이전에 자신이 가지고 있다가 억압했던 감정, 신념, 소망 등을 표현하게 되는데, 상담자는 이러한 전이에 대해 분석하고 해석을 함으로써 내담자의 무의식적 갈등과 문제의 의미를 통찰하도록 돕는다.

③ 치료 과정

㉠ 내담자가 갈등, 불안, 죄의식과 같은 부정적 감정 등 심리적 불편을 말하기 시작한다.

㉡ 상담 장면의 행동에서 내담자가 신경증적 증세를 보인다.

㉢ 내담자는 자유연상, 꿈의 분석, 최면 등을 통해 내담자의 신경증적 갈등을 탐색한다.

㉣ 상담자가 내담자의 언어 내용에서 갈등의 핵심, 주제와 관련된 행동 측면을 추리한다.

㉤ 상담자는 전이장면에서 내담자의 갈등이 표면화되도록 한다.

㉥ 상담자는 내담자의 저항적 언어반응을 해석한다.

㉦ 상담자는 그러한 해석에 대한 내담자의 반응 및 수용을 격려한다.

㉧ 신경증의 감소 및 제거가 시작된다.

㉨ 내담자의 부정적 감정이 해소되고 정신 에너지가 해방된다.

㉩ 내담자에게 적절한 언어반응은 물론이고 자아 통찰력이 생긴다.

(5) 정신분석적 미술치료

정신분석이론은 내담자가 가진 문제와 성격구조를 파악하는 데 유용한 심리이론이며, 미술치료는 내담자가 가지고 있는 내면의 역동을 시각화하는 데 유용한 기법이다. 따라서 이론과 실제를 결합한 정신분석적 미술치료는 내담자의 문제의 원인을 이해하고 무의식을 의식화하기에 가장 적절한 치료기법이라고 할 수 있다. 즉 정신분석적 미술치료는 미술작품의 상징성에 초점을 두고 무의식에 억압된 것을 표출하도록 유도하여 언어로 표현할 수 없거나 표현되지 않은 단면을 포착하게 되며, 이를 통해 무의식을 의식화할 수 있다.

① **나움버그**(Naumburg), **크레이머**(Kramer)

정신분석가들이 미술을 무의식의 표출 수단으로 활용하였지만, 이를 치료법으로 확립한 사람은 나움버그이다. 나움버그는 억압된 것을 이미지를 통해 표출하는 것이 치료적일 뿐만 아니라 정화가 되며 동시에 의사소통의 효과가 있음을 발견하였다.

정신분석적 미술치료는 프로이트를 중심으로 한 정신분석가들이 사용하는 자유연상, 꿈의 해석, 저항과 전이의 분석과 해석 등을 기법으로 사용한다. 특히 자유연상이나 꿈의 내용을 전달하는 데 있어서 그림이나 창조적 매체를 통해서 표현하도록 한다.

프로이트는 꿈의 이미지가 많은 의미를 가지는 매우 중요한 것이라는 것을 발견하였다. 그는 "우리는 대부분 꿈을 시각적 이미지로 경험한다. 꿈을 설명하기 어려운 이유 중 하나는 이러한 이미지를 말로 바꾸기 어렵기 때문이다. 꿈을 꾼 내담자는 종종 '제가 그릴 수는 있어요, 그렇지만 어떻게 말해야 할지 모르겠어요.'라고 한다." 이 점은 아동에 있어서 더욱더 분명하게 드러난다. 프로이트가 어린 소년 한스(Hans)를 치료할 때 그림 그리기를 한 적이 있으며(Freud, 1909), 안나 프로이트(Anna Freud, 1927) 역시 아동은 자유연상을 할 준비가 되어있지 않으므로 그림 그리기를 사용하는 것이 언어를 사용하는 것보다 의사소통을 더 용이하게 해 준다는 사실을 강조하였다.

프로이트의 정신분석이론에 입각한 미술치료사들은 내담자들의 상상, 꿈, 자유연상에 의한 자유로운 표현과 즉흥적인 표현을 중요시하였다. 이러한 점과 관련하여 미술치료사들은 내담자들이 그리는 그림은 무의식의 고통이나 억압된 갈등을 자연스럽게 나타내고 있다고 보고 있으며 이것을 치료법으로 확립한 사람은 나움버그이다.

미술치료의 선구자인 나움버그는 이미지를 통한 무의식적 의사소통에 대한 통찰과 치료에서 미술을 사용하는 것을 통합하였다. 그녀는 내담자의 즉흥적인 표현을 장려하기 위하여 낙서 기법을 적용하였다. 내담자는 낙서한 후에 그것에서 연상되는 것을 상담자에게 말하고, 상담자는 그에 관한 의미를 분석한다(Naumburg, 1953).

나움버그의 관점과는 달리 크레이머는 아동 미술치료에서 그림의 치료적 속성은 그림에 대한 내담자의 연상을 통해 자기표현과 승화 작용을 함으로써 자아가 성숙하는 데 있다고 보았다. 즉, 미술작업을 통하여 내담자 자신의 파괴적, 반사회적 에너지를 분출함으로써 그것을 감소시키거나 전환시킨다고 주장하였다. 크레이머는 미술치료가 아동의 근원적인 본능 욕구를 미적 방향으로 전환 시킬 수 있는 사례들도 제시하였다(Kramer, 1958).

② 치료 과정

■ 무의식

무의식에는 일상생활에서 경험한 의식하지 못하는 모든 기억들이 포함되어 있다. 상담자가 내담자의 그림에서 의미를 찾으려고 할 때, 이 무의식의 역할을 인식하는 것이 중요하다.

프로이트는 모든 행동의 일차적인 동기를 무의식으로 보았다. 심한 불안이나 공포를 느끼는 상황에 직면한 사람은 이런 경험과 감정을 무의식으로 억압한다. 그러나 이 경험이나 감정을 의식 수준으로 가져온다면 불안이나 공포가 해소될 수 있다. 그러므로 미술치료의 목적은 내담자의 무의식에 억압된 것을 의식으로 가져올 수 있도록 안정되고 편안한 분위기를 제공하는 것이다. 자발적인 미술표현을 통해 이미지를 표출하는 것이 바로 무의식을 의식화하는 것이며, 치료나 정화, 원활한 의사소통의 효과를 거둘 수 있다. 상담자는 내담자가 자유로이 미술매체를 선택하여 '아무거나 그리고 싶은 것을 그리도록' 하는데, 이것은 개방적 비구조적 접근으로서 내담자의 표현을 도와주는 방법이다.

■ 저항

저항은 내담자로 하여금 무의식을 다루지 못하도록 하는 모든 방어적인 행동을 의미한다. 저항은 미술활동을 하지 않는다던가 그림을 그렸다가 지우기, 또는 지우기를 반복하는 행위로 나타난다. 그러나 저항은 치료관계를 형성하는 과정에서 자연스러운 부분이기도 하다. 어떤 저항들은 이전에 진행했던 상담에서 상처받은 경험으로 인해 일어나기도 하고, 치료 과정에서 신뢰가 부족하거나 자신을 드러내는 것에 대한 두려움, 수치 등과도 관련이 있다. 이러한 저항은 상담자와 내담자 간의 신뢰관계, 내담자에 대한 수용, 허용적인 분위기, 상담자의 반영, 내담자의 문제해결 능력에 대한 존중 등을 통해 극복될 수 있다.

■ **해석**

상담자는 내담자가 어떤 미술 재료를 선택하고 무엇을 투사하고자 하는지를 정확히 파악하도록 노력해야 한다. 내면에 어려움이 있는 내담자의 그림에는 건강한 사람의 그림보다 독특한 특성이 더 자주 나타난다. 기괴한 표현, 생략되거나 왜곡 또는 과장된 표현 등이 묘사되곤 한다.

내담자가 자발적으로 이야기를 하는 동안 상담자는 말을 적게 하여 내담자가 사고를 언어화하는 흐름을 촉진한다. 상담자는 내담자가 자발적으로 하는 이야기들을 경청하고 행동을 관찰한다. 가능하면 미술작품에 관련된 특정한 표현에 관한 질문을 하고, 그 과정에서 의미를 발견하여 진단의 윤곽을 설정한다. 정신분석적 진단은 외적인 불안, 우울뿐만 아니라 내담자의 발달적 수준과 관련된 내담자의 내적 상황, 고착이나 퇴행의 진단도 포함한다. 미해결된 갈등이 대부분의 신경증의 원인이므로 갈등의 잠재적 원인도 조사한다.

정신분석적 미술치료에서 상담자는 질문, 명료화, 직면, 해석 등의 기법을 사용하여 내담자가 자신의 부적응적 사고와 행동을 이해하도록 도와준다.

■ **승화**

정신분석적 미술치료는 내담자의 작품을 상징적 언어로 보고 있으며, 작품 과정에서의 승화를 치료의 중요개념으로 본다. 미술활동은 내담자에게 사회적으로 수용되고 해롭지 않은 방법으로 분노나 적대감을 해소할 수 있는 승화의 기능을 가지고 있다.

(6) 미술치료기법

① 자유화

■ **목표**

- 내담자의 현재 생각, 욕구, 감정 등을 파악하고 감정을 이완시킨다.

■ 준비물

- 도화지, 색연필, 사인펜, 크레파스 등

■ 방법

- 내담자에게 "당신이 그리고 싶은 것을 마음대로 그릴 수 있어요. 어떤 종이에 그리고 싶은지 선택해 보세요."라고 하면서 내담자 자신이 그리고 싶은 종이를 선택하도록 한다.
- 자신이 그리고 싶은 것을 그리도록 한다.
- 그림을 다 그렸으면, 그림이 어떤 내용인지, 무엇을 표현한 것인지 내담자로 하여금 자신의 작품에 관해 이야기하도록 한다.
- 내담자에게 질문을 하고 싶을 때는 내담자의 수준에 맞추어야 한다.
- 내담자가 그린 작품을 소중히 다룬다.

■ 적용

- 내담자가 그림을 그릴 때, 빨리 완성하는 경우도 있고, 완성이 지연되는 경우도 있다.
- 미술치료는 결과물이 중요한 것이 아니라 그림을 그려가는 과정이 중요하므로 내담자가 어떻게 그림을 그려 가는지 잘 관찰한다.
- 내담자의 그림을 관찰할 때, 너무 빤히 쳐다보거나 상담자가 경직된 상황에서 관찰하는 것은 좋지 않다. 자연스럽게 지켜보는 것이 좋다.
- 그림을 그릴 때, 부담스러워하거나 시작을 어려워하는 내담자인 경우, 하얀 도화지보다는 종이 가장자리에 테두리 선을 그어서 심리적으로 안정을 주어 시작하는 것도 좋다.
- 아동의 경우 그림을 통해 자신의 이야기를 표현할 때 언어화, 즉 표현을 힘들어하는 아동이 있다. 이럴 때, 지나치게 종용하지 않는 것이 좋다.

- 미술치료에서 많이 사용하는 기법 중의 하나가 자유화다. 자유롭게 표현한 그림 속에 내담자의 현재의 욕구나 관심이 그대로 드러난다. 예를 들어, 내담자가 그림을 그려놓고 "만화에 나오는 그림을 그렸어요.", "그냥 생각나서 그린 그림이에요."라고 대답하지만 그 그림 속에는 내담자의 생각이나 감정, 욕구 등이 들어있다는 것을 상담자는 눈여겨보아야 한다.

② 난화(scribble)

■ 목표

- 상담자와 내담자 간의 신뢰감을 형성한다.
- 내담자의 저항감을 줄일 수 있다.
- 내담자 스스로가 자신의 문제를 인식하게 해 준다.
- 자신의 무의식을 의식화하는 데 도움을 준다.

■ 준비물

- 다양한 크기의 종이, 연필, 크레파스나 색연필

■ 방법

㉠ 팔을 돌리거나 전신을 움직이면서 경직되고 억제된 몸과 마음을 이완시킨다.

㉡ 종이에 직선이나 곡선 어떤 것이라도 자유롭게 선을 그린다.

㉢ 그려진 선을 이리저리 돌려 보면서 이미지를 떠올린다.

㉣ 이미지가 떠오르면 선을 더 첨가하거나 색칠을 하여 이미지를 구체화한다.

■ 적용

- 연상 작업을 통하여 난화에서 찾은 그림을 내담자의 심리 및 생활과 관련시켜 이야기 나눈다.
- 그림이 자신에게 보내는 메시지를 찾아본다.

③ 난화게임

■ **목표**

- 내담자와의 의사소통을 증진시키고 상담자와 내담자 간에 친밀감을 형성시키며, 내면을 표출하도록 한다.

■ **준비물**

- A4 용지, 연필, 지우개, 크레파스나 색연필

■ **방법**

- 상담자가 종이에 단순한 선이나 도형(직선, 곡선, 지그재그 선, 원 등)을 그려 내담자에게 제시한다.
- 상담자는 "이 그림을 이용하여 그리고 싶은 것은 무엇이든지 그려도 좋아요." 라고 이야기한다.
- 상대방이 그려준 선이나 도형을 이용하여 그리고 싶은 것을 그려 난화를 완성한다.
- 그림을 완성했을 때 그림의 내용과 그릴 때의 느낌에 대해 이야기 나눈다.

[그림 4-2] 난화게임

(7) 미술치료실습

프로그램명	핑거페인팅
목표	내담자로 하여금 유연성을 경험하고 자신의 내면을 자유롭게 표출시키며 카타르시스를 경험하도록 한다.
준비물	풀죽(도배풀), 물감, 아크릴 판이나 투명 파일, 도화지, 신문지, 물티슈 등
방법	① 풀죽이나 도배풀을 아크릴 판이나 투명 파일에 짠다. ② 원하는 색깔의 물감을 풀에 손으로 섞는다. ③ 손으로 색풀을 자유롭게 문지르거나 섞어 마음껏 표현하도록 한다. ④ 도화지에 찍어보거나 도화지에 직접 그려보기도 한다. ⑤ 표현을 하고 난 후 내담자의 느낌이 어떤지 이야기를 나누어본다.
적용	① 작업을 하기 전과 후의 자신의 모습에 대해 어떠한 생각이 들었는지 이야기 나눈다. ② 별칭에 나타난 상징이나 의미에 대해서 서로 이야기를 하고 느낌을 나눈다. ③ 자신이 별칭을 정하지 못하면 다른 집단원들이 별칭을 지어주는 방법도 있다. ④ 자신의 이름을 가지고 이름의 의미와 상징에 대해 이야기를 나누어도 좋다.
작품사진	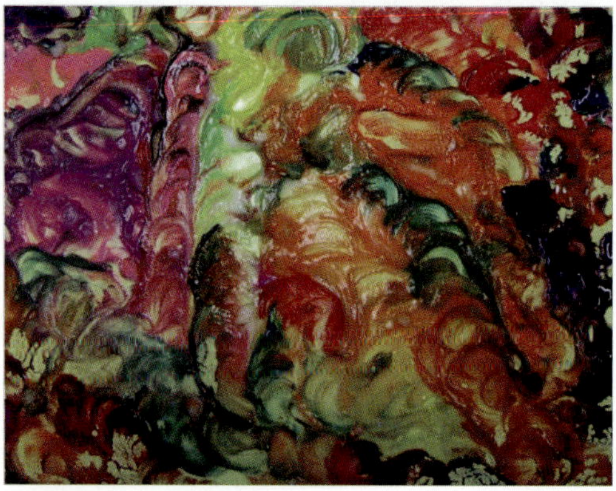 [그림 4-3] 핑거페인팅

2) 융의 분석심리이론

칼 구스타프 융
(C. G. Jung, 1875~1961)

융(Jung)은 스위스 동북부 캐스빌에서 개신교 목사의 아들로 태어났다. 스스로 불행한 어린 시절을 보냈다고 한 융은 어린 시절 부터 외부세계 보다 꿈과 무의식으로 이루어진 내부세계에 대한 관심을 가지고 있었다. 1900년 바젤대학교 의과대학에서 학위를 받고 정신의학에 대한 관심으로 첫 직장을 취리히의 부르크휘쯜리 정신병원에 잡았다. 융은 프로이트의 『꿈의 해석』을 읽은 뒤 프로이트의 정신분석학 연구에 관심을 갖게 되었다. 이후 프로이트의 제자가 되었지만, 처음부터 정신분석학을 맹신하지 않았다. 프로이트와의 친분을 고려하여 정신분석학에 대한 비판적 견해를 공개적으로 드러내지는 않았지만, 이후 『무의식의 심리학』(The Psychology of the Unconscious, 1912)에서 '리비도의 변환과 상징'을 설명하며 정신분석학과는 다른 자신의 입장을 밝히었다. 프로이트와 결별 후 3년간의 정신적 혼란을 겪고 드디어 그의 독창적인 접근인 분석심리학을 체계적으로 수립하게 되었다. 1944년 바젤대학교는 그를 의학 심리학 연구소 소장으로 임명하였지만 건강 악화로 사임하였으며, 그 이후 세상을 떠날 때까지 연구와 저술활동에 전념하면서 다양한 저서를 출간하였다. 하버드대학교와 옥스퍼드대학교에서 명예박사학위를 수여받았고, 그의 저서가 전 세계에 알려지면서 관심과 존경을 받게 되었다.

(1) 분석심리학의 개념

① 마음구조

우리의 정신은 의식하지 못하는 무의식과 의식하는 모든(나의 생각, 느낌, 감정, 과거 등) 것으로 이루어져 있다. 무의식은 개인적 무의식과 집단적 무의식으로 구분되며, 무의식을 구성하는 요소에는 그림자, 아니마(아니무스), 자기(self)가 있다. 의식의 중심은 자아(ego)이다. 무의식, 의식을 막론하고 우리의 정신은 심리적 복합체, 콤플렉스로 이루어지며 집단적 콤플렉스를 원형이라고 한다.

② 의식

지금 생각해 낼 수 있는 모든 것을 말한다. 지금의 생각, 느낌, 이념, 생각 해낼 수 있는 과거 등 자아를 통해 알아낼 수 있는 것으로 이것은 서로 작용하여 연상해 낼 수 있는 정신적인 내용이다. 의식은 자기신체, 자기 존재에 대한 의식을 통해 일련의 기억에 의해서 형성된다.

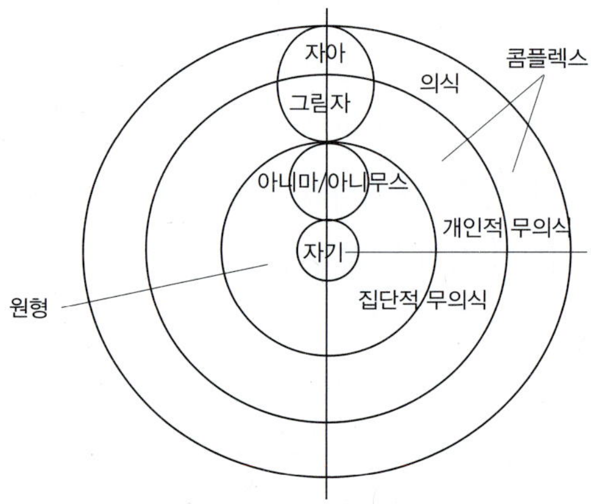

[그림 4-4] 정신구조

③ 자아

인간의 마음에는 의식과 무의식 층이 있다. 융은 의식의 조정자 역할을 하는 것은 자아로써 자아가 없는 정신은 있을 수 없다고 하였다. 자아는 의식의 중심에서 의식된 마음을 통솔하고 또한 무의식의 마음과도 관계를 맺을 수 있는 의식의 특수한 콤플렉스이다. 그래서 자아콤플렉스라고도 한다. 자아는 외부세계와 관계를 맺는 중요한 창구인 동시에 내면세계와 통하는 통로의 역할을 한다.

④ 개인적 무의식과 집단적 무의식

- 개인적 무의식 : 어릴 적부터 경험하였던 것으로 현재는 기억할 수 없는 것들이다.
- 집단 무의식 : 인간 누구나 선천적으로 가지고 태어났으나 인식하지 못한다. 시간과 공간을 초월하여 모든 인간에게 보편적 영향을 미친다.

⑤ 그림자

그림자는 의식에 가장 가까이 있는 무의식의 내용이다. 의식화과정에서 가장 먼저 만나게 되는 무의식으로 자아의식의 무의식적인 부분이며 열등한 인격이다. 그림자는 의식과 가까운 개인적 무의식의 내용으로 다른 사람에게 투사 될 때는 나와 비슷한 부류의 나와 같은 대상에게 투사되며 자기가 가장 싫어하는 사람들을 본다. 자아의 어두운 일부분이나 원래부터 부정적인 것은 아니다. 무의식적으로 버려져 발달될 기회를 잃었었으나, 그것이 의식화되어 의식에 보편적인 동화가 되면 부정적인 작용은 건설적으로 긍정적인 역할을 하게 된다.

⑥ 페르소나

자아의 편에서 외부세계와 관계를 맺으며 협상하는 의식의 일부분이다. '페르소나'는 연극에서의 가면을 의미하는 라틴어에서 유래하였다. 우리가 사회인으로서 행동할 때 착용하는 '가면'이란 뜻으로 사용되며 사회적 계층이나 직업, 문화 등에 의하여 결정된다. 우리는 상황마다 각기 다른 페르소나를 사용한다. 보통은 자신의 우월한 기능유형에 기초한 페르소나를 일관성 있게 채택하는 경향이 있는데 그것이 가장 편안하게 느껴지기 때문이다. 정신적인 건강과 평정은 페르소나가 얼마나 잘 채택되었는지에 달려있다. 그런데 자아가 페르소나에 지나치게 동일시되면 자신이 연기하는 역할에 갇혀 버릴 위험에 빠진다. '완벽한 페르소나'는 완고하고 외골수적인 인격을 만든다. 사람들은 가면을 벗을 때 드러날 실체에 대한 두려움을 가지고 있다. 공허한 성공(페르소나로 얼굴을 가린 채 이루는)에 집착으로 신경증 등과 같은 것을 발생하게 된다. 분석심리학에서의 페르소나는 집단정신의 한 단면으로 인간은 집단적으로 주입된 생각이나 가치관임에도 불구하고 그것이 자신의 것인 것처럼 생각하는 경우가 있다. 페르소나는 진정한 자신의 모습이 아니라 사회적으로 만들어진 가짜의 모습을 자신의 모습이라고 착각하는 가면을 의미한다.

⑦ 아니마와 아니무스

융은 자아의 편에서 외부세계와 관계하는 의식의 일부분이 페르소나 라고 한다면, 정신내적세계와 관계하는 무의식의 일부분을 아니마와 아니무스로 설명했다. 페르소나의 무의식적 짝이 영혼-이미지이다. 영혼-이미지는 그 사람의 속성에 의해 표상되며 무의식 전체를 나타낼 수 있는 원형이다. 영혼-이미지는 투사된 상태로 꿈이나 신화, 환상에 나타난다. 그렇기 때문에 개인에게 이성에 대한 왜곡된 인상을 심어줄 수도 있다. 아니마와 아니무스는 영혼에 대한 라틴어의 남성형과 여성형의 어휘를 따와서 만들어진 용어로, 아니마는 남성들이 지니는 무의식적 여성성을 말하며, 아니무스는 여성들이 지니는 남성성을 말한다. 이들은 자아(의식)가 자기(self)에 도달할 수 있도록 인도자, 안내자의 역할을 한다.

- **아니마** : 남성의 영혼-이미지는 시대를 거쳐 다양한 형태로 나타나게 된다. 강력하고 매혹적이며 비밀스러운 에로스(사랑)적인 성격을 가지고 있다. 이것은 삶 자체의 원형이기도 하며, 이미지 속에서 땅이나 물로 표상된다. 아니마는 빛일 수도 있고 어둠일 수도 있으며, 처녀이기도 하고 창녀이기도 하며, 지혜의 원천이자 뮤즈 혹은 남자를 유혹하여 파멸에 이르게 하는 팜므파탈 일수도 있다. 아니마에 완벽하게 동일시되면, 동성애나 여성복장 도착증에 빠질 수 있다.

- **아니무스** : 여성의 영혼-이미지는 로고스(이성)의 성격을 띤다. 지식, 진실, 의미 있는 활동을 추구하고, 종종 공기와 불의 이미지로 표상된다. 여성은 그녀가 감

정적으로 관련되어 있는 남성에게 자신의 아니무스를 투사한다. 젊은 여성에게는 아버지상이 그러하고 성숙해갈수록 영웅적인 남성들에게 투사하며, 늙었을 때에는 의사나 성직자 같이 자신에게 평온을 주는 남성에게 투사한다. 아니무스에 지나친 동일시가 이루어지면 검은 태양이 생겨난다. 고집스럽고 무례하며 권위적이고 권력을 추구하는 비합리적 의견을 강요하는 여성을 의미한다.

■ **보상적 이미지들** : 융은 남성들이 의식적으로 일부다처를 지향한다고 믿었다. 따라서 아니마는 무의식에서 단 한 명의 여성이 되어 그것을 보상한다. 그 여성은 동굴, 배, 그릇, 지갑, 고양이, 소 등으로 표상되기도 한다. 여성은 의식적 태도에서 일부일처를 지향하므로, 아니무스는 다수의 남성형태로 나타나 그것을 보상한다. 그들은 탑, 검, 나무, 독수리, 사자, 황소 등으로 상징되기도 한다.

의식적인 페르소나와 무의식적인 영혼-이미지가 짝을 이루면, 융이 설명하는 두 개의 태도와 네 개의 기능을 완벽하게 한다. 의식적 페르소나는 지배적인 태도와 우월한 기능에 기반하며, 무의식적 영혼-이미지의 카운터파트는 그와는 반대가 되는 태도와 열등한 기능을 가진다고 볼 수 있다. 그리하여 외향, 내향이 의식과 무의식에서 각기 하나씩 자리를 잡게 되고 또한 다음과 같이 네 개의 기능이 교차되어 자리 잡는다.

· 사고형 페르소나 = 감정형 영혼-이미지　· 직관형 페르소나 = 감각형 영혼-이미지
· 감정형 페르소나 = 사고형 영혼-이미지　· 감각형 페르소나 = 직관형 영혼-이미지

감정의 영역에서 유리된 사고형의 남성은 인어가 나오는 꿈을 꾼다든지, 자신의 무의식적인 분화 되지 않은 감정기능을 감정형 여인에게 투사하여 그녀와 사랑에 빠질 수 있다. 그녀를 포용함으로써 그는 자기 자신의 감정을 간접적으로 받아들이는 것이다. 그러나 그가 그 관계를 통하여 자신의 무의식적 감정유형을 점점 더 깨닫게 되면, 아니마 이미지가 다소 덜 매력적으로 느껴지게 된다. 따라서 그는 그녀에 대한 투사를 철회하여 사랑의 감정을 거두어버린다. 우리가 점점 나이를 먹어감에 따라 로맨틱하게 사랑에 빠지는 것이 어려워지는 이유는 이처럼 자기-발달 과정에서 점진적으로 무의식의 영역을 더 많이 통합해 나가기 때문이다.

⑧ 원형

집단적 무의식을 구성하는 콤플렉스를 다르게 말하는 것으로 태어날 때부터 누구나 지니고 태어나는 인간의 원초적인 행동 유형의 조건들이다. 그러나 그 자체만으로 원초적인 행동유형의 조건들로 인식할 수 없고 체험을 통해 상으로 나타날 때 인식하게 된다. 동화, 신화, 관습 등에 내재되어 있으며, 꿈이나 미술의 상징을 통해 알 수 있다. 형태를 갖고 있지는 않지만 심상의 기본요소가 되며, 심상 그 자체보다 심상의 내용이 된다. 미술활동은 원형의 치료적 측면을 볼 수 있는 유용한 방법이다.

⑨ 콤플렉스

콤플렉스는 의식과 무의식 모두에 존재하며, 자아가 통제할 수 없는 감정의 덩어리로 한인간의 부분인격이다. 특히 집단무의식에 존재하는 콤플렉스를 원초적 유형, 근원적 유형이라고 한다. 콤플렉스가 요구하는 것은 의식이다.

⑩ 자기(Self)

자기는 무의식의 밑바닥에 있는 세계로 우리의 생각이 닿지 않는 곳이다. 의식과 무의식이 하나로 통합된 정신전체를 의미하며, 의식의 중심인 '나' (자아)를 넘어서는 엄청난 크기의 정신전체의 중심이며 핵이다. 의식과 무의식을 통틀어 인간의 모든 정신 현상 전체를 말하는 점에서 마음의 일부만 이루는 자아와 구별된다. 자기는 전체 인격인 동시에 전체 인격의 중심이다. 무의식의 조절자이며, 질서의 원형이다. 꿈과 상징을 통해 자아에게 무의식의 메시지를 전달한다.

융의 사상에서 가장 중요한 것은 자기(Self)와 자아(Ego) 개념이라고 할 수 있다. 자기는 우리의 생각의 빛이 닿지 않는 어둠의 세계이며, 무의식 밑바닥 깊이 놓여 있는 세계이다. 그 세계는 집단 무의식의 원형으로 모든 것을 포괄한다. 그러나 자아는 자기보다 훨씬 작은 세계로 의식과 분별의 세계이다. 자아는 자기를 발견하기가 어렵고 의식의 세계는 무의식의 세계를 발견하기가 어렵다. 그러면 어떻게 의식의 자아는 무의식의 자기를 지각할 수 있을까? 꿈은 무의식의 활동이 우리의 인식 속에 지각되는 현상으로 자기는 끊임없이 자아에게 꿈의 상징들을 통해 메시지를 전하려고 한다. 꿈은 자기와 자아가 만나는 접촉점으로 나를 넘어선 세계와 나의 세계는 꿈을 통하여 연결된다. 융은 꿈이야말로 현대인에게 어느 것과도 비교할 수 없는 가장 근본적이고 고귀한 가치를 지니고 있다고 하였다. 그렇기 때문에 꿈의 언어를 잘 이해하는 것이 저 깊은 내면의 자기를 바르게 이해하는 길이 되는 것이다.

(2) 자기실현 과정

자기실현은 무의식을 의식화 하는 것으로 인간 '내면에서 우러나오는 필연적 요구'를 의식적으로 인식하고 수용하는 능동적 행위를 말한다. 자기실현 여부는 자아가 무의식에 관심을 두고 그 의미를 이해할 때 비로소 이루어질 수 있는데 일반적으로 자기실현의 기회는 인생에서의 고통과 정신적 위기에서 찾아온다. 자기실현이 본격적으로 시작되는 또는 되어야 하는 시기는 중년 이후 35세부터 이다. 그 이전에는 무의식의 의식화 보다는 자아의식의 강화와 발전에 주력을 기울여야 할 시기이다. 자기실현의 구체적인 방법은 분석을 통한 무의식의 의식화로써 꿈의 의미를 깨닫고 꿈의 상징으로 제시된 무의식의 내용을 의식으로 동화시킴으로써 의식의 확대를 시도하는 것이다. 자기실현은 완전해지는 것이 아니라 온전해 지는 것이다. 융은 삶이란, 자아가 자기를 발견하는 과정을 통해 자기실현을 이루어 가는 여정으로 보았다.

자기실현의 진행과정을 살펴보면 다음과 같다.

① 페르소나와의 무의식적 동일시

페르소나가 손상되는 경험을 통해 페르소나 구별에 도움을 준다. 자기(self)와 페소나와의 구별 즉, 페르소나를 자기의 전체 인격처럼 착각하는 무의식성에서 벗어나는 작업은 결국 무의식의 내용을 인식해 나가는 자기실현 과정을 통해서 이루어진다고 할 수 있다.

② 그림자의 인식

그림자는 무의식에 있는 열등 인격으로 자아의식의 무의식적인 부분이다. 의식에서 배재되어 무의식으로 들어가 버린 자아의 어두운 일부분으로 원래부터 부정적인 것은 아니다. 햇빛에 가려 나쁜 것처럼 보일 뿐이다. 이것을 의식화함으로써 오히려 자기실현의 좋은 밑거름이 된다.

③ 아니마와 아니무스의 인식

외적인격 페르소나에 대응하는 내적인격으로 자아를 자기에게 이끌어주는 인도자이다. 무의식적 심층에 대한 관찰과 체험을 통해서 확인된다. 남성이 남성의 페르소나에 일방적으로 헌신하면 아니마와 관계가 끊어질 위기에 처하게 된다. 아니마의 인식에서 중요한 것은 모성과의 분리작업이다. 어른이 되어도 모성관계가 아직 해결되지 않은 경우, 모성의존의 퇴행적 관계를 유지하게 된다. 또한 여성의 부정적 아니무스는 소심한 남편을 놀라게 하거나 우기는 것으로 나타날 수 있다. 여성의 자기실현에서 아니무스의 의식화 작업은 판단의 객관성과 용기와 진취성, 열린 마음, 융통성 있는 실제적 추리능력을 보태는 작업이다.

융에게 자기실현은 어떤 의미를 갖고 있는가? 자아가 무의식의 깊은 곳에 있는 자기를 진지하게 들여다보고 그 원형의 세계에서 뿜어내는 진실한 목소리를 감지하는 것, 그것이 자기실현의 역사이다. 융에게 삶은 자아가 자기를 발견하는 과정으로, 그 과정은 바다 위 출렁이는 파도와 같은 자아가 수 천 해리 깊숙이 존재하는 마음의 중심인 자기를 찾아가는 여정이다. 그 여정은 결코 평탄하지 않다. 특히 상징과 신화의 언어를 상실한 현대일수록 자아가 자기를 찾는 여정은 더욱더 힘겨워진다. 상징과 신화의 상실은 자기상실을 의미한다. 어둠의 세계인 자기세계를 빛의 세계인 자아의 세계로 끌어올리는 과정이 깨달음의 과정인 자기실현의 과정인 것이다. 깨달음의 과정은 인간의 삶과 죽음 사이에서만 빚어지는 것이 아니다. 융은 나아가 인류의 문명 또한 기나긴 깨달음의 과정으로 보았다.

문명 상태에 도달하기까지 헤아릴 수 없는 많은 세월들을 거쳐 의식을 발전시켜 왔다. 이러한 진화가 온전히 완성되기에는 아직은 갈 길이 멀다. 자아의 세계는 빛이 닿지 않는 무한한 자기의 세계에 비하면 너무나 미미한 세계일 뿐이다. 의식은 불완전한 기능이다. 이렇듯 인류는 험난한 진화 과정을 통해 자아의 세계를 열어간다. 그리고 자아는 끊임없이 자기를 향해 나아가고 있다. 그것은, 인류는 무의식의 힘에 의해 이끌리고 있고 무의식을 향해 나아가고 있다는 것을 의미한다.

자기실현에서 중요한 것은 의식성의 회복이다. 융은 자기실현에 있어서 첫째는, 자아를 덮어씌운 페르소나를 벗기는 것이며 둘째는, 자아를 무의식적 내용의 암시적인 힘에서 구출하는 것이라고 하였다. 자기실현은 무의식을 의식화하는 것으로 무의식의 내용을 깨달아가는 단계에는 누구나 일정한 공식이 있는 건 아니나 그림자, 아니마/아니무스의 의식화가 이루어져야 비로소 그 개체는 전체의 실현을 가능하게 할 수 있다. 자기실현을 다른 말로 '개성화(Individuation)'라고 한다. 개성화는 한 인간이 진정한 내가 되는 것 즉, 진정한 나를 실현하는 것을 의미한다.

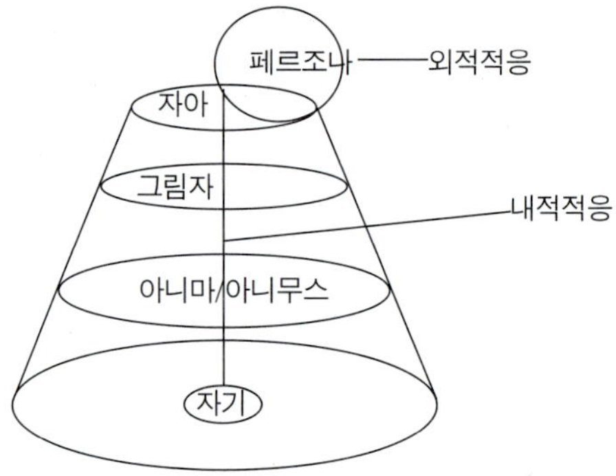

[그림 4-5] 무의식의 의식화 과정

자기실현을 하는 사람은 자연스럽고 편안해 보이며 무의식과 의식이 통합된 사람으로 신이 준 자신의 모습을 있는 그대로 맘껏 발휘하는 사람이다. 자신의 어두운 그림자, 콤플렉스와 친구가 되려고 애쓰며 또한 자신의 부정적인 아니마, 아니무스를 긍정적으로 의식화시켜간다. 인간의 무의식에 존재하는 무한한 가능성을 자아가 알아차려 실천에 옮기는 능동적인 행위를 한다. 자기실현은 사회발전의 가장 작은 단위이며 개인의 자각이고 실천이다.

(3) 심리학적 유형설

심리학적 유형설은 의식의 구조와 각 기능의 유형과 무의식과의 관계를 설명한 융의 이론 가운데 비교적 초기의 학설에 속한다. 이 학설은 많은 사람의 의식, 무의식을 관찰하고 자신의 경험을 살펴 여러 학자들의 연구를 거울삼아 만든 학설이다. 후기에 융은 주로 무의식의 구조와 기능에 초점을 맞춘 연구에 집중했다. '정신적 에너지의 방향을 어디로 향하게 하는가?'가 주된 과제로 분석에 도움을 주기 위해 융은 일련의 심리적 유형들을 개발하였다.

① 두 가지 태도(attitude)유형

인간은 삶을 살아가는 데 두 가지 서로 다른 일반적 태도와 견해가 있으며, 이를 내향적 태도와 외향적 태도라 하였다. 이 중 어디에 더 많이 의지하며 사느냐에 따라 각각 내향형(introversion), 외향형(extroversion)이라 하였다. 누구나 외향과 내향 두 태도를 모두 취하고 있지만, 사람마다 그 정도가 조금씩 다르다. 이 두 유형은 상호 배타적이면서도 보상적 관계로 둘 중 어느 한쪽으로 의식태도가 나타나게 되면 나머지 한 쪽은 무의식적 보상 방식을 나타낸다. 그러다 의식 태도가 지나치게 한 방향으로 굳어지게 되면 무의식적 태도는 '억압된 것의 부활'로서 어딘가에서 터져 나오게 된다.

■ 외향형

외향성은 외부에 의해 동기화되고 외부의 객관적인 요인이나 관계들에 의해 지시받는다. 집단, 규범, 시대의 정신 등에 적응하고 반응한다. 이를테면 프로이트는 외향적 인물로서, 정신적 에너지가 세계를 향해 외부적으로 흘러간다.

■ 내향형

내향성은 자기 내부에 의해 동기화되고, 내적이고 주관적인 요인에 의해 지시받는다. 주관적인 요인에 반응한다. 융은 내향적인 인물로 그의 에너지는 세계로부터 철수하는 식으로 흘러간다.

이러한 정신적 태도의 차이 때문에 프로이트와 융이 철학적으로 마찰을 빚은 것을 알고 있을 것이다. 융의 이러한 분류는 점차 강한 영향력을 가지게 되어 오늘날 일상에서 흔히 '내향성', '외향성'의 용어를 사용하게 되었다. 주로 사회적인 행동에서 인지 가능한 형태들을 묘사할 때 이 용어들을 사용한다.

② 네 가지 기능(function) 유형

네 가지 기능유형은 네 부분으로 이루어진 구조물, 즉 만다라를 닮은 사형체(quaternity)를 의미한다. 자연에는 춘하추동 네 개의 계절과 동서남북이라는 네 개의 방위가 있다. 그리고 고대 그리스의 의사였던 히포크라테스는 인간의 기질을 성마름(choleric), 우울함(melancholic), 쾌활함(sanguine), 냉담함(phlegmatic) 네 개 유형으로 설명하였다. 이는 뜨거움, 차가움, 건조함, 습기라는 네 성질에 대응된다. 이는 기원전 5세기 중반 엠페도클레스가 온 세계의 근원은 불, 땅, 공기, 물이라는 네 가지 요소라고 주장했던 것과 일치한다. 융은 이 '사형체'가 정신의 특징을 묘사하는 데에도 사용될 수 있다고 생각했다.

네 가지 기능 유형은 사고(thinking)와 감정(feeling), 감각(sensation)과 직관(intuition)으로 나눈다. 사고(thinking)는 상황적 논리성과 인지활동의 수단을 나타내는 기능이며, 감정(feeling)은 감정의 수용과 배척을 기준으로 판단·평가하는 기능이다. 또한 감각(sensation)은 오감을 통해 상황을 인식하는 기능이며, 직관(intuition)은 직접적인 감각보다 통찰을 의지하여 지각과 인식을 통해 습득되는 기능이다. 네 가지 기능은 서로 배타적이면서도 보완적인 관계이다. 사고와 감정, 감각과 직관은 서로 대극 관계로 배타적이기 때문에 동시에 작용할 수 없다. 사람마다 우월기능과 열등기능이 존재하며, 이 중 한기능이 과도해지면 한 기능은 무의식이 되어 이를 보상하려한다. 융은 두 가지 태도와 네 개의 기능으로 여덟 개의 심리적 유형들을 만들었다(MBTI 심리검사 개발).

- **외향적 사고유형**(Extrovert Thinking)
- **외향적 감정유형**(Extrovert Feeling)
- **외향적 감각유형**(Extrovert Sensation)
- **외향적 직관유형**(Extrovert Intuition)
- **내향적 사고유형**(Introvert Thinking)
- **내향적 감정유형**(Introvert Feeling)
- **내향적 감각유형**(Introvert Sensation)
- **내향적 직관유형**(Introvert Intuition)

융은 정신의 네 가지 기능(function)을 가정하고, 서로 반대되는 것끼리 두 개씩 짝을 지어 사고-감정(합리적 기능), 직관-감각(비합리적 기능)으로 나누었다. 사고와 감정이 합리적인 것은 경험을 '평가'하기 때문이다. 판단을 내릴 때 상황의 논리성을 따져서 판단하는 사고형과 그 상황에 관련된 사람들의 기분을 고려하여 판단하는 감정형의 특성 때문이다. 감각과 직관이 비합리적인 것은 평가하는 것이 아니라 인식하는 것과 관련되기 때문이다. 상황을 인식할 때 자신의 오감을 통해서 느껴지는 것을 중심으로 하는 감각형과 직접적 감각보다 통찰에 의지하는 직관형의 특성 때문이다.

선천적으로 이들 중 어느 하나의 기능에 의식적 지향점을 가지게 된다. 만약 사고기능이 우월하거나 가장 분화되는 기능이라면, 사고의 대극인 감정기능이 그 사람의 미분화된 기능이 되는 셈이다. 그리고 나머지 두 개의 기능은 부분적으로 의식적이거나 보조적인 기능을 수행하며 우월한 기능을 돕게 된다.

예를 들어, 사고기능이 과도하게 발달된 아버지는 부조화스러운 기분이나 분노에 쉽게 사로잡힐 수 있다. 아버지와 반대로 감정기능이 발달된 아들이라면 사고유형의 아버지로부터 사고적 특성을 개발하도록 지나치게 강요받으며 혼란에 빠질 수 있다. 감정기능이 억압되면 히스테리와 같은 증상이 발현되고 감각기능이 억압되면 공포증, 강박증 등에 사로잡힐 수 있다. 따라서 정신과 육체의 건강을 유지하기 위해서 첫째, 무시되어온 기능을 개발하고 둘째, 자신의 유형을 인지하여 조화로운 인격을 발달시키도록 노력해야 한다.

■ **네 가지 기능 유형**

- **사고**(thinking) : 상황적 논리성과 인지활동의 수단을 나타낸다.
- **감정**(feeling) : 감정의 수용과 배척을 기준으로 평가한다.
- **감각**(sensation) : 오감을 통해 상황을 인식한다.
- **직관**(intuition) : 직접적인 감각보다 통찰을 의지하여 지각과 인식을 통해 습득된다.

융은 두 개의 태도와 네 개의 기능을 조합하여 여덟 개의 심리적 유형들을 만들었다. 내담자가 무슨 유형에 속하는지 알게 되면 상담자는 그 사람의 세계와 관점, 가치체계에 대하여 더 잘 이해할 수 있다. 유형은 성격을 구성할 뿐만 아니라 종종 직업이나 결혼상대 선택에도 영향을 발휘한다.

③ 대극들의 균형과 통합

인간은 환경에서 기대하는 것들에 부응하기 위해 주된 태도를 가지고 가장 잘 발달되어 있는 기능을 사용하려고 한다. 주되게 사용한 기능은 다른 기능들보다 더욱 더 발달하게 된다. 잘 분화된 기능은 집단적인 삶을 살기에 유리한 가능성들을 많이 부여하나 개인적인 삶에 필요한 만족과 삶의 기쁨을 주지 못하는 경우가 있다. 발달하지 못한, 열등기능들은 무의식에 섞여 유아적이고 본능적인 성격을 띠며 어느 순간 갑자기 튀어나와 당황하게 만들기도 한다. 그러나 그것은 정신의 일방성을 보상하고자 하는 인간 정신의 독특한 성향으로 긍정적인 의미로 본다.

인격 발달은 우월기능을 강화시키는 것이 아니라 자신의 모든 정신기능을 균형 있게 발달시키는 것이다. 따라서 융의 분석심리학적 접근을 하는 상담자는 내담자가 일방적으로 발달시킨 정신 기능으로 인해 삶에 야기된 문제들을 먼저 인식하게 도와주고 문제 인식을 통해 삶에 대한 그의 태도를 변화시켜 정신적 균형상태에 다다르게 돕는 역할을 한다.

(4) 분석심리학적 미술치료

내적 심상인 상징과 꿈을 통하여 의식세계가 아닌 무의식 또는 완전히 의식되지 않은 어떠한 것에 성장의지가 있다는 것을 증명하는 것이 융의 치료목적이다. 융의 상징화 작업은 무의식과 의식의 역동적 교류로 무의식이 표현되는 상징은 '원형적 의미'와 '발전적 의미를 내포한다. 분리, 파편화된 자아를 통합하는 과정 즉, 개성화 과정을 중요하게 본다. 분석심리학을 기반으로 하는 상담자는 그림에 나타나는 원형과 상징, 상상, 꿈을 그리는 과정을 중요하게 살핀다. 그림에 나타나는 원형적 형상 속 원형과 근원적 상징의 재구성을 강조한다.

융 학파의 미술치료에서는 즉흥적 판타지, 적극적인 상상, 꿈 시리즈를 그림으로 그리는 과정이 중요하다 내담자의 상상과 꿈은 개인 무의식의 투사뿐만 아니라, 인류의 경험이 내재된 원형적 집단무의식이 상징적으로 표현되기 때문에 미술치료에서는 적극적 상상을 많이 사용한다(정여주, 2014). 또한 내담자의 그림에 나타나는 퇴행적 상징들은 내담자 내면의 창의적 아이가 재활동하는 것으로, 이러한 상태는 치료 과정에서 성장의 상징으로 변하여 내담자가 자신의 정체성을 찾고 나아가 개성화 단계에 이르게 한다고 보았다(Riedel, 2000)

융은 꿈과 상징의 해석을 위해서는 상담자의 예민한 지성과 이성, 직관과 감정이 고루 갖추어져 있어야 한다고 강조한다. 상징을 이해하기 위해서는 상징 자체뿐만 아니라 상징을 만들어낸 개인의 총체적 삶을 연결하여야 함을 강조하였다(정여주, 2014).

분석심리학적 미술치료는 상징요소들을 다양한 문화적 바탕에서 연구하고 분석함으로써 상징 해석 확장에 기여했다.

(5) 분석심리학적 미술기법

① 이야기 상자

■ 목표

- 내면에 감추어져 있는 자신의 모습을 표현하고 이를 통해 자신에 대한 이해를 돕는다.

■ 준비물

- 다양한 크기의 상자, 여러 가지 재활용품(재료들이 다양할수록 자기표현에 용이함), 잡지, 색종이, 풀, 가위, 크레파스, 색연필, 글루건

■ 방법

- 이야기 상자기법에 대해 설명한다.

*지시문 : "빈 상자는 사람의 모습과 비슷합니다. 사람도 겉으로 보이는 부분과 보이지 않는 내면의 모습이 있는 것처럼 겉면은 잘 보이나 속은 잘 들여다보지 않으면 볼 수 없습니다. 상자를 이용하여 상자의 겉면은 남이 보는 내 모습을, 상자 속은 내가 보는(아는) 나의 모습을 표현해 보세요. 다양한 재료들을 사용해서 표현할 수 있습니다."

ⓛ 다양한 모양, 크기의 상자를 준비해 놓고 내담자로 하여금 자신이 원하는 상자를 선택하게 한다.

ⓒ 여러 가지 재활용품을 이용해 꾸며주고 그림도 그린다.

ⓔ 이 작업은 자신에 대해 생각하는 시간이 필요하므로 시간 소요가 많은 편이다. 상담자는 재촉하지 말고 충분한 시간을 주고 기다려 줘야 한다.

ⓜ 작업이 끝나면 내담자에게 자신의 작품에 대해 설명하도록 한다.

■ **적용**

- 다양한 크기와 모양의 상자 중 내담자가 어떤 상자를 선택하느냐 하는 부분도 중요하다. 내담자에 따라서 작은 상자를 선택하기도 하고, 어떤 내담자는 큰 상자를 선택하고, 안이 들여다보이는 상자 또는 안을 볼 수 없도록 붙여서 작업하기도 한다. 이러한 내담자들의 선택 과정들에도 상담자는 유의하여 관찰하고 과정들을 내담자와 함께 나누는 것이 중요하다. 이 작업을 통해 내담자는 자신에 대해 생각하게 되고 특히 작품을 완성하고 자신의 모습을 객관화하여 살펴볼 수 있는 계기를 가지게 된다.

② 가면 만들기

■ **목표**

- 내면에 감추어져 있는 자신의 모습을 표현하고 이를 통해 자신에 대한 이해를 돕는다.

■ **준비물**

- 석고붕대, 아크릴물감, 크레파스, 붓, 물통, 다양한 장식재료

■ 방법

㉠ 일상 속에서의 위장된 모습이나 타인과의 관계 속에서 자신의 진정한 모습은 어떤 것인지 생각하게 한다.

*지시문 : "당신은 어떤 모습으로 생활하는지, 당신이 생각하는 타인과의 관계에서의 자신의 모습을 표현해 보세요. 얼굴 모양을 본뜬 가면에 자신의 모습을 그려 보세요."

㉡ 두 사람씩 짝을 지어 석고붕대를 적당한 크기로 자른 후 물을 묻혀 서로의 얼굴 위에 올려놓고 본을 뜬다.

㉢ 석고 붕대가 적당한 두께로 고르게 붙여졌으면 굳어질 때까지 기다렸다가 얼굴에서 떼어내고 그 위에 아크릴 물감으로 자신의 가면을 그려본다.

㉣ 작품이 완성되면 내담자에게 자신의 가면에 대해 설명하도록 한다.

■ 적용

• 상담과정 중 내담자가 자신의 어떤 모습을 가면으로 표현하였는지 주로 어떤 사람 또는 상황에서 이러한 가면을 쓰고 생활하는지, 가면을 쓰고 살아갈 때의 감정 등을 표현하도록 한다. 완성된 가면을 직접 써보고 느낌을 표현하도록 한다. 석고 작업이 부담스러울 경우에는 종이죽을 이용하거나 또는 도화지에 크레파스를 이용하여 평면적으로 표현할 수도 있다.

③ 나의 내면모습

■ 목표

• 내면의 자신의 모습을 표현하게 함으로써 자신을 이해하도록 한다.

■ 준비물

• 도화지, 색종이, 크레파스, 색종이, 풀, 가위, 은박지, 실, 철사, 리본, 접착제, 기타 장식용품

■ 방법

㉠ 내담자의 내면의 모습은 어떤 모습인지 생각하게 한다.

㉡ 종이를 반으로 접어서 한 면에는 내가 좋아하는 나의 내면 모습을 다른 한 면에는 내가 싫어하는 나의 내면 모습을 다양한 매체를 이용하여 표현하도록 한다.

(6) 미술치료실습

프로그램명 이야기 상자꾸미기 '남이 보는 나, 내가 보는 나'

목표	내담자의 생각, 욕구, 감정 등을 파악하고 감정을 이완시킨다.
준비물	다양한 크기의 상자, 잡지, 색종이, 풀, 가위, 크레파스, 색연필, 글루건
방법	준비된 재료들을 활용하여 상자 겉은 남이 보는 나의 모습으로 상자 안은 내가 보는 나의 모습으로 꾸민다.
적용	교우관계가 원만치 않은 학교 부적응 중학교 1학년 여학생을 대상으로 한 개별 미술치료에서 내담자는 상자 밖 남이 보는 나의 이미지는 밝고 쿨하지만 상자 안 내가 보는 나의 이미지는 유리처럼 깨지기 쉬운 여린 마음을 가지고 있다고 하였다. 어두움에서 나가 밝은 곳으로 가고 싶은 변화의 생각이 있다고 하였다.
작품사진	 [그림 4-6] 이야기상자

3) 대상관계이론

(1) 기본철학

대상관계이론(object relations theory)은 정신분석이론에 그 기원을 두고 있지만 조금 다른 초점을 가지고 있다. 인간은 사회적 존재로서 기본적으로 관계에 대한 욕구를 가지고 있으며, 생존을 위해 타인의 도움을 필요로 한다. 대상관계이론에서는 생애 초기의 촉진적 환경의 결핍, 충분히 좋은 어머니의 결여로 인해 나타난 문제점에 대해 '모성애적 측면'을 치료기법으로 적용하고자 한다. 내담자는 자신의 상실된 부분을 치료적인 관계의 거울에 비친 모습에서 발견하고, 상담자의 공감적 지지와 격려를 통해 손상된 부분을 치료할 수 있다(한국미술치료학회, 2000).

아동 정신치료자이며 프로이트와 동시대의 인물인 멜라니 클라인(Melanie Klein, 1952)은 아동치료에 정신분석기법을 적용하면서 아동의 내면세계 특히 자기와 대상 간의 역동적 상호작용을 밝혀내는 독자적인 이론을 발전시켰다.

또한, 말러(Mahler, 1975)는 프로이트의 정신역동이론을 발전시켜 대상관계의 이론적 틀을 형성하였는데, 다음과 같은 발달단계이론을 제시하였다(김진숙 외 역, 2007).

① 자폐기 : 0~2개월

- 신생아는 엄마와 하나라는 느낌으로 존재하는 자폐기 동안 심리적 껍질 속에 들어있는 것처럼 보인다.

② 공생기 : 2~6개월

- 영아의 애착 과정이 시작된다. 나와 너라는 개념이 서서히 형성되고 자기를 돌보아주는 존재가 자신과는 별개임을 어렴풋이 의식하기 시작하지만 여전히 공생체로 느낀다.

③ 분리-개별화기 : 6~24개월

- 부화기(6~10개월) : 점차적으로 분리화를 시도한다.
- 연습 단계(10~16개월) : 분리된 개체로서 자율성을 획득하기 시작하고 엄마로부터 달아난다.
- 재접근 단계(16~24개월) : 자신의 분리와 무력감에 대해 인식하게 되면서 분리하기와 되돌아오기를 동시에 보인다.

④ 대상항상성의 발달 : 24~36개월

- 엄마가 근본적으로 좋지만 좋은 면과 나쁜 면을 동시에 가지고 있다는 것을 인식하게 되고, 엄마가 시야에서 사라졌을 때도 그 존재에 대한 확고한 신뢰를 가진다.

도널드 우즈 위니컷
(D.W.Winnicott, 1896~1971)

위니컷(Winnicott)은 소아과 의사이자 정신분석가로서 성장하는 아동에게 미치는 부모의 영향, 특히 어머니의 영향에 초점을 두었다. 또한, 그는 아동의 성격발달에 필수적인 환경적이며 모성적인 역할에 더 역점을 두었다. 여기서는 미술치료에 많은 영향을 미친 위니컷의 이론을 중심으로 살펴보고자 한다(Winnicott, 1971).

(2) 주요개념

위니컷은 아이와 환경의 상호작용에 초점을 두고, 유아의 성숙과정을 촉진 시키는 '충분히 좋은' 환경이 어떤 것인지 밝혀내려고 하였다. 위니컷은 어머니와의 관계 속에서 아이가 어떻게 정서적으로 발달하는지 관찰하여 성장은 인간관계의 측면에서 사회적으로 성숙해지는 것으로 생각하였다.

위니컷은 아이는 환경이 제공하는 것에 전적으로 의존하게 되어있고 환경은 계속 변하는 아이의 요구와 필요에 적응해야 하는데, 아이와 환경이 시간이 지나면서 서로에게 덜 의존하게 되면 아이는 성숙해지기 시작한다고 보았다.

① **촉진적 환경**(facilitating environment)

환경상의 조건들이 아이의 발달 모습을 결정한다고 믿는 입장에서, '충분히 좋은 환경'이 제공되면 아이의 성숙과정은 더 촉진된다는 것이다. 탄생 후 아기에게 촉진적인 환경이 되는 것은 엄마이며 아기가 제대로 성장할 수 있게 촉진적인 환경이 되려면 그 환경 자체가 '적응'한다는 것을 기본 전제로 한다.

② **전지전능함의 환각**(hallucination of omnipotence)

촉진적인 환경이 제공되면 아기는 전지전능함을 경험한다. 아기의 행동에 바로바로 반응하는 엄마의 행동은 아기의 전지전능함에 대한 감각을 실제가 되게 해 주며, 이때 아기는 세상이 자기를 중심으로 움직인다는 착각을 하게 된다. 아기의 머릿속에는 아직 자기의 개념도 없고, 그와 구분되는 세상의 개념도 없는 상태이다. 아기는 본능적으로 움직이는 엄마 덕분에 모든 것이 완벽하다는 환상을 갖게 되는 것이다.

엄마가 아기에게 온전히 적응하게 되면 아기는 자신의 필요에 의해 '좋은 대상(good object)'을 만들어낸다. 어느 정도 시간이 지나면 그러한 엄마도 아기로부터 자신의 젖가슴을 점차 떼어내면서 자신이 아기와 분리된 존재임을 느끼며 처음과 달리 역방향으로 적응하게 되는데, 이것도 아기의 성장을 촉진시킨다. 아기는 그에 발맞춰 자신의 환각으로부터 벗어나 성장할 수 있기 때문이다. 아기의 입장에서는 심리적으로 매우 어려운 시기이지만 이 과정에서 조금씩 '객관적으로 지각된 대상'들과 관계를 맺기 시작한다.

③ 충분히 좋은 어머니(good enough mother)

충분히 좋은 어머니는 아기의 생애 초기에는 아기가 전지전능함을 느낄 수 있도록 원초적 모성 몰두를 하여 아기의 욕구에 민감하게 반응하지만, 아기의 발달에 따라 독립으로 나아갈 수 있도록 점진적으로 물러날 줄 아는 엄마를 의미한다. 엄마가 적절히 반응해 주면 아기는 자신의 전지전능함을 포기할 수 있게 되며 점차적으로 창조적이고 건강한 자기를 형성할 수 있게 된다. 이처럼 엄마의 적절한 보살핌을 받고 자란 아이들은 엄마와 공유하는 현실에 잘 적응하고 환경으로부터 오는 좌절을 참는 능력도 기르게 된다. 이런 과정 중에 아이는 중간대상이라는 것을 만들게 된다. 이러한 성장과정은 엄마와 아기 모두에게 변화를 일으키게 되는데 이는 자연스럽고 필요한 것이다.

④ 진짜 자기와 가짜 자기(true self and false self)

아기는 서서히 자신이 아닌 세상에 대한 인식이 시작되고 이는 자아가 발달하는 중요한 과정이 된다. 아기는 자신과 자신이 아닌 세상을 구분하게 되고, 서서히 진짜 자기를 발달시키게 된다. 헌신적인 모성적 돌봄의 엄마는 아기의 전지전능함에 잘 반응해주어 자아를 강화해주고 진짜 자기가 나타날 수 있도록 도움을 준다.

엄마가 아기의 전지전능함을 충족시켜 주지 못하고 반복적으로 아기에게 무심하거나 잘 반응해주지 못하면, 아기는 아직 자아가 불안전하고 세상에 대처할 힘이 없으므로 환경에 순종적으로 반응한다. 전지전능함이 만족 되기 전에 환경에 무조건 순응하게 되면 진정한 자기는 죽고 가짜 자기가 발달하게 된다. 자신의 참모습을 알지 못한 채 삶에 있어 자발성을 잃게 되는 것이다. 위니컷은 진짜 자기만이 그 사람에게 진정으로 살아있다는 느낌을 주며, 가짜 자기는 무의미한 인생, 인간관계에 있어 온전한 자기로 있을 수 없다는 느낌을 준다고 하였다.

⑤ 대상관계와 자기

대상관계이론은 외부 대상들과 맺는 관계에 초점을 맞추어 한 사람이 자기의 내적 이미지와 타인들에 대한 내적 이미지로 구성되는 심리구조를 어떻게 형성하며, 그러한 심리구조가 어떻게 개인에게 있어 다르게 발달하는가를 연구하는 이론이다.

아이는 일차적인 대상인 부모와의 관계 속에서 경험하는 대로 자신에 대한 심리적 이미지를 만들어가는데, '자기'란 그러한 과정에서 형성되는 것이다. 부모가 자신의 필요를 만족시켜주어 늘 기분이 좋은 아이는 그 대상의 특성을 내면화하여 자기가 곧 '좋은 아이'라는 이미지를 발전시킨다. 그렇다면 반대의 경우는 어떠할까?

⑥ 중간영역과 중간대상(transitional object)

위니컷의 독자적인 개념으로, 주관적으로 내면에 존재하는 대상들과 자라면서 획득하게 되는 진정한 대상 관계 사이에 다리 역할을 해 주는 경험의 영역이 존재한다는 것이다. 중간영역은 내면의 현실과 외부의 생활 이 두 부분에 속하면서 내면과 외부 둘 다에 기여하는 심리적으로 모호한 영역이다. 엄마를 대신하여 내면을 만족시켜주는 대상이 자리하게 되는데 이것을 중간대상이라고 불렀다.

중간대상은 실재대상으로서 내면에 존재하는 주관적인 이미지가 아니다. 하지만 완전히 객관적으로 파악되는 외부 대상으로도 볼 수 없다. 아이가 부분적으로 주관적이면서 부분적으로 현실 지향적인 상황을 만드는 목적으로 쓰이는 것이 중간대상으로서 담요, 베개, 인형 등이다. 이는 엄마는 아니지만 엄마처럼 위안이 되는 존재이고, 심상이 아닌 실재하는 물건이면서 엄마를 대신할 물건인 것이다.

중간영역과 중간대상은 약 6-12개월 정도에 나타나고, 점차 나이가 들면서 더욱 더 큰 문화적 영역으로 확산된다. 곧 놀이, 예술과 창조, 그리고 종교의 영역으로 확산되는 것이다(Winnicott, 1953).

⑦ 발달과 성숙

위니컷은 정서적 성장, 즉 의존에서 독립으로 나아가는 과정도 중요하게 생각하였는데, 충분히 좋은 엄마가 제공하는 환경에서 자라는 아이는 엄마의 안아주는 환경에서 절대적인 의존기에 머물다가 상대적 의존기로 나아가고 궁극적으로는 독립을 향하는 여정으로 나아간다고 보았다.

■ 절대적 의존기

임신 말기 그리고 아기를 출산하고 난 몇 주 동안에 엄마가 아기 돌보는 일에 몰두하는 아주 헌신적인 시기와 아기가 엄마의 일부처럼 보이는 원초적 모성 몰두 상태가 되는 시기를 절대적 의존기라고 말한다. 이 시기에 엄마는 아기에게 최대한 적응해 주어 그의 욕구에 대한 반응을 제공하는데 이를 '안아주기 환경(holding environment)'이라고 한다.

■ 상대적 의존기

아기는 자아 욕구에 대한 엄마의 민감한 반응을 겪은 후 얼마 안 되어 자신의 욕구에 반응해 주지 못하는 엄마를 경험하게 된다. 이에 아기는 박탈을 경험하게 되며 이런 과정 중에 중간대상을 만들어 낸다.

■ 독립을 향하는 여정

절대적 의존기와 상대적 의존기를 건강하게 지내온 아이들은 이제 복잡한 세상과 만나게 된다. 엄마의 얼굴에서 거울처럼 비추어지는 자신의 모습에서 자기를 발견해온 아이는 점점 자라면서 다른 사람의 얼굴에서 자기가 반사되어오는 것에 덜 의존하게 되며 차츰 독립성을 발달시킨다. 이 과정에서 가장 중요한 것은, 자발적인 행동의 창조 능력이며 이는 놀이를 통해 발달한다.

⑧ 안아주기(holding)

위니컷의 개념 중에서 가장 중요한 개념 중 하나이다. 안아주기는 엄마가 제공하는 지배적이지 않은 지원과 섬세한 협력과 같은 내용의 모성 돌봄이 들어있으며 초기 유아기 정서발달에 꼭 필요한 환경을 의미하는 위니컷의 개념이다.

이는 신체적으로 안아주는 것을 포함한, 타인과 관계를 맺는 독립된 삶이 시작되기 이전의 전체적인 환경제공을 포함하는 개념이며, 이 단계를 잘 거친 아이는 대상관계 능력이 발달한다.

안아주기는 성격 형성의 기초이자 토대가 되며 치료에서도 많은 부분을 차지한다. 든든하고 따뜻하며 안아주는 사람과 함께 있으면서 억압된 부분이 풀어지는 것이다. 유아의 많은 문제는 안아주기 단계에서 빗나갔기 때문에 통합되지 않은 상태에서 문제가 생겨 끊임없이 경계하고 자신을 지키게 되는 것이다. 위니컷은 '반사회적 경향(anti-social tendency)'을 안아주기 개념과 연결하여 설명하였는데, 반사회적 경향은 원가족에서 안아주기 환경이 충분히 제공되지 못하였을 때 온전함을 느끼지 못하는 상태에서 나타내는 도움의 요청으로 생각하였다. 따라서 상담자는 내담자를 있는 그대로 편히 안아주면서 성급하게 침범하지 않는 것이 중요하다. 상담자가 고요함과 편안함을 제공해서 내담자가 불안할 때 위로하고 격려하며, 함께 있으면서 내담자의 불안하고 연약한 자아의 보조 자아가 되어주는 것이다.

⑨ 반영하기

초기에 엄마는 아기를 마음속의 온전한 인간으로 가지고 있기 때문에 아기는 엄마의 얼굴을 보면서 자기 자신을 본다. 그러나 아기가 엄마를 바라보지만 자신을 바라보지 못한다면 아기의 창조적인 능력은 마비되기 시작한다. 아기가 엄마를 볼 때 엄마의 얼굴이 반응하지 않는다면 안을 보는 것(look into)이 아니라 표면을 바라보는 것(look at)이 된다.

따라서 심리치료에서 상담자는 무조건적인 긍정을 담아서 내담자가 그 자체로서 가치 있는, 무한하게 긍정적인 존재라는 것을 계속해서 확인하고 인식시킨다. 상담자의 역할은 안아주기와 함께 끊임없이 지속적으로 보아주는 눈빛, 들어주고 반영해주는 눈빛을 제공해주는 과정으로 이루어진다.

⑩ 놀이하기(playing)

아이들이 열중하는 놀이는 중간현상의 확장이며, 개인적 자기와 환경 사이의 잠재적 공간에 속한다. 위니컷이 생각하는 놀이의 질적 요소는

㉠ 아이는 놀이에 열중하며 이것은 성인의 집중과 비슷한 몰입을 나타낸다.

㉡ 아이는 놀이에서 외적 현상을 조작하며 여기에 꿈의 의미와 느낌을 불어넣는다.

㉢ 중간현상에서 놀이로, 공동의 놀이로, 그리고 이는 문화적 경험으로 발달한다.

㉣ 놀이는 환경에 대한 신뢰(놀이터, 즉 엄마의 품)를 의미하며 누군가가 존재하고 있을 때 혼자 있을 수 있는 능력이 있다는 것을 의미한다.

㉤ 놀이는 몸의 느낌이 생생해야 한다. 그러나 본능적 각성이 지나치거나 관능이 자극되면 놀이는 깨어진다.

㉥ 놀이는 자체의 리듬이 있다.

㉦ 놀이는 신명나는 것이며 예측할 수 없다.

㉧ 아이는 놀이를 통해 친구와 적을 만든다. 처음에는 안아주기 개념이 중요하고 그 다음에는 반영의 개념, 이후 점점 상호적인 관계가 되어 놀이가 된다.

⑪ 퇴행의 중요성

치료 과정에서 퇴행이 갖는 의미를 중시하고 치료에서 퇴행을 허용한다. 위니컷은 퇴행이 이루어지고 그 후 벗어나는 과정이 있다고 말한다. 퇴행이 일어난다는 것은 환경 또는 대상에 대한 신뢰가 이루어진 것이며 자기를 받아줄 수 있다는 믿음이 있어서 생기는 것이다. 따라서 적절한 퇴행을 허용해주면 치료 장면뿐만 아니라 가정에서 문제를 가진 자녀를 부모가 치료해 줄 수 있다.

(3) 치료접근

중요한 환경이 초기에 제대로 제공되지 못해 가짜 자기가 발달하고 생산적인 삶에 대한 생생한 느낌이 부족해서 생겨난 심리적인 문제들은 환경을 다시 제공하여 그 안에서 발달과정을 거꾸로 재경험하도록 초기 양육과정을 다시 제공하는 것이 대상관계 치료이다.

상담자는 충동적으로 반응하지 않으면서도 내담자의 사랑의 대상이 되어야 하고, 때로는 미움의 대상이 되어야 한다.

대상관계 치료는 일종의 허용되고 통제된 퇴행의 과정으로서 초기 환경의 실패가 일어났던 그 무대로 의도적으로 되돌아가는 것을 의미한다. 상담자가 치료해주는 것이 아니라 내담자가 상담자에 대한 의존적 관계에서 시작하여 자기 치유력으로 치유되는 것이다. 마치 자기를 거울로 보듯 섬세하게 반응해주는 상담자의 안아주고 반영해주는 환경 때문에 내담자는 자기 방식대로 과거의 심리적인 외상을 치료하고 변화를 경험하게 된다. 상담자는 내담자가 퇴행을 이행할 수 있도록 환경을 제공해주며 그동안 그를 잡아주고 안아주는 역할을 수행해야 한다. 내담자 마음 속의 아기의 모든 행동에 민감하게 반응해 주면서 충분히 좋은 엄마의 역할을 해 주어야 한다. 그러다가 내담자는 상담자로부터 감정적으로 독립을 시작하고 서로 적응하면서 변화를 경험한다. 이후 자연스러운 독립과 더불어 치료의 종결을 맞이할 수 있을 것이다.

① 치료목표

치료의 궁극적인 목표는 내담자의 역기능적인 개인 역동에 대한 통찰을 얻고 온전한 대상관계를 형성하며, 내담자의 자아 기능을 강화하여 자신과 다른 사람들에 대해 좀 더 현실적이고 수용적인 태도를 가질 수 있도록 하는 것이다.

② 치료기법

대상관계 치료는 전통적 정신분석이론을 보완하고 개인 치료뿐만 아니라 집단치료, 가족치료에 적용되어 그 적용 범위를 넓혀가고 있으며, 현재 국내에서도 주요 관심의 대상이 되고 있다.

(4) 대상관계 미술치료

대상관계 미술치료는 치료 환경에서의 상담자와 내담자의 치료관계를 핵심 요인으로 본다. 유아는 생후 초기의 엄마와의 관계 경험을 타인과 대상 관계 속에 적용시키게 되는데, 그 경험은 자기의 내면세계에 내재화되어 내적 대상을 만든다.

대상관계 미술치료는 자기표현과 자아 성장을 촉진시키며 갈등과 불안을 해소하도록 하여 바람직한 행동으로의 변화를 가져올 수 있도록 도와준다. 치료관계는 치료의 핵심 요인으로 견고한 외부 관계가 형성되어 새로운 내적 대상 관계가 될 때 내담자는 변화한다. 상담자는 다양한 미술적 방법을 통하여 내담자의 감정을 표현하도록 돕는데, 중요한 점은 내담자 자신이 미술을 통해 자기탐색과 자기해석을 함으로써 힘을 얻도록 격려받는 것이다. 상담자는 내담자에게 엄마로서의 안정된 애착 관계를 재경험하도록 돕게 되며 신뢰감과 내담자의 잠재된 창조성을 성장시킨다. 무의식의 세계에 남아있는 외부 대상 관계에서의 억압과 상처, 분노를 미술을 통해 표출함으로써 치유가 된다. 심상에 표현된 내적 대상의 변화는 내담자의 심리를 반영하게 되는데, 사랑 안에 하나로 통합되는 자아통합으로 자아의 성숙과 함께 자기의 발견을 하게 되며, 객관적인 현실의 재인식과 함께 자아 왜곡을 방지하게 되어 치료 효과를 높일 수 있다.

[그림 4-7] 대상관계 미술치료(놀이하기)

대상관계 미술치료에서는 내담자의 현재 상태에 영향을 주는 '초기의 내면화된 관계'에 초점을 두어야 한다. 그리고 초기 '엄마-아이' 관계에서 얻지 못했던 대화를 완성하도록 돕는 것이다. 상담자는 내담자를 거울에 비추듯 비추어주고 정서적 반응을 해 줌으로써 중요한 공감 과정을 촉진한다.

대상관계 미술치료는 심리적 공간을 제공하게 되는데, 이는 위니컷이 말한 중간영역과도 공통점이 있다. 그것은 내부에 있거나 외부에 있는 것이 아닌 어떤 중간적 영역에 있으면서 주관적 현실과 객관적 현실을 이어주고 있다. 상담자의 역할은, 치료 과정이 진행되도록 내담자와의 관계를 긍정적이고 지지적인 관계로 유지해 나가는 데 있다. 치료적인 상호작용에서 병리적 공간이 발생할 때, 숨겨진 대상 관계를 찾아내고 또 심리적 공간을 재창조하기 위해 적절한 미술 양식을 발견하는 것은, 상담자의 능력과 창조력을 필요로 하는 것이라 할 수 있다. 내담자와 상담자 모두 놀이할 준비가 되어있어야 한다고 위니컷이 말한 것처럼, 미술치료는 놀이의 한 연장선에 놓여 있으며, 중간영역의 놀이는 내담자에게 있어 감각 통합을 지향하는 미술활동과 같은 맥락이 된다.

(5) 미술치료기법

① 대인관계

■ **목표**

- 내담자가 대인관계를 맺는 데 방해되는 것이 무엇인지 살펴보아 대인관계의 어려움을 해결하게 한다.

■ **준비물**

- 도화지, 크레파스, 잡지, 가위, 풀

■ **방법**

㉠ 다른 사람과 관계를 맺는 데 방해되는 것이 무엇인지에 대해 생각하게 한다. 그런 이미지나 단어를 잡지에서 찾아 오려서 종이에 붙인다.

㉡ 선택한 이미지나 단어를 가지고 내담자와 상담자가 서로 이야기 나눈다.

■ **적용**

㉠ 스트레스와 외상이 있으면 다른 사람과 관계를 맺는 것이 어려워진다. 상담자는 내담자가 가진 대인관계의 어려움이 어디에서 발생한 것인지 먼저 살펴보고 여기에 맞는 접근을 해야 한다.

㉡ 좋은 인간관계를 맺었을 때 갖게 되는 느낌에는 어떤 것이 있는지 함께 나눈다. 그리고 이를 유지하는 데 필요한 것이 무엇인지에 대해서도 함께 생각한다.

② 9분할 통합 회화법

■ **목표**

- 내담자의 갈등적 요소를 구체적이고 통합적으로 파악한다.

■ 준비물

- A4 용지 혹은 도화지, 검은 매직, 연필, 크레파스나 색연필

■ 방법

㉠ 상담자가 A4 용지나 도화지에 검은색 펜으로 자유로이 테두리를 그린 후 화면을 3x3으로 분할 한다. 테두리 선과 화면을 분할할 경우 자를 사용하지 않도록 한다.

㉡ 분할된 용지를 제시하고 다음의 지시사항을 따라 그림을 그리게 한다. 이때 9칸 모두 그리지 못하는 경우 '전부 그릴 필요는 없다.'는 것을 덧붙여 설명해 준다.

*지시문 : "어머니(아버지, 형, 누나, 동생, 가족)에 관하여 일상생활 중에서 느낀 대로, 생각나는 대로, 머리에 떠오르는 대로 무엇이라도 상관이 없습니다. 자유로이 그림을 그려주세요."

㉢ 색칠하기를 원하면 그림에 색연필이나 크레파스로 색칠하게 한다.

㉣ 그림을 그린 후 "전체를 보면 어떤 주제가 생각납니까?"라고 질문을 하여 그림의 제목을 붙인다.

㉤ 그려진 그림, 문자, 도형의 이미지가 무엇을 의미하는지에 대해 이야기 한다.

■ 적용

㉠ 처음과 마지막에 그린 이미지가 내담자의 중요한 심리적 반응을 나타내므로 내담자가 그림을 그리는 과정을 잘 관찰할 필요가 있으며, 그림 중에서 가장 자신의 마음을 잘 표현한 것이 무엇인지? 등을 질문하고 이야기를 하게 한다.

㉡ 이 기법은 치료 과정에서 가족(혹은 자신 및 친구)과의 관계가 중요한 주제가 되고 있는 시점에서 실시하는 것이 좋으며, 그에 따라 적절한 주제를 제시할 수 있다.

(6) 미술치료실습

프로그램명	내 인생의 중요한 세 사람
목표	① 내담자의 대인관계에서의 영향을 살펴보고, 삶에 중요한 영향을 미치는 사람에 대한 이해를 돕는다. ② 내면의 긍정적, 부정적인 사람에 대한 감정을 표현함으로써 자신의 대인관계에서의 패턴을 객관화해서 이해하게 한다.
준비물	도화지, 크레파스, 색연필, 사인펜 등
방법	① 이 방법은 대인관계 속에서 자신의 모습을 객관화 시켜 보고, 내담자 자신의 삶에 긍정적, 부정적 영향을 미친 사람에 대해 살펴봄으로써 내담자가 가지고 있는 내면의 감정을 정화할 수 있는 계기가 된다. ② "마음을 편안하게 이완해 보세요. 조용히 눈을 감고 잠시 생각해도 좋습니다. 당신은 살아오면서 많은 사람을 만났을 것입니다. 그 많은 사람 중에 나에게 긍정적인 영향을 준 사람도 있고 나를 힘들게 하거나 방해를 한 사람도 있었을 것입니다. 어떤 사람들이 생각나는지요? 그중 세 사람만 떠올려보세요. 그 사람들은 나에게 어떤 사람이었나요?" ③ 2-3분 정도 생각할 수 있도록 시간을 준다. ④ "내 마음에 떠오르는 그 사람들에 대한 이미지를 그림으로 표현해보세요."
적용	① 내 인생에 영향을 미친 사람을 선택하는 과정은 미술치료에서 중요한 자기 노출의 과정이다. 때론 내담자가 쉽게 이미지를 그리고 표현하지만, 표현이 힘든 내담자도 있다. 그리고 작품으로 완성은 하였지만, 언어화를 힘들어하는 경우도 있다. 이럴 땐 강요하지 말고 내담자의 작업 과정 속에서의 느낌을 소중하게 다루는 것이 더 중요하다. ② 상담자는 여유 있게 기다려주고 내담자가 표현을 마치면 서로 작품에 대해 이야기하도록 한다. ③ "꼭 세 사람만 표현해야 하나요?"라고 질문할 때가 있다 이럴 땐 상담자가 "더 많은 사람을 표현하고 싶으면 작업하되 언어로 표현할 때는 세 사람만 표현해 주세요."라고 한다.

작품사진	 [그림 4-8] 내 인생에 중요한 세 사람

2 행동, 인지, 발달이론

1) 행동주의이론

(1) 기본철학

행동주의이론(behavioral theory)은 인간행동은 대부분이 학습되거나 학습에 의해 수정된다는 기본전제에 근거하고 있기 때문에 학습이론(learning theory)이라고도 알려져 있으며, 적응적인 행동을 형성, 증가시키거나 부적응 행동을 소거하는 것을 목표로 하는 심리치료이론이다. 근본적으로 치료의 대상을 행동에 두고 있다는 점에서 다른 치료이론과 다르다. 또한 과학적 연구의 대상이 될 수 있는 관찰 가능한 인간행동이 연구의 초점이 되어야 한다고 보았고, 인간행동과 환경적 사건이 상호 간에 어떻게 영향을 미치는가에 관심을 두고 있다.

행동주의이론은 1950년대에 시작하여 1960년대 많은 발전을 이루었는데, 역사적으로 고전적 조건화, 조작적 조건화, 사회학습이론, 인지행동이론의 영역으로 살펴볼 수 있다.

(2) 인간관

버러스 프레더릭 스키너
(B.F.Skinner, 1904~1990)

행동주의이론의 인간관은 스키너(Skinner, 1971)를 비롯한 전통적 또는 급진적 행동주의자의 관점과 반두라(Bandura, 1977)를 비롯한 사회학습이론 또는 인지적 행동주의자들 간에 많은 차이점이 있다.

먼저 스키너의 관점은, 인간을 환경에 반응하는 존재로 간주하고 자율적 인간이란 존재할 수 없다고 보았으며 인간의 자기 결정과 자유의 가능성을 완전히 배제하고 있다. 그는 환경적 요인에 의해 인간의 본성이 결정된다는 기계론적인 환경결정론의 입장을 강하게 보여주고 있다. 인간의 본성에 관한 객관적 관점을 견지하면서, 인간행동은 자극-반응으로만 설명할 수 있다고 생각하였다.

앨버트 반두라
(A.Bandura, 1925~2021)

이에 반하여 반두라는 인간은 단지 사회문화적 조건의 산물만은 아니며 그 자신의 환경을 산출해내는 주체자라고 보고 있다. 즉, 인간행동은 인지특성, 행동, 그리고 환경이 서로 상호작용한 결과라고 보는 상호적 결정론에 입각하여 인간의 본성을 설명하고 있다. 즉 환경으로부터의 객관적 자극에 반응할 때 인간 내면의 주관적 요소가 함께 관여한다는 입장이다(권중돈, 2014).

하지만 스키너와 반두라의 인간관의 공통점도 존재하는데, 인간행동을 불러일으키는 자극은 환경적 자극이라는 점이다. 또한 인간 본성이 가변적 속성을 지니고 있다는 점도 인정하고 있으며, 과학적 연구를 통하여 인간 본성을 설명할 수 있다고 보고 있다.

(3) 기본가정

① 스키너의 행동주의이론

㉠ 인간의 행동은 환경적 자극에 의해 동기화되며, 행동에 따르는 강화에 의해 행동의 빈도와 강도가 결정된다.

㉡ 인간은 자신의 행동을 통제할 수 있는 힘이 없다.

㉢ 외적 강화 없이는 어떠한 행동의 학습이나 수정도 이루어질 수 없다.

㉣ 이러한 스키너의 인간행동에 대한 기본 가정을 ABC패러다임이라고 한다.

[그림 4-9] 스키너의 ABC패러다임

② 반두라의 사회학습이론

㉠ 인간의 행동은 환경적 자극에 의해 동기화되며, 인지적 요인과 다른 내적 사건들의 영향을 받아 최종 행동이 결정된다.

㉢ 인간은 자기효율성을 추구하는 방향으로 행동을 규제할 수 있다.

㉣ 새로운 행동은 외적 강화 없이도 이루어질 수 있다. 즉, 본보기 행동(modeling)을 관찰하거나 대리적 강화를 통해서도 새로운 행동의 학습은 물론 혁신적 행동도 창조해낼 수 있다(김진원, 2009).

③ 행동주의 치료에 공통으로 적용되는 기본가정

㉠ 과거의 행동 결정요인보다는 현재 행동 결정요인에 초점을 둔다.

㉡ 겉으로 드러난 관찰 가능한 행동에 초점을 둔다.

㉢ 행동을 구체적으로 기술하고 객관적 용어로 치료목표를 설정한다.

㉣ 구체적 행동 변화에 치료목표를 두며, 치료 과정에 대해 객관적 평가를 실시한다.

㉤ 심리학적 실험에서 도출된 행동 변화의 원리와 기법을 실제 임상 장면에 적용한다.

(4) 주요개념

① 고전적 조건화와 반응적 행동

고전적 조건화는 러시아의 생리학자인 파블로프(Pavlov, 1972)의 연구에 그 뿌리를 두고 있다. 파블로프는 개의 타액 분비 실험을 하였는데, 개는 먹이를 주면 타액을 분비하며 종이 울릴 때마다 먹이를 주는 절차를 여러 차례 반복하면, 종소리만 들어도 타액을 분비하는 반응을 보인다는 것을 발견했다. 이때 종소리는 처음엔 중성 자극이었으나 먹이라는 무조건 자극과 결합하여 조건 자극으로 변화하게 된다. 그리고 이러한 조건화에 의해 형성된 행동을 반응적 행동이라 하였다.

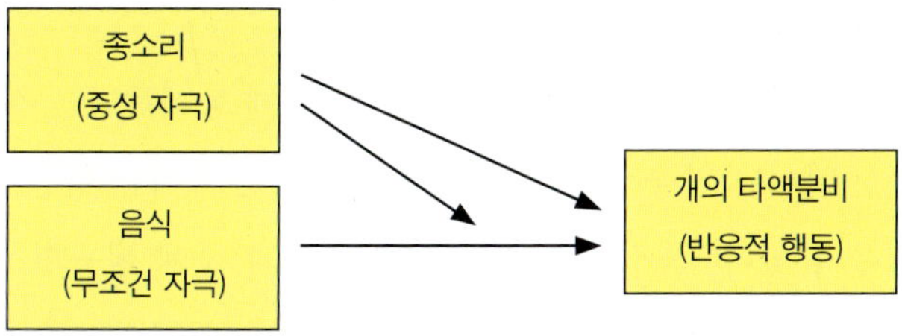

[그림 4-10] 고전적 조건화

② 조작적 조건화와 조작적 행동

손다이크(Thorndike, 1965)는 음식물을 얻기 위해 지렛대를 조작하여야만 하는 상자에 동물을 넣는 실험을 하였다. 스키너는 이 실험을 토대로 '스키너 상자(Skinner Box)'라고 하는 실험 장치를 고안하였다. 지렛대가 설치된 상자에 굶주린 쥐를 넣으면 쥐는 돌아다니다가 우연히 지렛대를 누르게 되고 그 순간 먹이가 나오게 된다. 이 상황이 반복되면 쥐는 지렛대를 누르면 먹이가 나온다는 것을 학습하게 되며, 배가 고프면 지렛대를 누르는 행동을 하게 되는 것이다. 이때 먹이는 강화물이 되므로 이러한 강화물에 의해 지렛대를 누르는 행동은 강화된다. 이처럼 스키너는 조작적 조건화에 의해 습득된 행동을 조작적 행동이라 하고 이러한 원리를 임상에 활용하였다.

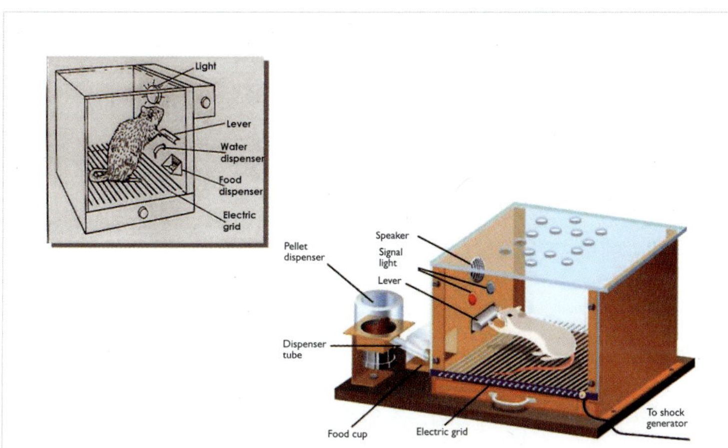

[그림 4-11] 스키너 상자

③ 강화와 벌, 소거

조작적 조건화의 기본 전제는 행동이 그 결과에 의해 통제된다는 것이다. 어떤 결과는 행동이 다시 일어날 가능성을 높이는 반면 또 다른 결과는 행동이 재현될 가능성을 낮추는 경우가 있다. 특정 행동에 뒤따르는 결과 중에 행동의 재현 가능성을 높여주는 것이 강화(reinforcement)이며, 가능성을 낮추는 것이 벌(punishment)이다.

㉠ **강화**(reinforcement)의 목표는 표적 행동의 빈도를 증가시키는 것이다.

- 정적 강화(positive reinforcement) : 바람직한 행동을 했을 때 좋아하는 것을 제시하는 것
- 부적 강화(negative reinforcement) : 바람직한 행동을 할 때 싫어하는 것을 제거하는 것

㉡ **벌**(punishment)의 목표는 표적 행동의 빈도를 감소시키는 것이다.

- 정적 벌(positive punishment) : 혐오적 자극을 제시하는 것
- 부적 벌(negative punishment) : 유쾌한 자극을 철회하는 것

㉢ **소거**(extinction)는 어떤 자극이 있은 후에도 특정 행동이 일어나지 않는 것이다.

㉣ **강화계획**

- 연속적 강화 : 행동이 일어날 때마다 강화물을 제시하는 것
- 고정간격 강화 : 정해진 시간 간격으로 강화물을 제시하는 것
- 간헐적 강화 : 예측할 수 없는 시간 간격으로 강화물을 제시하는 것

④ 행동형성(shaping)

목표하는 반응이나 행동을 학습할 수 있도록 기대에 부응하는 행동에 대해서 작은 단계로 강화를 함으로써 점진적으로 행동을 만들어가는 것이다.

⑤ **촉구법**(prompt)

적절한 시간에 적절한 행동을 하도록 경향성을 증가시키는 것이다. 촉구의 종류에는 신체 촉구, 모델링 촉구, 자세촉구, 언어촉구 등이 있다.

⑥ **용암법**(fading)

어떤 부가적인 자극 없이 목표행동이 유발될 때까지 점차 촉구를 없애나가는 것을 의미한다.

⑦ **토큰법**(token economy)

직접적으로 강화를 주는 대신 내담자가 원하는 다양한 물건과 교환할 수 있는 토큰을 보상으로 제시하는 것이다.

⑧ **관찰학습**(observation learning)

관찰학습은 모방학습, 사회학습, 대리학습, 모델링(modeling)등으로 불린다. 관찰학습은 인간이 단순한 환경적 자극에 대한 반응을 통하여 행동을 학습하는 것이 아니라 타인들의 행동을 관찰함으로써 학습한다는 것이다. 관찰학습은 다음의 4단계로 구성되어 있다.

- **주의집중단계** : 개인이 모델의 행동에 주의하고 중요한 측면을 재인식하며 뚜렷한 특징들을 변별하는 단계
- **파지단계** : 모델 자극의 주요요소들을 기억하는 단계
- **운동재생단계** : 기호화된 표상을 외현적 행동으로 전환시키는 단계
- **동기화단계** : 외적 강화, 대리적 강화와 자기강화

⑨ 대리적 강화(vicarious reinforcement)

모델을 관찰함으로써 이미 알고 있는 행동들이 강화되는 것을 말한다.

⑩ 자기강화(self-reinforcement)와 자기효능감(self-efficacy)

반두라는 개인의 행동은 자기강화와 외적 영향 요인에 의해서 결정된다고 보았다. 이러한 자기강화는 각 개인이 성취의 기준을 설정하고 자신의 기대를 달성하거나 그 수준에 못 미치는 경우에 자신에게 보상 또는 벌을 내린다는 개념이다.

또한 반두라는 이러한 자신의 내적 평가기준과 자기강화 기제에 의하여 자기효능감이 형성된다고 보고 있다. 자기효능감은 자신이 특정 행동을 성공적으로 수행할 수 있다는 신념이다.

(5) 치료 과정

행동주의이론에서는 개개인에게 맞는 개별적인 치료목표를 강조하므로 통일된 치료 과정을 제시하기는 어렵지만 일반적인 과정은 다음과 같다(천성문 외, 2015).

① 치료관계 형성

상담자는 공감적이며 수용적인 모습으로 내담자를 이해하려는 노력을 하게 된다. 이 과정에서 상담자가 흔히 범하기 쉬운 잘못은 내담자와의 신뢰관계가 충분히 형성되기 전에 내담자의 행동을 바꾸기 위해 치료기법을 성급하게 적용하려는 것이다. 상담자는 내담자와의 신뢰관계가 충분히 형성된 후에 치료기법을 적용해야 한다.

② 문제행동의 규명

치료관계가 형성되면 내담자의 문제행동을 확실하게 규명해야 한다. 상담자는 내담자가 자신의 문제를 확실히 알 수 있도록 도움을 주어야 한다.

③ **내담자의 현재 상태 파악**

내담자가 현재 처해있는 상황을 정확하게 평가하기 위해 다양한 방법을 사용할 수 있는데, 자기보고, 심상의 유도, 역할 연기, 행동관찰, 심리검사와 질문지 등을 활용할 수 있다.

④ **치료목표 설정**

행동주의 치료에서는 치료목표가 매우 중요한데, 내담자의 특성에 맞는 구체적이고 명료한 행동목표를 설정한다.

⑤ **치료기법 적용**

치료기법은 내담자의 현재 상태 파악과 치료목표 설정 단계에서 수집한 정보에 기반하여 선택할 필요가 있다. 치료 과정에 사용되는 기법은 내담자가 바람직하다고 생각되는 행동을 하도록 돕는 기법과 바람직하지 않다고 생각하는 행동을 하지 않도록 돕는 기법, 그리고 자기 자신의 행동을 스스로 통제할 수 있도록 돕는 기법 등이 있다.

⑥ **치료 결과 평가**

치료 진행, 기법이 효과적이었는지를 파악한다. 또한 치료 과정에서는 평가결과에 따라 치료 과정에 적용되는 기법을 수정할 수 있다.

⑦ **치료 종결**

종결은 최종 목표 행동에 대한 최종 평가가 이루어진 후에 시행된다.

(6) 치료기법

① 점진적 근육이완(progressive muscle relaxation)

제이콥슨(Jacobson, 1938)이 개발한 기법으로, 근육을 수축하고 이완하는 행동을 번갈아 하면서 조용한 환경에서 수동적이고 이완된 자세를 취한다. 깊고 규칙적인 호흡을 병행하며, 동시에 즐거운 사고나 심상에 초점을 둔다. 초기에는 주로 체계적 둔감법의 일부분으로 사용되었으나 최근의 이완훈련은 분리된 기법으로 혹은 관련된 방법과의 연합으로 다양한 임상에 응용되고 있다. 상담자는 내담자에게 몸의 곳곳을 마음속에 그리면서 단계적으로 이완하도록 가르친다(팔-머리-목-어깨-등-복부-가슴-다리의 순). 매일 30분 동안 회기 밖에서 이완훈련을 하도록 한다.

대개는 정신적, 신체적 증상으로 나타나는 스트레스나 불안과 관련된 문제의 해결을 위해 사용된다. 또 다른 영역은 고혈압과 심장혈관 문제, 편두통, 천식, 그리고 불면증이다.

② 체계적 둔감법(systematic desensitization)

볼페(Wolpe, 1969)가 개발한 기법으로 주로 공포, 불안과 관련된 부적응 행동들의 치료에 효과적으로 적용할 수 있다.

- **1단계** : 상담자는 불안을 유발하는 자극을 분석하여 불안 위계표를 내담자와 함께 작성한다.
- **2단계** : 이완훈련을 시킨다.
- **3단계** : 내담자에게 눈을 감게 하고 불안 위계표 중 가장 낮은 단계의 장면부터 상상하도록 유도한다. 가장 낮은 단계의 자극에서부터 가장 높은 단계의 자극에 이르기까지 단계적으로 진행하여 불안을 줄여나간다.

③ 사회기술 훈련(social skill training)

다양한 사회적 상황에서 타인과 효과적으로 교류하는 능력을 다루게 되는데, 내담자가 대인관계 능력을 계발하고 성취하도록 돕는 데 활용된다.

④ **자기표현 훈련**(assertion training)

다양한 사회적 상황에서 표현하는 것을 가르치는 것으로서 특히 불쾌한 감정이나 분노를 제대로 표현하지 못하는 사람, 거절을 못하는 사람, 호감이나 애정을 잘 표현하지 못하는 사람들에게 주로 사용된다.

이 훈련은 주로 상담자와 내담자가 어떠한 상황을 설정하고 서로 역할을 바꾸어 가며 자유롭게 자신의 생각과 감정을 표현하는 역할 연습을 하는 방법으로 시행한다. 자신이 맡은 역할에서 느낀 감정을 함께 이야기하면서 내담자가 보다 효과적으로 자기표현을 할 수 있도록 상담자가 지도해 줄 수 있다.

⑤ **자기지시적 행동**

자기지시적으로 변화에 대한 지침과 변화를 유발하는 계획을 제공할 수 있다. 왓슨과 타프(Watson & Tharp, 2013)가 제시한 기본단계는 다음과 같다.

- **목표선택** : 원하는 목표를 구체화한다.
- **표적행동** : 선택목표를 표적행동으로 바꾼다.
- **자기탐지** : 자신의 행동을 주의 깊게 상세히, 정확히 관찰하고 기록한다.
- **계획실천** : 자기관찰과 자신의 기준을 비교하여 계획을 실천한다.

(7) 요약

① **행동주의 치료의 특징**

- 치료 과정의 초기에 구체적 목표 규명
- 상담자들의 능동적이고 지시적 역할
- 치료계획 수립에 있어 상담자는 특정 내담자에게 가장 잘 맞는 기법과 절차를 사용함

② 공헌

- 구체적인 것에 초점을 맞추고 상담기법의 적용에 있어서 체계적인 방식을 취함
- 많은 구체적 치료기법이 있음
- 치료 성과에 대한 연구와 평가를 강조함

③ 적용되는 영역

- 불안장애
- 우울증
- 성행동 장애
- 심장 혈관 질환의 예방과 치료

④ 한계와 비판

- 행동주의 치료는 내담자의 행동은 변화시킬 수 있을지 모르지만 내면의 감정까지는 변화시키지 못한다.
- 통찰을 제공하지 못한다.
- 현재의 행동에 대한 과거의 원인을 무시한다.
- 행동주의 치료는 상담자에 의한 통제와 조작이 될 수 있다.

(8) 행동주의 미술치료

행동주의이론에서는 정신역동적이론과 달리 내담자의 문제가 무의식에 있는 것이 아니라 환경에 의해서 학습된 현상이라고 본다.

미술치료는 프로이트의 정신분석이론을 바탕으로 발전해 왔지만, 행동주의 치료는 무의식이 반영된 그림에 그다지 의미를 두지 않고 객관적으로 측정 가능한 행동만을 수용하려 했다. 이렇게 정신역동적이론과 행동주의이론이 서로 상반되는 관점

으로 알려져 있지만 사실상 정신역동적 치료와 행동주의 치료는 상호 보완적인 관계를 가지고 있다. 정신역동적인 미술치료에서 상담자들은 내담자의 특성에 따라 무의식을 다루는 치료기법을 사용하는 데 위축되고 자존감이 낮은 내담자에게 칭찬을 하고 격려를 해주었다면 이것은 강화라고 하는 행동주의적 접근을 활용한 것이다.

행동주의 미술치료는 미술치료에 행동주의적 접근을 직접 적용한 것으로 정신역동적이론에 바탕을 두고 있는 미술치료와 행동주의이론을 절충한 것이라 할 수 있다. 최근의 경향은 정신역동적 치료와 행동주의 치료를 모두 포함하여 심리 내적인 과정의 역할도 강조하고 행동의 기능적인 적응에도 초점을 두고 있다.

행동주의 미술치료는 정신지체아, 정서장애아 등의 발달장애를 가진 아동들에게 행동수정기법이나 행동형성법을 적용하거나 행동에 문제가 있는 성인에게 유용하다.

① 행동형성법(shaping)

내담자가 아직 수행하지 못하는 새로운 행동이나 과제를 학습시키기 위해 행동형성법을 적용할 수 있다. 먼저 아동이 좋아하거나 그리고 싶어하는 그림을 선택한다. 처음에는 상담자가 직접 그리면서 방법을 보여준다. 그다음 내담자의 손을 상담자가 함께 잡고 그림의 단서선 위를 따라 그린다. 내담자가 그림을 인식할 때까지 여러 번 반복한다. 이때 신체적 촉구와 함께 언어적 촉구도 함께 제공한다. 서서히 단서선이 적은 용지를 주면서 신체적 촉구의 양을 줄여나간다. 단서선 없이 스스로 그림을 그릴 정도가 되면 언어적 촉구도 없앤다. 각 사물에 대한 묘사를 하기 전에 먼저 점토를 이용하여 3차원, 2차원적인 사물 만들기를 실시한 후 실제 그리기로 전개해나가는 것도 좋은 방법이 될 수 있다.

발달 수준이 낮은 내담자에게는 사과, 공, 얼굴 등과 같은 단순한 주제로 반복해서 성취감을 높이다가 점차 전신 그림, 자동차, 꽃과 같이 내담자의 발달을 자극할 수 있으면서 관심을 보이는 주제로 넘어갈 수 있다.

② **현실 조성하기**(reality shaping)

전통적인 미술치료기법과 행동수정 원리를 결합한 것으로 치료하는 동안 교육을 시킨다. 현실 조성하기는 미술치료 회기 동안 내담자의 작품에서 매우 부실한 개념이 무엇인지를 찾아내는 것으로 시작한다. 그런 뒤 단순한 2차원적 표현을 하고, 그 다음 단계에서는 3차원적으로 표현하면서 모호했던 개념들이 구체적인 형태를 가지도록 해 준다.

예 집에 대한 개념 잡기

- 간단한 집 모양 표현하기
- 집의 여러 부분에 대해 표현하기(지붕, 창문, 문, 벽돌, 굴뚝 등)
- 집의 모양 구체적으로 표현하기 (각각의 위치들에 맞게 배열하기)
- 평면에 성공한 뒤 입체로 표현하기
- 입체로 집을 표현한 후 그 안에 있는 것들 꾸며주기

③ **행동계약법**(contingency contracting)

내담자가 자신의 문제행동을 구체화하고 스스로 통제하여 행동의 변화를 꾀하는 방법이다. 먼저 내담자의 긍정적인 행동 변화를 위해 내담자와 주 양육자가 각각 행동수정 목록을 작성하고 함께 의견을 나누어 변화가 용이하거나 시급한 목록을 선택한다. 적절한 강화물과 함께 처벌 규정도 작성하는데 아동과 부모, 상담자가 함께 참여하여 작성하고 서명을 한다.

미술치료를 시행하며 행동계약법을 적용할 경우에는 변화될 행동의 방향에 대해 내담자와 부모, 상담자가 함께 동의한 내용을 작성하며, 긍정적인 내용으로 기술하는 것이 바람직하다.

행동계약서에는 날짜, 기간, 목표행동, 보상내용, 처벌내용, 서명 등을 작성하며, 약속된 결과에 대한 보상이나 처벌내용은 반드시 지켜져야 한다.

(9) 미술치료기법

① 신체 본뜨기

■ **목표**

- 자신의 미래 모습이나 원하는 모습을 꾸며 봄으로써 자신을 더 소중하게 생각하도록 한다.

■ **준비물**

- 사람 크기의 전지(두 장을 연결하여 준비한다.) 크레파스, 파스텔, 풍선, 기타 장식재료

■ **방법**

- 전지를 바닥에 깔거나 벽에 붙여 놓는다.
- 내담자에게 자유로운 자세를 취하게 하고 상담자나 다른 집단원이 신체를 그대로 본떠준다.

*지시문 : "이 신체상은 바로 당신입니다. 당신에게 어떤 일이 일어나기를 원하는지 당신의 신체상에 표현해 보세요."

- 내담자로 하여금 자신의 신체상에 그림을 그리거나 장식재료를 붙이거나 하여 자유롭게 표현하도록 한다.

■ **적용**

- 자신이 소망하는 것을 표현함으로써 내담자의 욕구를 확인할 수 있으며, 현재의 자신의 모습에 자신감이 없고 미래에 대해 희망을 느끼지 못하는 경우에 활동성을 제공할 수 있는 기법이다.

(10) 미술치료실습

프로그램명	점토로 선물 만들기
목표	자신에게 용기를 주고 욕구를 재확인하도록 한다.
준비물	밀가루, 식용유, 포스터칼라, 종이컵, 물, 반죽용 보울
방법	① 자신이 갖고 싶은 선물이나 자신에게 필요한 선물을 만든다. 물질적인 것이 아니라 자신의 성격이나 마음이 필요로 하는 것이 무엇인가를 생각해 봐도 좋다. ② 밀가루 2컵에 식용유 1/5컵, 물 1/4컵을 넣고 반죽을 한다. ③ 어느 정도 반죽이 되면 포스터칼라를 넣고 반죽하여 유토를 만들어 준다. ④ 집단일 경우 한 사람이 한 가지색을 만들어 각자 필요한 색을 서로 나누어 주면서 교환한다. ⑤ 컬러 유토가 완성되었으면 자신을 위한 선물을 만들도록 한다. ⑥ 선물이 완성되면 선물을 받은 뒤의 느낌에 대해 이야기를 한다.
적용	이 기법은 내담자로 하여금 자신의 욕구를 재확인하고 자신에게 주고 싶은 선물을 표현하게 함으로써 용기와 변화의 기회를 제공할 수 있다.
작품사진	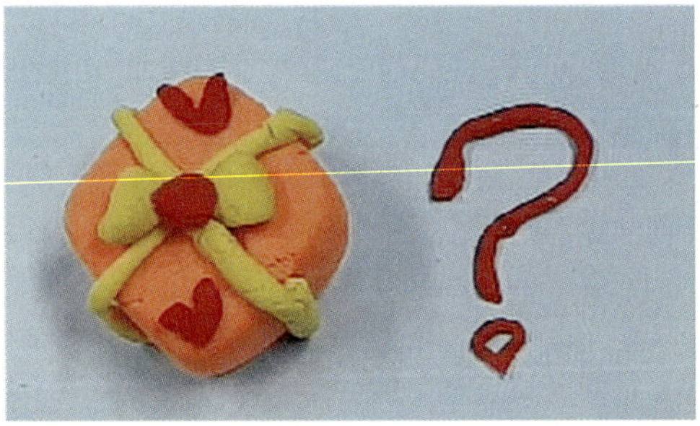 [그림 4-12] 점토로 선물만들기

2) 인지행동이론

(1) 기본철학

아론 벡
(A. T. Beck, 1921~2021)

인지행동치료(Cognitive-Behavior Therapy; CBT)는 행동주의이론과 인지이론에 기초하여 발전하였다. 행동주의이론에서 라크맨(Rachman, 1997)은 1950년부터 1960년대에 여러 치료자가 파블로프(Pavlov)와 스키너(Skinner)가 개발한 행동적 요소들을 사용하기 시작하였다고 밝혔다(Jesse, Monica, & Michael, 2006; 김정민 역, 2009 재인용). 행동주의 원리를 사용한 다양한 심리치료는 내담자의 이상행동을 제거하기 위해 소거, 강화와 처벌, 체계적 둔감법, 이완 훈련, 모방 학습, 노출 훈련을 사용하여 치료를 진행하였다.

인지이론에서 인지는 아는 과정으로 지식을 의미하며 인지는 정서와도 상호작용의 관계를 갖는다. 인지치료는 인간의 행동과 정신병리를 동기나 본능보다 정보처리의 관점에서 설명하는 이론으로 개인이 정보를 수용하여 처리하고 반응하기 위한 지적인 능력을 개발시키는 방법을 말한다. 아론 벡(Aaron Beck)과 앨버트 엘리스(Albert Ellis)는 인지가 정서 및 행동을 중재할 것이라는 조건에서 시작하였다. 앨버트 엘리스는 개인이 가진 비합리적인 신념을 문제의 초점으로 두었고, 인지치료에서 주로 사용되는 아론 벡의 모델은 개인이 가진 정보처리 과정 상의 인지적 왜곡에 초점을 두었으며 사람들이 느끼고 행동하는 방식이 경험의 지각과 구조화의 방식에 의해 결정된다고 보았다.

1960년대 이후 대부분의 상담자들은 인지적 기법들과 행동적 기법들을 모두 사용할 때 내담자의 증상을 감소하거나 소거하는 데 치료의 효과가 있다는 것을 경험하게 되었다. 구체적인 사례를 보면, 내담자에게 효과적이었던 공황장애 치료프로그램을 예로 들 수 있다. 공황장애 내담자들에게 인지적 증상(통제를 상실하는 것에 대한 파국적 두려움)과 행동적 증상(회피)이 함께 나타났으며, 공황장애에 관한 다수의 연구에서 인지적 기법(인지적 재구조화)과 행동적 기법(호흡·이완 훈련, 노출 치료)이 공동으로 사용되었을 때 효과적임이 보고되었다.(Barlow & Cerney, 1988; Barlow et al., 1989; Clark, 1986; Clark et al., 1994; Jesse, Monica, & Michael, 2006; Wright et al., 2003; 김정민 역, 2009 재인용).

인지행동치료는 여러 심리치료 중 정신장애 치료에 가장 많이 사용되고 있으며, 인간의 인지를 강조하고 정서와 행동을 통제하는 학자들의 사상에 기반을 두고있다. 앨버트 엘리스는 인본주의적 치료와 철학적 치료, 행동주의적 치료를 혼합한 합리적 정서행동치료(REBT; Rational Emotive Behavior Therapy)를 개발하여 ABCDEF기법인 A(Activating event; 내담자가 경험했던 선행사건), B(Beliefs; 선행사건에 대한 내담자의 합리적 또는 비합리적 신념), C(Consequences; 선행사건에 대한 신념이 작용하여 발생한 행동적·정서적 결과), D(Dispute; 비합리적 신념에 대한 상담자의 논박), E(Effect; 논박에 대한 효과), F(Feeling; 새로운 긍정적 감정)를 사용하였다. 아론 벡은 우울증에 관한 연구에서 인지치료(CT; Cognitive Therapy)를 제시하였고(Butler & Beck, 2000; 김정민 역, 2009), 구조화하기와 심리교육, 자동적 사고 찾기와 수정하기, 소크라테스 질문, 스키마 찾기와 변화하기, 인지적 재구조화 등의 기법을 사용하였다. 인지행동치료는 내담자의 이상행동과 정신장애의 원인을 인간의 역기능적 사고와 신념 등 부적응적인 인지적 활동으로 보았기 때문에 내담자의 인지과정에 개입해야만 이상행동과 정신장애를 치료할 수 있다고 보았다.

(2) 주요개념

인지행동치료의 주요 핵심 개념에는 자동적 사고, 인지적 오류, 스키마가 있다.

① 자동적 사고

자동적 사고는 내담자가 강렬한 감정이 생길 때 나타나는 것으로 합리적인 분석과정을 거치지 않고 생긴다. 자동적 사고를 알 수 있는 중요한 단서에는 강렬한 감정이 생길 때이고 감정차트, 얼굴표정, 단어로 내담자의 지각이 탐색 된다. 자동적 사고는 불안, 우울을 가진 사람뿐만 아니라 누구에게나 일어난다. 자동적 사고는 때로는 논리적으로 적절한 것일 수 있으며 일어난 상황을 정확히 반영한 것일 수도 있다. 〈표 4-1〉의 자동적 사고 기록지 작성을 통해 자동적 사고를 인식할 수 있다.

〈표 4-1〉 자동적 사고 기록지

사건(상황)	자동적 사고	감정	행동
예) 친구는 항상 내가 화를 잘 낸다고 불평한다.	친구는 정말 나를 미워해.	슬픔	고개를 떨군다.

② 인지적 오류

인지적 오류는 생활사건의 의미를 해석하는 과정에서 나타나는 추론과정의 체계적 오류를 말한다. 아론 벡(Beck, 1963, 1964; Beck et al., 1979)과 다양한 연구에서는 인지적 오류가 정서장애를 가진 사람들의 인지 처리 방식과 관련이 있음을 강조하였고, 다양한 인지적 오류를 예시와 함께 제시하였다(Jesse, Monica, & Michael, 2006; 김정민 역, 2009 재인용; 홍형표, 2015).

■ 선택적 사고(=정신적 여과)

다른 중요한 요소들은 무시한 채 사소한 부분에 초점을 맞추고 사소한 부분적인 것에 근거하여 전체 경험을 이해한다.

예 대학생이 성적에서 한 과목만 B+를 받고 나머지 과목에서 A+를 받았다.

▶ "나는 모든 시험을 망쳤다."라고 판단하는 경우

■ 임의적 추론

어떤 결론을 지지하는 증거가 없거나 증거가 정반대 임에도 불구하고 그와 같은 결론을 내린다.

예 자신이 친구에게 전화했는데 받지 않았다.

▶ "친구가 의도적으로 나를 피하는 것"이라고 판단하는 경우

■ 과잉 일반화

한두 가지의 사건에 근거해서 일반적인 결론을 내리고 이러한 결론을 비논리적으로 서로 관계없는 상황에 적용한다.

예 평소 자신을 도와주던 직장동료가 어느 때 한 번 자신을 도와주지 않았다.

▶ "자신과의 친분을 끊은 것"이라고 결론을 내리는 경우

■ 과장과 축소

어떤 사건 또는 한 개인이나 경험이 가진 특성의 한 측면을 그것이 실제로 가진 중요성과 무관하게 과장하거나 축소한다.

예 부하직원이 한두 번 업무 실수를 했다.

▶ "부하직원은 책임감이 없는 사람"이라고 판단하는 경우

■ 개인화

자신과 관련 없는 외적 사건과 자신을 연관시키고 자신이 원인이고 자신이 책임져야 한다고 받아들인다.

예 부모님이 이혼하였다.

▶ "내가 부모님 말씀을 안 들었기 때문에 부모님이 이혼한 것"이라고 판단하는 경우

■ **이분법적인 사고(=흑백 논리적 사고)**

모든 경험을 한두 개의 범주로만 이해하고, 중간 없이 흑백논리로써 현실을 파악한다(나쁘거나 좋거나, 완전히 실패하거나 완전히 성공하거나, 결함투성이거나 완벽하거나, 항상, 결코, 완전, 절대로, 완벽하게, 언제나 등의 용어를 많이 사용, 100점 아니면 0점으로 이분화).

예 남편이 집에 일찍 들어오겠다는 약속을 했는데 늦게 들어왔다.

▶ "남편은 결함투성이의 사람이고 이런 남편과 사는 나는 결혼생활의 실패자야."라고 판단하는 경우

■ **자신과 다른 사람에게 (부정적인) 낙인 붙이기**

자신과 타인에게 부정적인 딱지를 갖다 붙이는 것으로 이렇게 하고 나면 바뀔 수 없는 상태에 대해 더 좌절하고 아무런 노력이 소용없다고 생각해 버리고 낙인대로 될 가능성이 커진다.

예 엄마가 잠시 문자를 하는데 한 살 아이가 넘어져서 울었다.

▶ "나는 엄마로서 자격이 없어."라고 판단하는 경우

■ **Should 사고(당위, 강박적 의무감)**

"반드시~해야만 한다."로 "이것은 반드시 해야만 해.", "이것을 해서는 절대로 안 돼." 하는 식으로 생각하는 것이다.

예 시험문제에서 한 문제를 틀렸다.

▶ "나는 절대로 실수해서는 안 돼."라고 판단하는 경우

■ **재앙화, 파국화**

실제로 그렇지 않음에도 불구하고 어떤 사건을 매우 위험하고 감당할 수 없고 큰 재앙을 일으킬 것 같은 것으로 생각하는 것이다.

예 남편과 싸웠는데 남편이 집에 들어오지 않았다.

▶ "남편은 다른 여자를 만나고 있으며 나와 이혼할 것이다."라고 판단하는 경우

③ 스키마(schema)

스키마는 인지행동치료에서 자동적 사고의 기초가 되는 기본적인 규칙으로 아동기 초기에 형성되기 시작하는 사고로 부모의 양육과 훈육 및 모델링, 교육 경험, 또래와의 관계 등 다양한 삶의 경험들 때문에 영향을 받는다. 클록(Clark, 1999)과 연구진들은 세 가지 범주의 스키마를 제시하였다(Jesse, Monica, & Michael, 2006; 김정민 역, 2009 재인용).

■ 단순 스키마

정신병리에 거의 혹은 전혀 영향을 미치지 않는 환경의 물리적 성질, 일상 활동의 규칙, 자연법칙들이다.

예 방어적인 운전자가 되어라. 좋은 교육은 값어치를 한다.

■ 중간 신념과 가정

"만약~하면 ~할 것이다." 와 같은 조건적인 규칙들로 자아존중감과 감정 조절에 영향을 준다.

예 내가 인정받으려면 완벽해야 한다. 내가 열심히 일한다면 성공할 수 있다.

■ 자신에 대한 핵심신념

자아존중감과 관련이 있는 상황적인 정보들을 해석하기 위한 포괄적이고 절대적인 규칙들이다.

예 "나는 사랑스럽지 않아.", "나는 어리석다.", "나는 실패자", "나는 좋은 친구다.", "나는 신뢰할 수 있다."

상담자는 내담자에게 적응적 스키마와 부적응적 스키마를 모든 사람이 가지고 있다는 것을 알려준다.

(3) 상담목표

인지행동치료의 상담목표를 살펴보면 다음과 같다. 첫째, 내담자가 인지적 오류를 범하고 있음을 깨닫도록 한다. 둘째, 내담자의 부적응적인 스키마의 영향을 줄이고 수정한다. 셋째, 내담자의 적응적인 스키마를 찾아낸다. 내담자의 스키마를 수정하기 위해서는 인지적 재구조화를 통해서 부적응적 신념을 적응적 신념으로 변화해야 한다.

(4) 치료기법

인지행동치료의 치료기법은 구조화하기와 심리교육, 소크라테스식 질문, 사고 기록지 작성, 자동적 사고 찾기와 수정하기, 인지적 오류 찾기, 재귀인, 합리적 대안 나열하기, 증거 검토하기, 이점과 손실 목록 만들기, 인지적 연속선 사용하기, 스키마 찾기와 변화하기, 인지적·행동적 예행연습(상상, 역할극) 등이 있다(Jesse, Monica, & Michael, 2006; 김은영, 2018; 김정민 역, 2009 재인용). 이 중 핵심기법인 소크라테스식 질문, 구조화하기와 심리교육, 인지적 재구조화, 행동기법, 재발 방지 기술의 주요 내용은 다음과 같다.

① 소크라테스식 질문

소크라테스식 질문은 인지행동치료에서 가장 많이 사용되는 기법으로 내담자가 자신의 부적응적 사고를 인식하고 변화시키도록 돕기 위해 상담자가 사용하는 질문기법이다. 상담자의 질문내용과 유의점은 다음과 같다.

- 변화의 가능성을 보여 주는 질문을 하라
- 성과를 얻을 수 있는 질문을 하라
- 내담자를 학습 과정에서 참여하도록 이끄는 질문을 하라
- 내담자에게 도움이 되는 수준의 질문을 던져라
- 정해진 결론으로 이끄는 질문들을 피하라
- 필요한 경우 때때로 선다형의 질문을 사용하라

예 내담자의 핵심신념 : "나 때문에 아빠, 엄마가 이혼했어. 모두 내 탓이야."

상담자의 소크라테스식 질문 : "어떻게 그런 생각을 하게 되었니? 부모님이 평소에 사이가 좋으셨니? 어떨 때 다투셨니? 너의 행동으로 인해 화가 나서 그러신다면 부모님이 화를 내는 또 다른 일은 무엇이 있니? 너의 생각이 확실하다는 증거는 무엇이니? 너로 인해 즐거워하셨던 일은 어떤 것들이 있니? 너와 비슷하게 생각하는 사람은 누구일까? 아빠(엄마)는 어떤 일을 하시니?"

② 구조화하기와 심리교육

인지행동치료에서 내담자의 학습을 효과적으로 강화하기 위해 상담자는 문제(agenda)정하기와 피드백 같은 구조화 기법을 사용한다. 구조화 기법은 목표 설정하기, 문제 정하기, 증상 점검하기, 회기 연결하기, 피드백 제공하기, 회기의 진행 속도 조절하기, 과제 부여하기, 치료 도구 사용하기의 순서로 진행된다. 문제 정하기는 매회기의 명확한 방향을 정하고 내담자의 변화를 평가하기 위해 사용한다. 치료 회기에서 상담자는 내담자가 주제를 탐색하고 치료목표를 이루는 데 도움이 되도록 해야 한다. 처음 정한 문제를 다루는 데 도움이 되지 않는다면 다른 문제로 바꿀 수도 있다. 상담자와 내담자는 회기의 방향을 이해하는지 정기적인 피드백을 진행한다. 심리교육은 내담자에게 인지행동치료가 무엇이고 어떻게 진행되며 내담자의 역할에 관해서도 설명할 수 있는 것으로 심리교육을 위해 사용되는 기법에는 미니레슨, 회기 중 활동 기록하기, 치료 노트북 사용하기, 도서 추천하기, 컴퓨터 활용 등이 있다.

③ 인지적 재구조화

인지적 재구조화는 내담자의 부적응적 사고와 신념을 찾아내어 이를 현실의 검증을 통하여 적응적 사고와 신념으로 변화시키는 치료적 과정으로 인지를 변화시키는 기술을 가르친 후 과제와 연습을 통해 실생활에서 적용할 수 있도록 하는 것이다. 내담자의 고집스럽고 고정화된 부적응 사고를 변화하기 위해서는 지속적인 훈련과 연습이 필요하다. 인지적 재구조화에서 자동적 사고를 찾는 방법에는 감정의 변화

인식하기, 심리교육, 안내에 따른 발견, 생각 기록하기, 심상 활동, 역할극 활동, 체크리스트 사용 등이 있으며 자동적 사고를 수정하려는 방법으로는 소크라테스식 질문하기, 생각 변화 기록지, 합리적 대안 만들기, 인지적 오류 찾기, 증거 점검하기, 파국적 사고에서 벗어나기, 재귀인(귀인 척도, 파이 그래프), 인지적 예행연습, 대처 카드 사용하기 등이 있다.

④ 행동기법

인지행동치료에서 내담자의 부적응적 신념이 적응적 신념으로 인지적 개입의 변화가 보이면 행동에도 긍정적인 영향을 미친다. 또한, 행동의 긍정적 변화는 긍정적 인지 변화에 영향을 미치는데 이를 통해 인지와 행동은 상호 연관성이 있음을 알 수 있다. 인지행동치료에서 치료적 행동기법은 행동 활성화, 단계적 노출, 단계적 과제 부여, 활동 및 즐거운 사건 계획하기, 호흡 훈련, 이완 훈련 등이 있다.

⑤ 재발 방지 기술

인지행동치료는 내담자의 증상 재발을 방지하거나 감소할 방법을 상담 중에 내담자에게 습득하게 한다. 이러한 기술은 다른 치료와의 차이점이기도 하다. 내담자는 상담자에게 자동적 사고를 찾아 변화시키는 방법을 배우고 행동기법을 사용하게 된다. 치료 후반기에 상담자는 내담자에게 일어날 수 있는 잠재 요소들을 찾아내어 도움을 줌으로써 내담자가 재앙화할 가능성을 작아지게 하는데, 이런 작업에는 대처 방안의 방법으로 예행연습이 있다. 또한, 상담에서 내담자는 인지적 오류를 찾게 되고 이런 훈련을 통해 내담자는 치료 종결 후 일상생활에서 스트레스를 경험하더라도 재앙화가 될 가능성이 줄어든다.

(5) 상담자의 역할

인지행동치료 상담자의 역할은 모든 사람이 적응적인 스키마와 부적응적인 스키마를 가지고 있는 사실을 내담자에게 알리는 것이며, 내담자가 자동적 사고와 스키마의 병리적인 사고를 찾아내어 변화시키도록 돕는 것이다. 내담자의 부적응적 신념을 적응적 신념으로 인지적 재구조화 하기 위해서 상담자는 내담자와 협력적이고 행동지향적인 치료적 관계를 맺어야 한다. 치료 초기단계에는 상담자가 주도적으로 사례개념화 구성, 인지행동치료 교육을 진행하며 중기단계에는 과제를 이행하면서 내담자가 주도적인 역할을 하고 종결단계에서는 내담자가 곧 치료자가 되는 것으로 상담자와 내담자는 협력적이고 행동지향적인 치료적 관계를 갖게 된다. 상담자의 역할을 세분화해서 살펴보면, 첫째, 공감, 따뜻함, 진실함이다. 공감은 상담자가 내담자의 생각과 감정을 따뜻하게 공감해 주면서 부적응적 사고와 행동에 대해서 구별할 수 있는 객관성을 유지하는 것이다. 또한, 정확한 공감을 위해서는 상담자의 진정성 있는 진실함이 필요하다. 둘째, 협력적인 경험주의이다. 상담자는 내담자와 함께 인지행동치료에서 치료의 목표와 문제를 정하고 서로 소통을 통해 인지행동치료기법을 활용하도록 계획하는 과정을 경험한다. 또한, 치료적 관계에서는 상담자의 다양한 경험을 바탕으로 내담자의 부적응적인 사고와 도움 되지 않는 내담자의 행동을 찾아야 하므로 상담자의 경험이 중요하다. 셋째, 치료적 관계에 영향을 미치는 내담자의 질환과 성격구조를 다루기 위한 전략을 쓰고 있어야 한다. 내담자가 일어날 가능성이 있는 문제들을 변별하고 내담자에게 낙인화하지 말아야 하며 객관성을 유지하고 전이와 역전이의 반응을 인식하고 다루면서 평정심을 유지하도록 노력해야 한다. 넷째, 교사와 코치의 역할을 해야 한다. 내담자가 인지행동치료에 대한 학습 과정에서 충분히 이해하고 참여할 수 있도록 지도해 주어야 한다. 친절하고 적극적인 참여를 유도하며 창의적이고 힘을 북돋는 행동 지향적인 모습으로 지도해야 한다. 다섯째, 유머를 사용해야 한다. 상담자의 유머는 경직된 내담자의 사고 및 행동을 깨는 데 도움이 되며 긴장된 치료관계를 인간적인 관계로 만들 수 있다. 또한, 내담자의 내면에 있는 유머의 기술을 밝혀 스트레스 대처에 자원으로 만들 수 있다. 여섯째, 유연성과 민감성이다. 상담자는 다양한 삶을 지낸 내담자들의 개인 역사를 인정하고 차이점을 수용해야 한다. 상담자의 개방적이고 유연하며 민감성 있는 태도는 내담자의 상황, 환경, 증상에 대한 독특한 특징을 이해하고 치료적 관계를 형성하는 데 도움이 된다(Jesse, Monica, & Michael, 2006; 김은영, 2018; 김정민 역, 2009 재인용).

(6) 공헌도 및 한계점

인지행동치료는 행동치료와 인지치료를 접목한 치료로 공헌도와 한계점을 행동주의적 접근과 인지학적 접근에서 살펴볼 수 있다. 먼저, 공헌도에서 행동주의적 접근은 인간의 행동을 객관적으로 측정하고 행동의 학습과정을 실험적으로 입증하여 심리학의 과학화에 이바지하게 되었다. 이로 인하여 내담자의 이상행동이 습득되고 유지되는 과정을 구체적으로 이해하게 되었고 이상행동의 치료를 위해 효과적인 행동치료기법이 개발되는 계기를 마련하였다. 인지학적 접근은 현대 심리학자들에게 가장 주목받고 있는 이론으로 과학적인 방법론을 적용하여 정신장애의 유발 원인에 인지적 요인이 있음을 밝혔다. 이는 정신분석적 입장에서 연구방법의 과학성 결여와 행동주의적 접근에서 설명력 부족이라는 한계를 극복하는 계기를 마련하였으며, 20회기 내에 진행되는 단기간 치료라는 부분도 있었다.

한계점에서 행동주의적 접근은 인간의 행동이 환경에 의해 결정된다는 견해로 인간이 자신의 행동을 스스로 선택하고 결정하는 자유의지를 부정하여 인본주의와 실존주의 심리학자에 의해 비판받았다. 또한, 객관적 측정을 강조하여 인간의 행동을 자극과 반응의 관계로만 지나치게 단순화한 설명을 하였고, 내면의 심리적 과정을 무시하여 인간의 다양하고 복잡한 행동을 설명하는 데 한계가 있었다. 마지막으로 인간은 복잡한 심리적 판단과 결정을 통해 행동하는 데 동물실험 결과의 도출 원리를 인간에게 무리하게 적용하는 것에 대해서도 비판받았다. 이러한 이유로 1950년 이후 인간의 인지적 요인을 고려한 인지행동적 입장으로의 변화가 나타나기 시작하였다. 인지학적 접근의 한계점은 인간의 심리적 기능에서 정서나 동기의 중요성을 간과하고 인지적 요인만을 설명한 것이다. 정신장애의 궁극적 원인에 대해서 비판하고 역기능적 인지도식과 신념은 어떻게 형성되는가에 대한 답이 없으며, 어린시절 경험이 신념의 형성에 영향을 미친다는 것 외에는 자세한 설명을 제시하지 못하였다. 또한, 지능이나 학력이 낮고 심리적인 내성 능력이 현저하게 부족한 내담자는 인지치료에는 적절하지 않다는 적용대상의 한계가 있다(권석만, 2003).

(7) 인지행동 미술치료

인지행동 미술치료는 인지행동이론을 바탕으로 평면, 입체, 조소의 미술활동을 통해 내담자의 인지적 재구조화에 도움을 주어 내담자의 인지, 정서, 행동을 변화하게 하는 심리치료기법이다. 인지행동 미술치료는 미술작업을 통해 인지행동 심리교육과 자동적 사고를 내담자가 쉽게 찾을 수 있도록 도움을 준다. 미술치료는 인지행동치료에 적절한데 미술작업의 과정이 인지과정과 밀접한 연관성이 있기 때문이다. 미술작업을 위해서는 내담자가 무엇을 표현해야 하는지 스스로 알아야 하고 미술작업 과정을 통해 내담자의 인지는 좀 더 구체적이고 명확하게 작품으로 표현되는 과정을 경험하게 된다. 또한, 미술작업 과정과 인지과정의 결과물인 미술작품을 통해서 내담자 자신의 감정이 무엇인지도 찾게 된다. 이것은 자신이 찾게 된 감정과 연결된 자신의 인지가 무엇인지 깨닫게 되는 부분이다. 그뿐만 아니라 내담자의 왜곡된 부적응적 신념을 찾기 위해 내담자에게 부정적이고 불안을 일으키는 것이 무엇인지를 구체적인 표상과 심상으로 표현하게 한다. 인지행동치료는 부정적인 생각을 언어화해서 인지적 평가를 통해 대답하는데 이러한 과정에서 비언어적인 미술작업은 내담자의 부정적 도식을 거부감 없이 구체적인 표상과 심상으로 끌어내는 데 도움을 준다. 심상의 작업에는 그리기, 만들기, 콜라주 등의 다양한 기법들이 활용될 수 있다. 또한, 인지행동치료에서 상담자와 내담자는 협력적이고 행동지향적인 치료관계가 중요한데 상담자와 내담자가 협동하여 심상 만들기 기법을 하면 자연스럽게 협력적인 관계 형성을 가질 수 있다. 인지행동 미술치료는 내담자가 자신의 부적응적 신념을 적응적 신념으로 변화하는 과정을 쉽고 편안하게 찾고 경험하게 되는데 "현재의 나"에서 "변화된 나"라는 미술치료 작업의 예를 통해서도 쉽게 확인할 수 있다. 현재 자신의 감정, 인지, 행동을 찾아봄으로써 자신의 삶에 대해서 안정되고 편안하게 탐색하고 긍정적인 인지, 정서, 행동을 찾고 경험하게 함으로써 거부감 없이 부적응적 신념을 찾고 적응적 신념으로 변화하도록 도움을 준다. 인지행동 미술치료는 언어 표현의 어려움이 있는 내담자에게 시각화 작업을 통해 인지구조를 파악하고 부적응적 신념을 적응적 신념으로 변화하는 데 도움을 준다. 특히, 아동과 청소년의 인지치료에서 교육과 문제해결을 위해 이미지화 작업을 활용할 수 있다. 인지행동 미술치료는 아동과 청소년이 미술작업이 완성되는 과정을 통해 부적응적인 인지, 감정, 행동을 찾고 자신에게 도움이 되는 적응적인 인지, 감정, 행동으로 변화하고 성장할 수 있도록 도움을 준다. 내담자는 재료를 스스로 선택하고 미술작업을 계획, 실행하면서 좌절과 실패를 경험하고 해결책을 스스로 찾아 대처해 봄으로써 성공적인 변화전략의 경험을 갖게 된다. 이런 경험은 내담자가 치료 종결 후 일상생활에서 겪게 되는 스트레스에 대처하는 방법을 스스로 찾을 수 있도록 예행연습하는 훈련이 되기도 한다(Rubin, 2012; 안명현 외, 2020 재인용).

인지행동 미술치료에서 내담자는 미술 매체를 선택하고 미술작업을 하는 과정에서 자연스럽게 통제감을 발달시킬 수 있는데, 내담자가 통제감을 획득하기 위해 필요한 기법은 다음과 같다(Rubin, 2012; 안명현 외, 2020 재인용).

① 발견하기, 촉진하기, 강화하기, 심상 바꾸기

미술활동은 내담자의 내면의 심상을 표현하는 것으로 심상이 곧 내담자의 스키마인 인지구조이다. 내담자는 내면의 심상 결과물인 작품을 보면서 작품 속 왜곡된 사고를 찾고 변화할 수 있는 경험을 하게 된다. 작품을 보면서 객관화하여 자신의 반응을 변화시킬 수 있다. 상담자는 이 모든 과정을 적절한 강화와 보상을 통해 도와줄 수 있다.

② 그림 및 작품을 비교하고 대조하기

내담자는 자신의 작품을 보면서 과거와 현재 상황을 비교하고 자동적 사고와 자신의 인지적 오류를 탐색해 보면서 주된 감정과 왜곡된 사고를 찾을 수 있다. 스트레스 상황을 찾고 벗어나기 위해 스스로 해결책을 찾아볼 수 있다. 상담자는 내담자에게 다양한 인지적 오류에 관해서 설명해 주고 내담자의 인지적 오류가 무엇인지 찾을 수 있도록 도와준다.

③ 문제의 상황 표현하기

내담자는 부적응적 사고의 스키마를 갖게 한 문제가 되는 특정 상황과 사건을 떠올려 보고 미술작업으로 거부감 없이 표현해 봄으로써 두려웠던 상황을 안정적으로 마주하고 왜곡된 사고와 감정 및 행동을 변화할 수 있도록 한다. 상담자는 특정 상황과 사건에 대해 내담자가 안정적으로 표현할 수 있도록 용기와 격려를 제공해 준다.

④ 감정과 생각을 시각적으로 창조하기

미술활동은 내면의 감정과 생각을 시각적으로 표현하는 창의적인 작업이다. 내담자는 창의적인 작업을 통해서 내면의 정화를 경험하고 공포와 불안으로부터 이완을 경험하게 되는데 체계적 둔감화의 기법으로 미술작업을 활용할 수 있다. 내담자는 트라우마(trauma)사건으로 갖게 된 공포와 불안이 순차적으로 감소하여 이완을 경험하게 된다. 상담자는 내담자가 충분히 이완할 수 있도록 자연음악을 들려주는 편안하고 안정적인 환경을 제공해 주고 호흡훈련, 근육이완 훈련 등을 함께 사용할 수 있도록 방법을 지도해 줄 수 있다.

⑤ 작품의 문제해결방법을 찾고 실행하기

내담자는 평면화, 입체화, 조소의 다양한 재료를 활용한 미술작업을 하면서 실패한 부분은 수정 및 보완을 통해 지속적으로 창의적인 미술활동을 하게 된다. 창작과정에서 아이디어를 내고 문제를 스스로 해결해 봄으로써 작품의 완성도가 높아진다. 작품의 문제해결 경험은 인지행동치료의 종결단계에서 하는 예행연습과도 일맥상통하는 부분이다. 상담자는 내담자가 포기하지 않고 문제를 스스로 해결하도록 지속적인 격려와 지지를 해야 한다.

(8) 미술치료기법

① 나의 모습 그리기

■ 목표

- 내가 지각하는 현재 나의 모습을 파악하도록 한다.

■ 준비물

- 8절 켄트지, 4B 연필, 지우개, 사인펜, 색연필, 크레파스

■ 방법

- 자신과 관계된 상황과 감정 등을 생각한다.
- 자신의 모습이 연상되는 이미지를 상징적으로 표현하다.

*지시문 : "현재 나의 모습에 영향을 끼친 사람이 있나요? 그와 관련된 사건이 있나요? 사건과 관련된 생각, 감정, 행동은 어떠한가요? 나에게 필요한 것은 무엇인가요?"

- 내담자는 상담자의 질문에 대답하면서 현재 자기 생각, 감정, 행동에 영향을 미치는 사건과 대상에 대해서 알아본다.
- 내담자는 자신에게 필요한 것이 무엇인지 찾아본다.
- 내담자는 자신에게 필요한 것을 자신의 이미지에 표현한다.

■ 적용

- 자신의 현재 모습에 영향을 미치는 사건과 사건으로 인한 자기 생각, 감정, 행동을 인지해 본다. 또한, 자신의 부적응적 사고와 자신에게 필요한 것이 무엇인지 찾아봄으로써 적응적 사고로 변화할 수 있는 데 도움을 주는 기법이다.

② 감정꾸러미

■ 목표

- 현재의 감정을 인식하고 내재한 부정적인 감정을 표출한다.

■ 준비물

- 티슈, 두루마리 휴지, 신문지, 잡지, 색 한지, 모루, 끈, 가위, 꾸미기 재료

■ 방법

- 현재 자신의 내면에 있는 부정적인 감정을 떠올려 본다.
- 부정적인 감정들이 무엇 때문에 생긴 것인지 생각해 본다.
- 떠올린 부정적인 감정을 티슈, 두루마리 휴지, 신문지, 잡지 순으로 종이 찢기 작업을 하면서 표출한다.
- 찢은 종이들을 모두 모아 색 한지에 담아서 감정꾸러미를 만들고 적합한 제목을 정한다.

*지시문 : "부정적인 감정은 어떤 감정이었나요? 이런 감정을 느끼게 한 사건이 있었나요? 그때 떠오른 생각은 무엇이었나요? 어떤 행동을 했나요?"

- 내담자는 감정꾸러미를 보면서 부정적 감정이 표출되었는지 이야기한다.

■ 적용

- 부적응적 사고를 찾는 데 어려움이 있는 내담자에게 부정적 감정을 먼저 찾고 표출하여 해소하게 한 후 편안해진 상태에서 부정적 감정의 원인인 부적응적 사고를 찾는 데 도움을 주는 기법이다.

(9) 미술치료실습

프로그램명 **나의 모습 찾기(자아상)**

목표	나의 생각, 감정, 행동을 찾고 표현함으로써 자신이 어떤 사람인지 인식하게 한다.
준비물	신체전신 이미지 워크시트지, 얼굴표정 감정카드, 8절 켄트지, 4B 연필, 지우개, 색연필, 사인펜
방법	① 감정 찾기 : 신체전신 이미지 워크시트지에 내담자가 평소 주로 많이 느끼는 감정을 얼굴표정 감정카드를 보면서 찾은 후 얼굴에는 표정을 그리고 가슴에는 감정을 상징하는 그림을 그린 뒤 감정 단어를 작성한다. ▸상담자는 내담자에게 얼굴표정 감정카드에 없는 감정을 표현해도 된다는 것을 알려준다. ② 생각 찾기 : 신체전신 이미지 워크시트지에 표현한 감정을 보면서 감정과 연결된 생각을 문장으로 찾아 신체전신 이미지의 머리 부분에 적는다. ▸상담자는 감정과 연결된 생각 찾기를 어려워하는 내담자가 생각을 잘 찾을 수 있도록 소크라테스 질문을 통해 도움을 준다. ③ 행동 찾기 : 신체전신 이미지에 표현한 내담자의 감정, 생각과 연결된 행동을 찾아 신체 부위에 상징적으로 표현하고 옆에 행동을 글로 적는다. ④ 작품에 제목을 적는다. ⑤ 제목을 적은 후 내담자는 작품 소개와 작품 활동을 하면서 느낀 점을 발표한다.
적용	① 상담자는 나의 모습 찾기(자아상)작업을 통해서 내담자가 자신이 어떤 사람인지 인식하도록 진행해야 한다. ② 상담자는 내담자가 최근 힘들었던 사건에 대해 떠올리게 한 뒤 내담자의 감정, 생각, 행동을 찾게 하여 사건에 대한 내담자의 부적응적 사고 또는 적응적 사고를 찾을 수 있도록 할 수 있다. ③ 신체전신 이미지에 내담자의 행동을 다양한 자세로 표현하게 할 수 있다. ④ 현재의 내 모습과 변화된 내 모습 두 가지 작업을 동시에 진행하여 인지적 재구조화 작업으로 사용할 수 있다. ⑤ 인지행동치료 심리교육을 위한 방법으로 응용하여 사용할 수 있다. ⑥ 유아, 아동, 청소년, 성인, 노인, 가족을 대상으로 진행할 수 있다. ⑦ 개인 및 집단 치료에 모두 사용할 수 있다.

작품사진	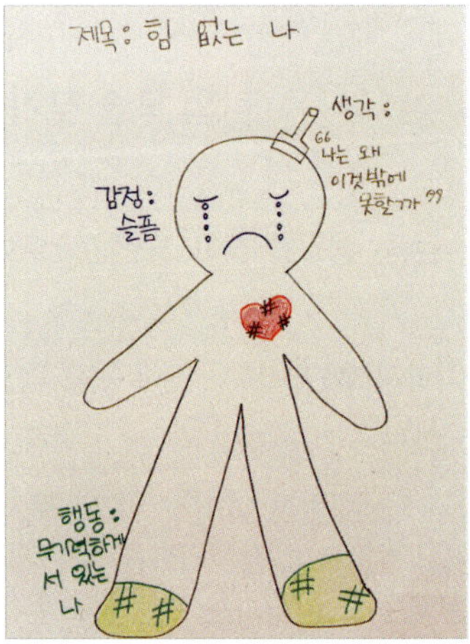 [그림 4-13] 나의 모습 찾기(자아상)

3) 피아제의 인지발달이론

(1) 기본철학

장 피아제
(J. Piaget, 1896~1980)

상담 현장에서 발달적 접근은 프로이트(Freud)의 심리성적 발달이론, 에릭슨(Erikson)의 심리사회적 발달이론, 피아제(Piage)의 인지발달이론 등이 기초가 된다. 이 장에서는 피아제의 인지발달이론에 대해서 살펴보려 한다. 스위스의 심리학자인 피아제는 유아기부터 성인기까지의 과정을 인지발달이론으로 설명하였다. 피아제는 유아와 아동에 관한 관심으로 이들이 세상을 어떤 시각으로 바라보고 이해하는지에 대해 연구하였다. 연구를 통해 피아제는 유아와 아동이 성인들과는 다른 방식으로 사고를 한다는 것을 설명하였다. 피아제는 인지적 사고의 성장과정을 유아기부터 성인기까지 체계화하였다. 피아제는 인간의 인지적 사고의 성장과정에 대해서 총 4단계로 나누었으며 구체적인 존재에서 벗어나 추상적인 개념으로 발달과정을 보인다고 제시하였다.

(2) 주요개념

피아제의 주요개념은 인지기능으로서 적응기능과 조직화기능이 있다. 인지기능은 개체가 환경에 적응하려는 기본적인 경향성을 의미하며, 적응기능은 순응기능으로 아동이 환경과 상호작용 하는 것으로 생득적 경향성이 있다. 조직화기능은 분리된 구조나 체계를 고차원 체계와 구조로 통합시키는 선천적 경향성, 표상된 내적 구조를 가지고자 한다. 적응기능은 세부적으로 동화, 조절, 평형으로 나누어진다. 먼저, 동화는 새로운 대상이나 현존하는 도식 때문에 이해하는 것이며 인지구조의 변화가 아닌 도식의 양적 성장을 말하며, 조절은 현존하는 도식을 수정하는 것으로 환경적 영향의 결과로 개인의 유기체 조직이 수정되어가는 과정이다. 평형은 동화와 조절 중 어느 한쪽에 치우치지 않게 균형을 유지하는 것이다.

피아제의 인지발달이론 4단계는 감각운동기(0~2세), 전조작기(2~7세), 구체적 조작기(7~11세), 형식적 조작기(11~12세 이후)로 구분되며 단계별 주요 내용은 다음과 같다(장휘숙, 2000; 조영숙 외, 2012).

① 감각운동기(0~2세)

감각운동기는 출생 후부터 생후 2년까지로 영아기와 비슷한 시기이다. 감각경험과 운동을 조합하여 세상에 대한 지식을 형성하는 단계이다. 영아는 이 시기 동안 인지, 정서, 운동의 성장이 일어나며, 지각과 운동을 조직화하고 통합하는 능력이 개발되며 이 시기를 감각운동기라고 한다. 감각운동기의 특징은 크게 두 가지로 볼 수 있다. 첫 번째는 영아의 반응이 모두 감각적이고 운동적이다. 영아는 손과 입을 사용하여 주변의 환경과 세계를 인식하게 되는데 이러한 활동은 자극에 대한 반응으로 자극은 감각이고 반응은 운동이다. 이 특징은 외부 환경에 대한 모든 영아의 반응은 감각적이고 운동적이라는 것이다. 두 번째는 대상 영속성(object permancnce)의 개념이다. 대상 영속성은 물체와 사건이 보이거나 들리거나 만져지지 않아도 존재한다는 사실을 아는 것을 의미한다. 영아는 자극을 받으면 즉각 반응하나, 계획을 세우거나 의도적으로 행동하지는 않는다. 또한, 물체에 대해 내적인 표상능력이 없으며 물체를 상징하는 그림과 단어를 갖고 있지 않다. 신생아에서 2세가 될수록 영아는 다양한 도식을 하게 되며 자신과 타인을 구분할 수 있는 능력을 갖추게 된다. 이러한 구분은 일차적으로 주양육자와의 관계에서 안정되고 친밀한 애착관계를 기초로 발생한다. 0세인 신생아는 대상 영속성의 개념이 없어 자신과 타인을 구별할 수 없다. 하지만 2세에 가까울수록 대상 영속성이 형성되는데, 예를 들어 주양육자의 인형놀이 중 영아에게 보여 주었던 곰 인형을 눈앞에서 이불속에 감추었을 때 영아가 이불 속에 있는 곰 인형을 찾으면 대상 영속성 개념이 생겼다고 볼 수 있다.

위와 같이 감각운동기 영아의 특징은 자극에 대한 반응이 감각적이고 운동적이라는 것과 대상 영속성의 개념이 획득되는 시기라고 볼 수 있다.

② **전조작기**(2~7세)

전조작기는 2세부터 7세까지로 감각과 운동 반응의 분화 및 변형이 일어나는 시기이다. 조작이라는 의미는 어떤 행동을 하기 전에 정신적으로 그 행동을 그려보는 내면화된 행동을 말하는데 전조작기는 이런 조작의 사고를 하지 못한다는 의미이다. 정신적 표상에 의한 사고는 가능하나 아직 개념적 조작능력이 충분히 발달하지 않은 단계이며, 상징과 표상이 발달하면서 안정적인 개념이 나타나고 내적 추론이 가능해진다. 상징적 기능은 직접 눈에 보이지 않는 사물을 정신적으로 표상할 수 있는 능력을 갖추게 되는데 상징적으로 사고할 수 있는 능력을 의미한다. 이러한 기능은 아동의 다양한 정신적 기능을 향상하는데 그림의 표현에서도 상징의 기능으로 나타날 수 있다. 아동은 자신의 난화그림에 대해 아빠, 엄마, 자동차 등으로 표상하며 이 시기에 언어와 가장놀이에서도 표현될 수 있다. 전조작기의 대표적인 기능은 자기중심성, 물환론적사고, 중심화사고이다. 첫 번째, 자기중심성은 아동이 자신의 조망과 타인의 조망을 구별하지 못하는 것이다. 예를 들어 아이들이 떼쓰기를 하거나 욕심부리기를 하는 것도 자기중심적인 모습으로 전조작기의 특징이라고 볼 수 있다. 만약 전조작기의 유아가 배려심와 이해심이 많다면 어른아이와 같은 행동을 하고 있으므로 전조작기의 자기중심적인 발달과업을 못하게 되므로 상담을 진행하거나 보호자 상담을 통해 내담자의 욕구를 수용하고 표현할 수 있도록 해야 한다. 두 번째, 물환론적 사고는 움직이고 이동 할 수 있는 대상은 모두 살아 있다고 생각하는 것이다. 예를 들어 놀이장면에서 자신이 좋아하는 인형이나 자동차에 이름을 붙이며 살아있는 생명체로 표현하는 모습을 보면 알 수 있다. 세 번째, 중심화사고는 7세 미만의 아동들에게 두 개 이상의 특징을 기준으로 여러 물체를 보여 주면 특징들을 일관되게 사용하여 범주화하지 못하고 한 특성에만 관심을 두는 중심화의 사고를 보이는데 이는 보존 개념이 미흡하다는 것에서 나타난다. 예들 들어 같은 물의 양을 모양이 다른 컵에 부으면 같은 양으로 인지하지 못한다. 이는 면적, 부피, 길이, 질량 등에서도 마찬가지이다. 이 시기에 아이들은 어른들에게 많은 질문을 한다. 예를 들어 '왜' 라는 원인에 대한 지속적인 질문을 수도 없이 많이 한다. 어른들은 아이들의 끊임없는 질문에 지치기도 하며 인내심이 없는 어른들은 "그만해"라고 소리를 지르며 아이들의 질문을 멈추게 하기도 한다. 아이들의 질문은 호기심을 반영하며 인지적 발달에 도움이 된다.

③ 구체적 조작기(7~11세)

구체적 조작기는 구체적 사물을 조작함으로써 문제를 해결하는 단계로 인지능력에서 큰 변화가 일어나 조작 기능을 할 수 있게 되어 조작적 사고능력이 가능해지는 학령기의 시작 단계이다. 구체적 조작기의 가장 중요한 특징은 사물에 대해 분류하고 사물 간의 관계를 인지하는 기능이다. 이것은 사물 간의 차이점과 공통점을 구분할 수 있으며 관계성을 파악할 수 있다는 것으로 사물의 무게, 밝기, 길이, 크기 등의 다양한 특성을 서열화할 수 있는 유목화 기능을 갖게 된다. 또한, 아동의 추리력은 논리적으로 되어가는데 예를 들어 학령기 아동은 같은 양의 물을 서로 다른 모양의 컵에 옮겨 담아도 양이 변하지 않는다는 것을 이해하게 된다. 하지만 이 단계에서는 사물을 논리적이고 추상적으로 다루는 능력이 부족하며, 가설적이고 구체적인 문제를 다루는 데에도 아직은 미흡하다. 이는 지능이 성인보다 떨어져서 추상적이지 못하기 때문이다.

④ 형식적 조작기(11~12세 이후)

형식적 조작기는 현실적 세계를 넘어 추상적으로 사고를 하는 단계로써 청소년기의 시작으로 주변의 대상을 참고하지 않아도 능력이 있어서 스스로 상징을 사용하여 추론하는 단계이다. 다양한 문제에서 돌출할 수 있는 해납을 찾는 데 있어서 한 가지뿐만 아니라 가능한 여러 가지의 답을 찾을 수 있다. 이와 같은 모습은 사고력의 성장을 의미하며 사회적, 인지적, 세계관 등 모든 면에서 사고의 확장을 보이는 시기이기 때문이다. 청소년은 자신과 타인, 세계를 이해하고 해석하는 과정에 심사숙고해지며 논리적, 이상적, 추상적인 사고를 하게 된다. 청소년은 아동보다 더욱더 논리적이고 이상적인 사고를 하게 되는데 이런 사고는 문제가 생겼을 때 해결하기 위해 계획을 세우고 다양한 방법을 찾아 해결하려는 과학적인 사고의 시작이라고 볼 수 있는데, 이와 같은 문제해결을 가설 연역적 추론이라고 한다. 청소년은 하나의 문제에 직면했을 때 다양한 해결책을 찾고 논리적으로 분석해 봄으로써 가장 바람직한 해결책을 제시하는 조합적 사고를 갖는데 이 또한 이시기의 특징이다(조영숙 외, 2012).

(3) 상담목표

피아제의 인지발달이론의 상담목표는 감각운동기, 전조작기, 구체적 조작기, 형식적 조작기의 각 발달단계에서 발달지연이 있는 경우 각 발달단계의 과업을 성취하도록 도움을 주는 것이다. 인지기능의 구성인 적응기능과 조직화기능을 습득하고 활성화하는 것으로 아동이 환경에 적응하기 위한 동화, 조절, 평형 하는 능력을 향상하는 것이다.

(4) 치료기법

피아제의 인지발달이론의 치료기법은 단계별로 차이가 있다. 먼저 전조작기의 치료기법은 유아의 오감을 활용한 놀이법이나 상징놀이를 통해 자신을 표현할 수 있도록 하는 것이다. 오감을 활용하는 놀이법은 밀가루, 모래, 소금, 생크림, 찰흙 등의 음식과 자연물을 활용하여 오감을 자극하여 감각기능을 활성화하는 기법을 사용하는 것이다. 구체적 조작기는 역할연기, 독서치료, 놀이치료, 미술치료 등 다양한 체험을 하도록 하는 것이며, 학교에서의 수행과 가정에서의 특수상황에 따른 부적응적 감정을 다루는 것이다. 역할연기에서는 부모님, 형제, 선생님, 친구 등 아동의 주변인들에 대해 역할을 해봄으로써 일상생활에서 경험하는 억압된 부정적 감정들을 표현하고 해소하는 경험을 갖게 한다. 형식적 조작기에서는 청소년기이므로 청소년기의 불안정하고 정서적으로 취약한 부분에 대해 이해하고 민감하게 반응하는 것이다. 문제에 대해 해결할 수 있는 다양한 방법을 찾아보고 논리적이고 이성적인 방법으로 바람직한 해결책을 찾을 수 있도록 한다.

(5) 공헌도 및 한계점

피아제의 인지발달은 아동의 정신이 다양한 지식의 구조로 형성되어 있다는 것을 확인시켜주었다. 피아제는 물체에 대한 아동의 인지 과정을 과학적으로 접근하였으며, 이외에도 아동의 타인과 사회에 대한 세계적 관점도 연구하였는데 이는 아동의 주변세계에 대한 추론과정을 탐색한 것이다. 피아제는 아동의 단계별로 자신, 타인, 서로 간의 관계, 세계에 관한 개념 연구를 하였으며 아동의 학습과 환경과의 관계를 연구하는 교육철학과 다양한 프로그램의 발달에 도움을 주었다.

피아제의 위와 같은 공헌에도 불구하고 피아제의 인지발달은 한계점이 있었는데 여러 연구자는 피아제의 이론이 영아와 학령기 전 유아들의 능력을 너무 과소평가했다고 하였다. 유아들에게 일상의 경험과 관련된 과제를 부여했을 때 과제를 이해하고 해결하는 유아들의 이해력은 연령이 더 높은 아동이나 성인의 이해력에 가깝다는 것을 확인하게 되었으며, 이러한 연구결과로 많은 연구자는 유아들에게 제시된 과제의 친밀도와 실제 예시로 사용된 지식의 복합적인 부분에 의해 사고의 성숙이 나타난다고 보았다. 그뿐만 아니라 다른 연구에서는 유아가 지속적인 연습을 통해 피아제의 과제 수행이 더 나아질 수 있다는 것을 보여 주었다. 이와 같은 연구결과는 피아제의 이론에서 발달을 촉진하는 것은 발견 학습이 최선이라는 것에 이의를 제기하는 것이었다(Laura, 2006; 이종숙 외, 2008 재인용). 또한, 피아제의 단계별로 나누어진 인지에 대한 설명은 같은 연령의 아동들 사이에 서로 다른 문화적, 사회적 경험의 차이로 생성된 사고의 차이를 고려하지 않았다는 것이다.

(6) 인지발달 미술치료

발달적 미술치료는 발달에 어려움이 있거나 지체되어 미술의 상징적 표현이 어려운 내담자에게 적용되는 이론이다. 미술치료에서의 발달적 접근은 유아, 장애아동, 장애청소년, 인지적 퇴행이 있는 성인과 노인에게 활용되고 있다. 미술에서 상징적 표현과 연관성이 있는 것은 인지와 언어인데 특히, 인지는 주변세계의 자극을 조절하는 역할을 한다. 그뿐만 아니라 인지는 미술의 창의성 영역과 연관되어 있어서 자기 생각을 미술활동으로 표현하고 수용한다. 그러므로 인지나 창조성을 표현하고 개발하기 위해서는 미술의 역할이 매우 크다. 특히, 인지기능의 표현인 언어를 통해서 표현되지 못하는 다양한 사고들을 비언어적인 표현인 미술을 통해서 유목화를 하고 공간개념 및 여러 가지의 개념화를 할 수 있다. 그뿐만 아니라 뇌병변장애, 학습 장애, 지적장애인들을 위한 시각·지각 발달과 협응력을 향상시키고 소근육을 발달시키는 데 도움을 준다. 발달적 접근의 미술치료는 표현의 발달이 초기 수준 정도의 내담자에게 적절하다. 피아제의 인지발달이론에서의 기준으로는 감각운동기(0~2세)와 전조작기(2~7세)의 정상아동에게 해당한다. 정서적, 신체적, 인지적 영역에 심각한 손상이 있는 경우의 내담자를 미술치료할 때는 감각운동기와 전조작기의 단계에 초점을 맞추어 미술치료를 계획할 필요가 있다. 감각운동기에는 비정형 매체(면도크림, 밀가루, 옥수수가루, 국수, 소금 등)를 활용하여 몸의 감각을 접촉하고 자신과 타인을 구분하며 좋은 감각을 경험하게 하고 점토 작업으로 애착 형성과 분리 경험을 갖게 한다. 물감을 활용하여 물과 섞고 여러 가지 색과 섞는 작업과 묻히는 작업을 통해 인과관계를 경험하게 한다. 전조작기에는 감각운동기와 마찬가지로 비정형 매체가 중요한 요소로 사용되는데 놀이처럼 매체를 사용하다가 상징 표현을 위해 사용한다. 주로 유아에게 스스로 매체와 미술활동 방법을 선택하게 함으로써 자율성을 촉진한다. 또한, 다양한 감정을 이해하도록 감정표현을 통해 감정 다루기를 진행하며 감각분화와 표현의 촉진을 위해 마르고 젖은 경험, 꽉 차고 빈 경험의 상반된 체험을 하게 한다. 발달적 미술치료에 대한 외국의 사례를 살펴보면, 윌리엄스와 우드(Williams & Wood, 1977)는 정서적 문제가 있으나 인지와 운동기능은 정상인 아동을 대상으로 치료하였고(정현희, 2018), 필드먼과 밀러(Feldman & Miler, 1987)는 발달장애, 청각장애, 시각장애 아동들을 위해 미술치료를 진행하였다. 로웬펠드(Lowenfeld, 1952)는 발달적으로 늦은 아동들의 발달을 위해 미술치료를 하였고, 장애아에게 미술은 자신의 표현과 자신의 이해 뿐만 아니라 치료를 위한 효과적인 도구라고 하였다. 현장에 있는 미술치료사들은 발달적 미술치료를 특수학교, 발달센터, 특수아동 조기 치료실 등에서 사용하고 있으며 뇌 손상이 있는 성인이나 뇌졸중, 치매 노인을 위한 재활에도 효과적으로 사용하고 있다.

(7) 미술치료기법

① 탐색 활동

■ 목표

- 감각을 자극해 감각운동기의 인지발달 향상에 도움을 준다.

■ 준비물

- 비정형 매체(소금, 모래, 전분, 밀가루, 면도크림, 국수, 스파게티 등), 물, 조각칼, 휴지, 물티슈, 아세테이트지, 스카치 테이프

■ 방법

- 상담자는 책상 위나 상담실 바닥에 아세테이트지를 깔고 움직이지 않도록 스카치테이프로 고정한다.
- 내담자는 면도크림, 밀가루, 전분, 모래, 소금, 국수, 스파게티 등을 사용하여 손, 발가락, 얼굴 등의 단계로 피부에 접촉하고 감각기능을 자극하여 탐색하고 운동할 수 있게 한다.
- 비정형 매체의 순서는 가볍고 부드러운 것부터 무겁고 딱딱한 매체까지 다양하게 사용한다.

*지시문 : "손에 묻혀 볼까요? 발가락에도 묻혀 볼까요? 얼굴에도 묻혀 볼까요? 뿌려도 볼까요? 오늘 재료는 먹는 것이 아니므로 입에는 넣지 않기로 해요."

■ 적용

- 난화기법을 이용하여 크레파스 놀이, 사인펜 놀이, 파스텔 놀이, 물감 놀이(손, 발 찍기와 스펀지 판화), 소금에 파스텔 가루를 묻혀 색 모래 만들기, 점토 놀이(다양한 모양 찍기) 등을 활용할 수 있는 기법이다.

② 연상 활동

■ **목표**

- 상징화 능력을 발달시켜 전조작기의 인지발달 향상에 도움을 준다.

■ **준비물**

- 아이클레이, 클레이점토, 조각칼, 휴지, 물티슈, 8절 켄트지, 4B 연필, 지우개, 크레파스, 색연필

■ **방법**

- 내담자가 좋아하는 색의 점토를 선택하여 손으로 밀기, 굴리기, 뜯기 등 다양한 방법으로 탐색해 본다.
- 상담자는 내담자가 좋아하는 사물이 그려진 사진을 내담자에게 보여준다.

*지시문 : "사진을 보고 떠오르는 것이 무엇인지 생각해 보세요. 떠오르는 것을 지금 손에 있는 점토나 다른 색의 점토를 사용하여 만들어 보세요. 만든 것이 무엇인지 소개해 주세요. 사진과 만든 것과 어떤 관계가 있는지 설명해 주세요."

- 내담자는 사진을 보고 떠오르는 것을 점토로 만든 후 제목을 붙인다.
- 내담자는 사진과 자신이 만든 작품이 어떤 관계가 있는지 이야기한다.

■ **적용**

- 상담자가 내담자에게 사물을 보여 주고 상담자가 점토로 사물을 만들면 내담자가 보고 만드는 미술작업을 한다. 보고 그리기가 가능한 내담자는 자신이 만든 작품을 보고 그리기도 연습해 본다. 이런 작업을 개념 분류화로 연결하여 과일, 타는 것 등을 주제로 진행한다. 데칼코마니 물감 놀이, 연상 활동(사진을 보고 연상하여 그리기), 구성 놀이(과일, 채소, 동물, 사람 구성하기) 등을 활용할 수 있는 기법이다.

(8) 미술치료실습

프로그램명	보고 만들기(과일 : 사과)
목표	전조작기 인지발달에 도움이 되며, 과일 개념에 대한 인지 습득 및 소근육을 활성화한다.
준비물	아이클레이, 클레이점토, 8절 켄트지, 4B 연필, 지우개, 조각칼
방법	① 1단계 : 내담자에게 과일 중 가장 그리기 쉬운 '사과' 그림이 그려진 카드를 보여 주고 '사과'라고 알려준다. ▸카드 대신 실물 사과를 상담자가 내담자에게 보여 주고 직접 만져보고 냄새 맡아보게 하고 작업하면 더 효과적이다. ② 2단계 : 상담자와 내담자가 함께 점토를 만지고 두드리고 굴리고 자르고 등의 작업을 한다. ③ 3단계 : 상담자가 점토(아이클레이 또는 클레이점토)로 처음에는 원을 만들고 원으로 다시 사과를 만들어 내담자에게 보여준다. ④ 4단계 : 내담자도 상담자처럼 점토로 원을 만든 후 상담자가 만든 사과를 보면서 원을 사과모양으로 만든다. ⑤ 5단계 : 내담자는 자신이 점토로 만든 사과를 보면서 종이 위에 사과를 그린다. ▸글자 인지를 하기 위해서 사과 그린 그림 옆에 '사과'라고 적고 읽어 본다. ▸다양한 과일(바나나, 포도 등)을 1~5단계까지 순서대로 진행하면서 과일에 대한 개념을 인지한다
적용	① 상담자는 과일 이외에 타는 것, 물속에 사는 것 등을 1~5단계로 진행하여 내담자가 다양한 사물에 대해 인지할 수 있게 한다. ② 1~5단계 작업 후 매주 상담 앞 시간에 전 회기에 작업했던 사물에 대해서 듣고 그리기를 복습한다. ▸듣고 그리기 뿐만 아니라 쓰기도 가능하면 그린 후 사물에 대한 이름을 작성하도록 진행할 수 있다. ③ 발달장애, 지체장애, 노인성 질환 노인 등의 인지적 문제와 소근육 활성화에 도움이 필요한 내담자에게 적용할 수 있다.

작품사진	 [그림 4-14] 보고 만들기(과일 : 사과)	 [그림 4-15] 보고 그리기(과일 : 사과)

3 인본주의이론

1) 로저스의 인간중심이론

칼 랜섬 로저스
(C. R. Rogers, 1902~1987)

로저스(Rogers)는 심리 상담에서의 인본주의 운동을 최초로 창안하고 발전시켰으며, 심리학과 관련된 모든 영역에 영향력을 끼침으로써 세계적 명성을 얻었다. 그는 "나는 내가 언제 죽을 것인지는 알지 못하지만 나의 85년간의 인생은 충만하고 흥미로웠다."라고 말했다. 그의 인간에 대한 믿음은 그의 이론의 발달과 그가 사람들과 관계를 맺는 방식에 지대한 영향을 미쳤다. 로저스는 인간에 대한 긍정적 관점으로 인간의 잠재력에 대한 깊은 믿음과 신뢰를 가지고 있었으며 자신이 어떤 사람인지 알았고, 자신의 신념에 믿음을 가졌으며, 진실하게 삶을 살았다.

로저스는 1902년 1월 8일 미국 중서부의 청교도 가정에서 태어났다. 그의 가족 분위기는 친밀하고 따뜻한 관계였지만 엄격한 종교적 규범이 있는 집안으로 놀이는 억제 당했으며 청교도 윤리는 칭찬받았다. 소년시절은 사회적 관심보다 학문에 관심을 쏟는 외로운 시절이었다. 대학시절, 그의 관심과 전공은 농학에서 역사학으로 그리고 종교학으로 마지막으로 임상 심리학으로 바뀌었다. 1928년부터 10년간 뉴욕 로체스터에 있는 '아동 범죄를 예방하는 모임의 아동 연구부'에서 심리학자로 있으면서 자신의 사상을 형성하기 시작하였다. 1939년에서 1963년까지는 위스콘신대, 시카고대, 오하이오 주립대학 등에서 교수와 상담소장 등을 역임하면서 풍부한 연구를 하였다. 인간중심치료는 정신분석의 지시적 접근에 반하여 비지시적 접근으로 내담자중심치료로 불렸다가 인간중심치료로 바뀌었다. 그는 상담을 받으러오는 내담자와 상담자 간의 관계를 인간 대 인간으로의 대등한 관계를 강조하였다.

(1) 기본철학

대부분의 로저스의 저술들에서 나타나는 일관성 있는 주제는 존경과 신뢰의 분위기만 갖추어지면 긍정적이고 건설적인 방향으로 발달하려는 인간의 경향성에 대한 강한 믿음이다.

즉, 인간은 본질적으로 비합리적이고 비사회적이며 자신과 타인들을 파괴하는 존재로 보는 전통적인 심리상담 분야에서의 인간에 대한 기존의 개념에 반대하여 인간을 근본적으로 합리적이며 사회적이고, 발전적이며 현실적인 존재로 본다. 이것은 상담 상의 경험에서 발전한 관점이다. 물론 질투나 적개심 같은 반사회적 정서는 실재하며 상담에서도 나타난다. 그러나 이것들은 통제되어야 하는 자발적 충동이 아니라, 오히려 보다 기본적인 애정욕구, 소속의 욕구, 안정감 등이 좌절되어 나타난 반응들이다. 인간은 기본적으로 협조적이고, 건설적이며, 진실하다. 그리고 그가 방어를 하지 않을 때 반응은 긍정적, 발전적, 건설적으로 변한다.

개인으로서의 인간은 심리적 부적응 요인들을 자각하는 능력과 부적응의 상태에서 벗어나서 심리적 적응의 상태로 향하는 능력과 경향성을 가지고 있다. 이런 경향과 능력은 상담관계에서 길러진다. 인간본성에 관한 이러한 긍정적 관점은 상담에서 중요한 함의를 가진다. 심리상담은 이미 개인에게 존재하는 능력을 해방시켜주는 것이며, 개인에게 성장할 수 있는 합리적 조건들이 제공되면 씨앗이 성장하여 가능성을 발휘하는 것처럼 타고난 잠재능력을 건설적으로 발달시킬 것이다. 이러한 이유에서 인간 중심 상담의 상담자는 상담의 진행에 대한 책임을 내담자에게 맡긴다. 상담자는 상담과정에서 최선의 해결책을 다 알고 있는 권위적인 존재로 임하지 않으며, 따라서 내담자 역시 상담자의 지시에 따르는 수동적인 존재라는 생각을 갖지 않는다.

(2) 주요개념

① 주관적 경험(subjective experience)

특정 순간에 개인이 지각하고 경험하는 모든 것을 의미한다. 로저스는 동일한 현상이라도 개인에 따라 다르게 지각하고 경험하기 때문에 이 세상에는 개인적 현실만이 존재한다고 보았다. 특히 플이이트가 과거의 경험이 인간의 행동을 결정하는 요인이라고 본 점에 대항하여 로저스는 현재 행동을 결정하는 것은 과거 그 자체가 아니라 과거에 대한 각 개인의 현재의 해석이라고 하였으며, 여기에는 개인이 의식적으로 지각한 것과 지각하지 못하는 것까지도 포함한다. 따라서 같은 사건을 경험한 두 사람도 각기 다르게 행동할 수 있으며 이러한 속성 때문에 모든 개인은 서로 다른 독특한 특성을 보이는 것이다.

② 자아개념(self-concept)

현재 자신이 어떤 존재인가에 대한 개인의 개념으로 자기 자신에 대한 자아상(self image)이다. 자아 개념은 현재 자신의 모습에 대한 인식 즉 현실자아(real self)와 앞으로 자신이 어떤 존재가 되어야 하며 어떤 존재가 되기를 원하는지에 대한 인식, 즉 이상적 자아(ideal image)로 구성되어 있다.

로저스는 자신이 경험하는 타인의 평가가 이러한 자아구조와 불일치 할 때 개인은 불안을 경험한다고 보았다. 예를 들어 다른 사람으로부터 존경받고 성공한 인물로 간주되는 사람들 중에서 자기 자신을 보잘것없는 실패자라고 지각하는 경우가 많다. 이와 같이 로저스는 자아구조와 주관적 경험사이의 일치가 매우 중요하며, 이 양자가 일치될 경우에는 적응적이고 안정적이고 건강한 성격을 갖게 되는 반면 이들 간에 불일치가 심할 경우에는 불안과 부적응적이고 불건강한 성격 나아가 병적인 성격을 갖게 된다고 보았다.

[그림 4-16] 건강한 자아와 불건강한 자아

③ **자아실현경향**(self-actualization)

로저스는 모든 인간은 자신을 유지하려는 경향과 성장 잠재력을 선천적으로 지니고 태어난다고 보고 있다. 인간은 음식물을 섭취하여 필요한 자양분을 공급받고, 위험에 직면하면 방어적으로 행동함으로써 자기 유지의 목적을 성취하려는 성향을 지니고 있다. 그리고 성숙을 지향하고 상향이동하려는 경향을 가지고 있다. 이러한 상향이동의 경향 속에는 자아 실현의 경향이 포함되는데, 인간은 자아분화와 기능의 분화를 통하여 이런 경향을 실현하려고 한다. 즉, 인간은 외적인 힘에 의해 통제를 받고 의존하기보다는 독립성, 자기 책임성, 자기 규제, 자율성, 자아통제의 수준이 높은 수준으로 나아가려는 속성을 지니고 있다.

모든 인간은 성장과 자아증진을 위하여 끊임없이 노력하며, 그 노력의 와중에서 직면하게 되는 고통이나 성장방해요인에 직면하여 극복할 수 있는 성장 지향적 유기체라고 보고 있다. 특히 이러한 자아실현 동기는 성장과 퇴행 중에 어느 하나를 선택해야 하는 상황에 처하게 되면 더욱더 강하게 작용한다. 그러나 현실지각이 왜곡되어 있거나 자아분화의 수준이 낮은 개인의 경우에는 퇴행적 동기가 더 강하게 작용하여 유아적 수준의 행동을 나타내는 경우도 있다. 그러나 로저스는 모든 인간이 퇴행적 동기를 지니고 있긴 하지만 그보다는 성장 지향적 동기, 즉 자아실현욕구가 기본적인 행동동기라고 보았다. 그리고 자아실현의 과정은 자신을 창조하는 과정이기 때문에 이러한 과정을 통하여 모든 인간은 삶의 의미를 찾고 주관적인 자유를 실천해감으로써 점진적으로 완성되어간다고 보았다.

(3) 성격발달

① 유아의 특징

신체적 감각과 외적 자극에 의한 것 등 모든 경험을 하나로 지각한다. 즉, 유아는 다른 대상과 분리된 존재인 'I'로서의 자신을 지각하지 못하며 'me'와 'not me'를 구분하지 못한다. 이와 같이 인생의 초기 단계에서는 자아라는 것이 존재하지 않으며, 단지 포괄적이고 분화되지 않은 주관적 경험만이 존재한다.

② 자아개념의 발달

모든 인간은 자아실현과정의 일부인 분화를 지향하려는 경향이 있기 때문에 어린 아이는 점차 자기 자신을 제외한 나머지 세계와 자신을 구분하기 시작한다. 어떤 것은 자신의 것으로 인식되고 또 다른 어떤 것은 자신이 아닌 것으로 인식하는 과정에서 자아가 발달한다.

③ 긍정적 관심을 받으려는 욕구

자아에 대한 의식이 생기면 모든 사람은 타인으로 부터 온화함, 존경, 숭배, 수용 그리고 사랑을 받고 싶어 하는 기본적 욕구가 생기는데, 특히 어머니로부터 사랑받고 보호받고 싶어 하는 욕구가 강하다.

④ 자기 존중에의 욕구 발달

긍정적 관심에 대한 욕구가 만족되거나 좌절되는 경험으로부터 인간은 자기 존중감을 발달시키게 되며 이는 타인으로부터 받은 긍정적 존중에 대한 경험에 근거한 학습된 자기감이다.

⑤ 조건부 가치의 발달

부모의 애정을 받으려는 아동의 욕구는 때로는 부모의 가치와 상반되는 경우가 있다. 다시 말하면, 아동의 욕구가 부모에게 수용되지 못하고 거절되었을 때 아동은 긍정적인 존중을 받지 못한다고 생각하고 부정적 자기 존중감을 갖게 된다. 자기 경험이 긍정적인 존중을 받을 수 없는 경험일 때는 부정적인 자기존중을 경험한다. 반면에 아동은 자기 경험이 긍정적인 존중을 받았던 경험들과 일치할 때 긍정적인 자기 존중을 경험한다. 아동은 절대적인 자기존중을 해야 하지만 자신의 욕구가 수용되거나 수용되지 못하는 조건에 의존하게 된다. 즉, 자신에 대한 존중감이 조건에 따라 달라지는 자기 가치는 중요한 타인들과 상호작용하는 동안 학습한 조건부 가치에 의존하게 된다.

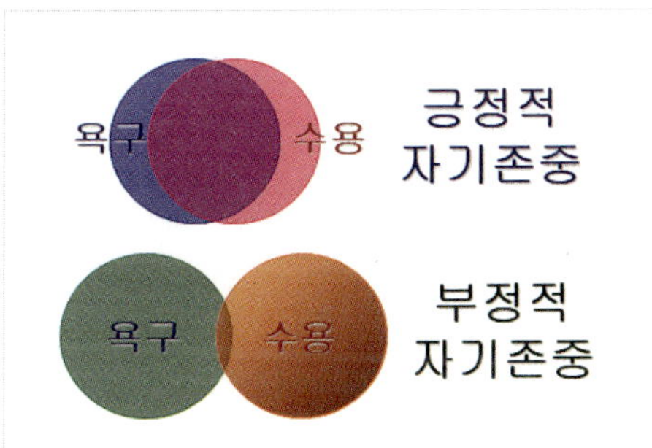

[그림 4-17] 조건부가치

⑥ 갈등발생

자기 존중 체계 내에서 조건부 가치가 발달하는 한편, 실현화 경향성은 개인에게 기본적인 동기로 남아있다. 따라서, 자신의 욕구와 조건부 가치를 포함하는 자기 존중의 욕구간의 갈등이 발생한다. 그 결과 개인은 유기체적 감각에 따라 행동하든지, 혹은 그가 학습한 조건부 가치에 따라서 행동하든지 둘 간의 선택을 해야 한다. 이때 개인은 긍정적인 자기 존중을 유지하고, 자기 가치감과 자기 실현감을 유지하기 위해서 조건부 가치들과 일치하는 행동을 선택한다. 이러한 선택의 시점에서 자신의 유기체적 욕구가 "나쁜"것이고, "좋은"사람이 되는 것과는 반대되는 것이며, 그럼으로써 자기실현과도 반대되는 것이라고 믿게 될 수도 있다.

⑦ 위협과 경험 안에서의 방어과정

자아구조와 모순되는 경험은 위협으로 지각되고, 이 경험이 자각할 수 있을 만큼 정확하게 상징화된다면, 모순을 자각하여 불안상태가 존재하게 된다. 불안해지면 자신을 보호하기 위해 또는 자신의 욕구가 수용될 수 있도록 방어기제를 사용하게 된다. 자신의 조건부 가치들과 상반되는 경험들을 정확히 지각하는 것에 대한 방어적 욕구 때문에 개인은 그러한 영역에서 지각의 경직성이 발달한다. 방어는 편협 되게 지각하는 것이고, 현실을 착각하고 의도적으로 지각하는 결과를 낳는다.

⑧ 재조정의 과정

한 개인이 진실해질수록 조건부 가치가 감소되고, 무조건적 자기 존중이 증가된다는 것은 틀림없다. 중요한 타인을 무조건 긍정적으로 존중하고 의사소통하는 것은, 이런 조건을 만족시키는 방법이다. 개인이 존중을 지각할 때, 존중은 현존하는 조건부 가치들을 약화시키거나 분산시키도록 한다. 사람이 가지고 있는 무조건적이고 긍정적인 존중은 이렇게 해서 증가되며, 반면에 위협은 감소되고 진실성은 발전한다. 그러므로 개인은 위협을 지각하는데 별로 민감하지 않게 되고 방어적이지 않게 되며, 더욱더 성실하고 자기와 타인을 긍정적으로 존중하며, 심리적으로 더욱더 잘 적응하게 된다.

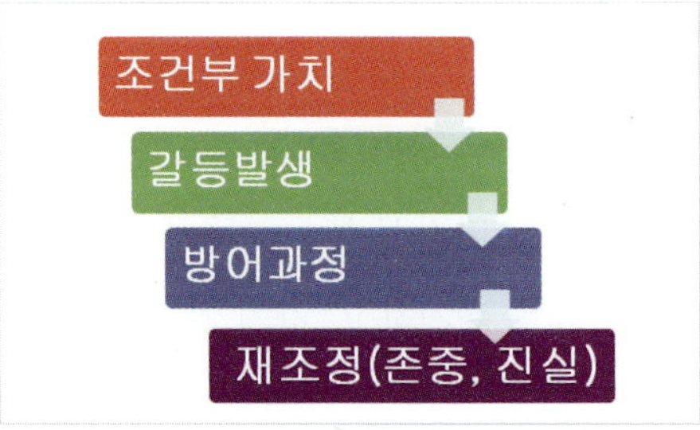

[그림 4-18] 재조정의 과정

(4) 상담목표와 상담기법

① 상담목표

상담자는 친근하고 신뢰감 있는 분위기를 조성하여 내담자가 자기를 공개하도록 함으로써 자신의 내면세계를 이해하고 자신의 문제를 파악할 수 있도록 돕는다. 인간중심 치료에서는 모든 인간은 자아실현 경향과 성장잠재력을 가지고 있다고 믿기 때문에 내담자로 하여금 치료목표를 스스로 세우도록 한다. 상담자는 내담자가 가지고 있는 실현 경향성을 신뢰하며, 그들 스스로 성장할 수 있음을 믿는다. 본질적으로 인간중심치료의 목표는 한 개인의 자아실현 경향성을 발현할 수 있는 분위기와 조건을 조성하는 것이다. 좀 더 구체적으로 말하자면, 치료목표는 한 개인의 실현경향을 방해하는 장애를 제거함으로써 내담자가 보다 성숙해지고 자기실현을 향해 나아갈 수 있도록 돕는 것이다. 이를 위해서 개인은 잠재력의 발휘를 가로막는 불안과 의심으로부터 자유로워져야 하는데, 바로 여기에서 상담자의 조력이 필요한 것이다. 상담자의 일치성, 무조건적 긍정적 존중, 공감적 이해와 같은 태도는 내담자의 변화를 이끄는 촉매 역할을 한다.

② 상담기법

■ 일치성

로저스가 촉진적 상담관계의 세 가지 요소 중에서 가장 중시한 것은 일치성이다. 일치성은 상담자가 진실하다는 의미로, 상담 안에서 경험하는 자신의 감정이나 태도를 있는 그대로 솔질하게 인정하고 자신의 내적 경험과 외적 표현이 일치하는 것을 말한다. 진실한 상담자는 긍정적이건 부정적이건 자신의 행동이나 감정에 솔직해야 하는데, 부정적 감정 또한 표현함으로써 상담자는 내담자와 정직한 대화를 할 수 있는 것이다.

일치성을 유지하기 위해서는 높은 수준의 자각과 자기수용이 필요하며, 상담 안에서 내담자에게 집중하며 "지금-여기에서" 진솔하게 느끼고 자각하는 것이 중요하다.

■ 무조건적 긍정적 존중

상담자가 내담자와의 관계에서 중요한 두 번째는 내담자를 한 인간으로서 깊고 순수한 관심으로 대하는 것이다. 조건에 따라 가치가 달라지는 것이 아닌 무조건적으로 내담자를 긍정적으로 존중하고 수용하는 것이다. 내담자를 갈등과 부조화, 그리고 좋은 점과 나쁜 점을 모두 갖춘 있는 그대로의 개인으로 수용한다. 이러한 수용적 분위기가 형성되었을 때, 내담자는 자신의 경험이나 감정들을 자유롭게 표현할 수 있고 상담자와 공유할 수 있게 된다.

상담자가 실현화 경향성을 가진 존재로 내담자를 있는 그대로 믿는 태도는 내담자로 하여금 자신을 믿고 조건부 가치에서 벗어나게 되고 자신의 긍정적 모습을 확장시키고 개방적으로 자신의 능력을 발휘할 수 있게 된다.

■ 공감적 이해

상담자의 주요역할 중의 하나는 상담시간 순간순간의 상호작용에서 나타나는 내담자의 경험과 감정들을 민감하고 정확하게 이해하는 것이다. 공감적 이해란, 상담자가 자기 자신을 잃지 않고 내담자의 세계를 마치 자신의 내면세계인 것처럼 느끼게 되는 것을 말한다. 상담자가 이와 같은 이해를 하면 내담자는 자연스럽게, 그리고 깊이 그 자신을 탐색하고 따라서 자신에 대한 이해를 증진시킨다. 물론 완전한 이해는 불가능하지만 이해하려는 상담자의 욕구를 내담자가 이해로서 받아들일 때 상담은 진전하게 된다.

■ 상담의 결과

상담의 결과 이전과는 다른 여러 가지의 변화를 경험하게 된다. 이전에 억압했던 측면들을 경험하고 이해하게 되고, 이전보다 더욱더 통합되고 효과적으로 기능할 수 있게 된다. 또한, 자신이 되고 싶었던 인물에 더욱더 가까워질 것이고, 자기 지향적이고 자기 확신을 갖게 된다. 더욱더 인간적이고, 창의적이고, 자기 표현적인 사람이 된다. 타인을 더 잘 이해하고, 수용하게 되고, 생활상의 문제에 보다 적절하고 편안하게 대처하게 된다.

로저스는 적응적이고 건강한 유기체란 자아실현을 완성하는 것이 아니라 온전한 삶을 위해 지속적으로 노력하며 보다 나은 삶을 위해 나아가는 존재, 되어가는 존재라고 하였다. 적응적 개인은 실제적으로 행동하고, 생각하고, 경험하는 방식에 대해 보다 정확한 지식을 갖고 있는 사람이라고 하였다. 훌륭한 사람이란 자신 안에 있는 자신의 잠재력을 개발하여 완전히 기능을 발휘하는 사람이라고 하였다. 이런 사람의 공통적인 특징은 경험에 대한 개방성을 가지고 있고, 실존적인 삶을 살아가며, 자기 자신에 대해 신뢰하고, 자유의식을 지니고 있고, 창조적인 삶을 사는 사람이다. 따라서 훌륭한 삶이란 상태가 아니라 과정이며, 목적이 아니라 방향을 의미하는 것이다.

(5) 공헌 및 한계

인간 중심 상담에서는 인간을 매우 긍정적이고 합리적이고 생산적이고 사회적인 존재로 보고 자아실현의 잠재능력을 가지고 있다고 본다. 상담은 개인이 가지고 있는 잠재적인 능력을 최대한 발휘할 수 있도록 도와준다. 심리치료는 개인의 잠재능력을 방출시키는 것이다. 불안하고 부적응이거나 정신적 혼란을 겪는 사람은 자아와 위협적인 경험 간에 부조화가 있는 것이고 상담은 부조화된 경험들이 자아에 의해서 인식되고 변별되며, 자아에 동화되거나 통합될 수 있도록 도움을 주고받는 과정이다. 상담을 통해 정서적인 안정과 조화를 이루게 되고, 방어적이지 않고 현실적이고 객관적이 되며, 효과적인 문제해결을 하게 되고, 타인을 더욱더 포용할 수 있게 된다. 상담자가 일치된 모습, 무조건 긍정적인 존중, 공감적 이해를 통해 내담자는 불안에서 벗어나 건강한 자아를 회복하고 자유롭게 되며, 자신의 감정을 경험하고 탐색함으로써, 위협이 감소된다.

인간 중심 상담은 과거를 중요시하는 정신분석과는 달리 "지금-여기에서"를 중요시하는 입장, 관계에 있어서 지적인 요소 보다는 감정적인 요소를 강조 한다는 점, 그리고 결과보다는 과정을 중요시하며 상담자와 내담자간의 신뢰와 존중의 관계의 경험을 중요시 한다는 점이 평가되어야 할 것이다.

하지만 유아, 아동, 장애인 등 건강한 자아가 형성되지 못한 대상에게 적용하기에는 한계가 있으며, 구체적이고 명확한 문제해결을 제시하지 못하고 자신에 대한 믿음과 자아실현 경향성이 낮은 내담자들에게는 비효율적이고, 모든 내담자들이 자기 해답을 찾을 능력이 있다고 할 수는 없다는 비판을 받고 있다.

인간 중심상담은 그 적용범위가 상당히 넓다고 볼 수 있는데, 사람들이 서로를 이해하고 이해받기 원하며 어느 정도 기꺼이 자기를 드러 내는 경우와 자기 자신의 성장을 증진시키고자 원하는 어떠한 관계에도 적용될 수 있으며, 상담의 현장이나 교육현장, 대인관계에서 중요하고도 필요한 기본적인 태도라고 할 수 있다. 앞으로 더 깊고 넓은 영역에서 변화의 한 원리로 이용될 것이다.

(6) 인간중심 미술치료

인간중심 미술치료는 로저스의 인간중심이론을 바탕으로 내담자의 문제를 문제중심으로 다루기 보다 내담자가 가지고 있는 잠재력과 성장 가능성을 일깨우고 창의적인 활동을 통하여 자신을 표현하고 승화를 통해 자아를 회복하고 성장시키는 미술치료다.

인간중심 미술치료는 내담자의 문제를 병적인 것으로 보는 것이 아닌 기본적인 욕구가 좌절되어 나타난 것으로 보고 창조적인 삶의 방식을 통해 정체성과 잠재능력을 발달시키도록 도와주는 것이다. 또한 삶을 건강하고 안정적으로 영위하지 못하고 자기실현을 못하거나 정체성을 발견하지 못하는 것은 성장과 변화를 위해 끊임없이 나아가는 과정이라고 가정한다. 그러므로 다양한 정체성의 위기에서 창조적이고 표현적인 삶이 되도록 도와주는 것이다. 창조적 표현을 통해 자기실현을 고무시키며, 대인관계에서의 친밀성과 신뢰감을 회복하여 전인격적인 통합을 도와주는 것이다.

로저스는 인간의 잠재력을 실현하기 위해 미술치료에서의 창조성을 강조한다. 어떠한 틀이나 제한에서 벗어나 자유롭게 자신을 오감으로 느끼며 경험에 대한 개방성을 가지고 미술활동을 할 때에 우연에 의해 나타나게 되는 창의적이고 예술적인 결과물로 인해 신체적인 에너지가 생성될 수 있는 것이다. 치료로서의 미술(Art as theraphy)을 강조하는 크레이머는 미술작품 안에서의 창조적인 활동에 역점을 두고 자기표현과 승화를 경험함으로써 자아가 성숙되고 통합된다고 보았다. 그는 아동을 대상으로 미술치료에 대해 많은 연구를 하면서 미술활동을 통해 자신의 파괴적이고 반사회적 에너지를 분출함으로써 부정적 에너지를 감소시키거나 전환시킬 수 있다고 보았다. 또한 미술활동 과정 안에서 자신의 원시적인 충동이나 환상에 접근하게 되는데 이 과정에서 갈등 재경험하고 해소하고 통찰할 수 있다고 하였다. 그러기 위해서는 미술활동 안에서 자유롭게 자신을 표현할 수 있는 창조성이 중요하다.

인간중심 미술치료는 내담자가 스스로 선택하고 결정할 수 있도록 도와주어 능동적으로 참여할 수 있도록 도와주어야 한다. 그러기 위해서는 상담자가 진실되고 일관된 모습으로 무조건적이고 긍정적인 존중과 공감적 이해를 바탕으로 신뢰감 있고 편안한 분위기를 조성해주어야 한다. 또한 작품에 대한 상징과 해석에도 일반화된 방식으로 깊은 해석 보다는 스스로 작품을 느끼고 표현할 수 있도록 적극적인 질문과 경청하는 자세가 필요하다. 그 안에서 내담자는 자아존중감을 높이고 온전한 자신을 회복하고 더 나은 방향으로 나아갈 수 있는 힘을 얻게 되는 것이다.

(7) 미술치료기법

인간 중심 치료는 기법보다는 치료자의 철학이나 태도를, 그리고 치료 언행보다는 오히려 치료관계를 강조한다. 기법은 치료자의 솔직한 표현이어야 하며 이를 의식적으로 사용해서는 안 된다.

① 화난 모습

■ **목표**

- 화나게 만드는 것은 어떤 것들이 있는지 생각해 보게 하고 그것을 표현할 수 있도록 하여 화를 현명하게 풀어내는 방법을 찾을 수 있게 한다.

■ 준비물

- 도화지(다양한 크기의 종이) 또는 사포지, 크레파스

■ 방법

- 어떤 상황에서 화가 나는지 그 느낌은 어떤 것인지 기억해 보게 한다.
- 이때 유의해야 할 점은 전체적인 변화와 감정적인 변화 모두 생각할 수 있도록 충분한 시간을 주는 것이 필요하다.
- 종이의 가운데 화난 얼굴을 그리게 하거나 그림 그리는 것을 부담스러워하는 경우 "나의 화는 마치 ○○와 같다."라는 상징물로 표현하도록 한다.
- 내담자를 화나게 만드는 것을 주변에 그리거나 글로 표현하게 한다.
- 내담자와 화에 대한 이야기 나눈다.
- 가장 화나게 만드는 것은 무엇인가?
- 화가 났을 때 어떻게 하는가?
- 가장 자주 사용하는 해결 방법은 무엇인가?
- 화를 제대로 잘 표현할 방법은 무엇인가?

■ 적용

- 내담자의 경험과 감정을 이야기할 때 치료자는 내담자의 세계를 마치 자신의 내면세계인 것처럼 민감하고 정확하게 공감을 해줘야 한다.
- 이야기를 마칠 때쯤이면 내담자가 긍정적인 감정을 가질 수 있도록 해야 한다. 내담자의 현재 감정을 물어보고 괜찮다고 하면 상담을 종결하고 그렇지 않다고 하면 긍정적인 감정으로 변화될 수 있도록 한 후에 상담을 종결하는 것이 좋다.
- 보다 긍정적이고 안전한 방법으로 화를 표현하는 것에 대해 이야기 나눈다. 예를 들면 풍선 터뜨리기, 신문지 찢기, 두더지 잡기, 펀치 기계, 권투, 북 두드리기, 찰흙 던지기 등이 있다.

② 화의 해결사

■ 목표

- 화와 관련된 문제를 호소하는 내담자에게 해결 방법을 찾아주는 데 도움을 준다.

■ 준비물

- 도화지, 크레파스, 색연필, 사인펜

■ 방법

- 화를 다루어 주는 해결사는 어떤 것이 있는지 생각해 보게 한다.
- 해결사의 모습을 그린다.
- 해결사의 그림을 가지고 내담자와 상담자가 서로 이야기 나눈다.
- 내담자가 선택한 해결사의 특징은?
- 화를 다루는 데 해결사의 어떤 면이 도움이 되는지?

■ 적용

- 8세 이상의 내담자에게 활용할 수 있다.
- 화난 모습을 다른 이후에 '화의 해결사' 활동을 수행한다.

(8) 미술치료실습

프로그램명	안전하고 편안한 공간
목표	과거의 안전하고 편안했던 장소를 기억하거나 새롭게 만들게 함으로써 정서적 안정과 편안함을 느끼도록 한다.
준비물	도화지, 골판지, 우드락, 색종이, 크레파스, 모루, 한지, 지끈, 풀, 가위, 칼, 글루건, 다양한 꾸미기 재료, 클레이점토, 8절 켄트지, 4B 연필, 지우개, 조각칼
방법	① 지금까지 지내오면서 어린 시절 기억나는 장소, 과거의 즐거운 여행을 다녀온 추억의 장소, 가보지는 못했지만 가보고 싶은 상상의 공간 등을 생각하면서 가장 안전하고 편안한 공간을 생각하게 한다. ② 자신의 마음속에 있는 안전하고 편안한 공간에 자신이 있는 것을 상상하면서 공간을 입체적으로 꾸미도록 한다. ③ 완성 후 그곳을 더욱더 안락하고 편안하게 하는 데 필요한 것들이 있다면 그것들을 첨가해 준다.
적용	① 작품이 완성이 되면 내담자가 그곳에 있음을 느낄 수 있도록 조용한 음악과 함께 눈을 감고 그 곳에 있는 자신을 상상하도록 한다. ② 눈을 뜨고 그 곳에 다녀온 느낌이 어떤지 이야기를 나누도록 한다. ③ 내담자가 불안하거나 우울할 때, 스트레스 상황일 때 언제든지 그 곳에 갈 수 있다는 것을 알려준다. ④ 공간을 입체적으로 꾸미는 것을 어려워하는 내담자에게는 도화지위에 2차원적으로 표현해도 된다. ⑤ 재료를 준비하는 경우에는 다양한 색이 있는 도화지, 골판지, 우드락을 준비하여 선택의 폭을 넓히도록 하는 것이 좋다. ⑥ 아동의 경우에는 크게 만들어 직접 그 안에 들어가서 놀 수 있는 공간으로 꾸밀 수 있도록 하는 것도 좋다.
작품사진	 [그림 4-19] 안전하고 편안한 공간

2) 펄스의 게슈탈트이론

프레드릭 살로몬 펄스
(F. S. Perls , 1893~1970)

펄스(Perls)는 1893년 베를린에서 독일계 유대인 부모의 세 자녀 중 막내로 태어나 그곳에서 성장하였으며 28세에 의학박사 학위를 받았다. 1916년 독일군에 입대하여 제1차 세계대전에서 의사로 복무했다. 전쟁 후 1926년 펄스는 프랑크푸르트에서 당시 유명했던 신경 정신의학자 쿠르트 골드슈타인(Krut Goldstein)을 만나서, 전체로서 통합된 유기체 이론을 접하고 매우 깊은 감명을 받았다고 한다. 그 후 비엔나에서 정신분석 훈련을 받았으나, 프로이트(Freud)의 보수적인 태도에 실망하여 정신분석에서 멀어지게 되었고 결국은 프로이트와 완전히 결별하게 되었다. 1946년 미국으로 이주하여 '게슈탈트치료'라는 용어를 만들었고 1952년에는 굿맨(Gooodman) 및 로라(Laura Perls)와 함께 '뉴욕 게슈탈트치료 연구소'를 설립했다. 1960년대에 들어서면서 정신분석이 점차 퇴조하기 시작했으며, 때를 맞추어 유럽으로부터 실존주의 정신의학사조가 들어오기 시작했고, 이때 게슈탈트치료도 워크숍과 세미나를 통해 점차 학계의 인정을 받기 시작했다. 그 후에 실존주의 정신의학도 지나치게 복잡한 개념과 언어적 사변 때문에 실망을 가져다준 반면에, 게슈탈트치료는 많은 관심을 끌면서 소위 제3세력 운동이라고 불리는 인본주의 심리학의 흐름을 주도하게 되었다. 펄스는 연구 논문과 연구 집회에서의 개인적인 접촉을 통해서 사람들에게 큰 영향을 주었으며 1970년에 77세의 나이로 세상을 떠났다.

(1) 기본철학

펄스는 인간을 매 순간마다 경험하는 유기체로서 환경적인 장에서 살아간다고 보았고 현상학적이고 실존적 존재로 보았다. 게슈탈트치료는 내담자가 지각하는 현실에 초점을 두고 각 개인은 자유의지에 따라 자신이 선택한 삶에 대해 책임이 있다는 것을 강조한다. 게슈탈트 심리학은 지각연구에만 국한 되어있는 반면에 게슈탈트 심리상담은 그 적용범위를 사고, 감정, 욕구, 신체감각, 행동 등 전체 유기체의 영역으로 확장시켰다. 펄스는 인간에 대한 가정을 5가지로 정리하고 상담이론에 도입하였다.

첫째, 인간은 관심을 갖는 부분인 전경과 나머지인 배경으로 구조화하여 세상을 경험한다. 우리가 관심의 초점을 어디에 두느냐에 따라 전경과 배경은 역동적으로 일어난다.

둘째, 인간은 자신의 현재 욕구를 바탕으로 게슈탈트를 형성하고 지각한다. 자신의 욕구에 따라 보이는 이미지는 각각 다르게 인식되고 지각될 수 있다는 것이다.

셋째, 인간은 완성을 추구하는 경향이 있어 미해결된 과제를 완성하려고 한다. 미해결된 과제가 중요하면 중요할수록 집중력을 방해하고 게슈탈트 형성을 방해하기 때문에 완결하려고 한다는 것이다.

넷째, 인간의 행동은 행동이 일어난 상황과 관련해서 의미 있게 이해될 수 있다. 즉, 인간은 장(field)을 능동적으로 조직하여 의미 있는 전체로 지각하는 경향을 지니고 있다.

다섯째, 인간의 행동은 인간이 처한 상황의 전체 맥락을 통하여 이해된다. 부분은 전체의 맥락을 떠나서는 아무 의미가 없으며 전체는 부분의 합보다 크다고 하였다.

펄스는 인간은 주관적으로 세상을 경험하면서 살아가는 실존적 존재임을 강조하였고, 우리가 경험하는 관심의 초점을 어디에 두느냐에 따라 주어진 상황을 다르게 경험한다고 하였다. 따라서 게슈탈트 상담은 자신에게 일어난 상항에서 자신의 감성과 욕구를 알아차리고(awareness) 필요한 게슈탈트를 형성하여 자신에게 주어진 문제를 바람직하게 해결하도록 도와준다.

(2) 주요 개념

① 게슈탈트(Gestalt)

게슈탈트란 전체, 형태, 형상, 모습 등의 뜻을 지닌 독일어로, 전체적 형상(whole figure) 또는 통합적 전체(integrated whole) 즉, 부분과 부분을 통합한 전체상을 의미한다. 인간은 자신의 욕구나 감정을 유의미한 행동으로 실행하고 완결 짓기 위해 게슈탈트을 형성한다. 게슈탈트치료에서 게슈탈트란 개념을 치료적인 영역에 확장하여 사용하는데 개체에 의해 '지각된 유기체의 욕구나 감정'을 뜻한다. 특정 상황에서 욕구나 감정, 조건, 맥락을 고려하여 하나의 의미 있는 전체로 조직화하여 지각했을 때 비로소 게슈탈트라고 할 수 있다. 인간은 끊임없이 자신의 욕구나 감정을 알아차리고 게슈탈트을 형성하고 행동으로 실행하고 완결짓는 과정을 반복하고 있다.

② 전경과 배경

인간은 자신의 욕구를 알아차리고 게슈탈트을 형성하여 대상을 지각하게 된다. 이때 관심 있는 부분은 지각의 중심부분으로 떠오르고, 나머지는 배경으로 물러나는데, 여기서 관심의 초점이 되어 앞으로 떠오르는 부분을 전경이라 하고, 관심 밖으로 물러나는 부분을 배경이라고 한다. 건강한 개체는 매 순간 자신의 욕구를 알아차리고 자신에게 중요한 게슈탈트를 선명하고 강하게 형성하여 전경으로 떠올릴 수 있는데 반해, 그렇지 못한 개체는 전경을 배경으로부터 명확히 구분하지 못한다. 이런 사람들은 흔히 자신이 진정으로 하고 싶은 일이 무엇인지 잘 모르며, 따라서 행동 목표가 불분명하고 매사에 의사결정을 잘 하지 못하고 혼란스러워 한다. 개체가 전경으로 떠올렸던 게슈탈트를 해소하고 나면 그것은 전경에서 배경으로 물러난다. 그러면 다시 새로운 게슈탈트가 형성되어 전경으로 떠오르고, 해소되고 나면 다시 배경으로 물러나는 과정을 되풀이 한다. 이러한 유기체의 순환과정을 '게슈탈트 형성과 해소' 혹은 '전경과 배경의 교체'라고 부른다. 건강한 개체에 있어서는 자연스럽게 전경과 배경의 교체가 일어난다.

③ **미해결 과제**(Unfinished business)

인간의 욕구가 형성되고 게슈탈트을 형성하였으나 완결되지 못하였거나 아니면 아예 게슈탈트 형성 자체가 방해를 받았을 때 그것은 배경으로 사라지지 않고, 전경도 배경도 아닌 중간층에 남아 있으면서 계속 전경으로 떠오르려고 노력한다. 이러한 해소되지 않은 게슈탈트를 '미해결 게슈탈트' 혹은 '미해결 과제'라고 한다. 에너지가 차단될 때 미해결 과제가 야기되는데 차단된 에너지는 긴장감과 경직된 자세, 감정억제, 시선회피 등 방어적 태도로 나타나게 된다. 이러한 미해결 과제는 계속 이의 해결을 요구하며 전경으로 떠오르려고 하기 때문에 다른 게슈탈트가 선명하게 형성되는 것을 방해한다. 미해결 과제는 전경과 배경의 자연스러운 교체를 방해하기 때문에 개체의 적응에 장애가 된다. 표현하지 못한 감정들은 신체 내부를 차단하여 신체적 감각에 문제를 야기하기도 한다. 미해결 과제가 많아질수록 인간은 자신의 욕구를 효과적으로 해소하는 데 실패하게 되고 마침내 심리적, 신체적 장애를 일으킨다.

④ **알아차림**(awareness) - **접촉 주기**

알아차림이란 인간이 자신의 유기체 욕구나 감정을 지각하여 게슈탈트로 형성하여 전경으로 떠올리는 행위 또는 그러한 능력을 말한다. 알아차림은 누구에게나 자연적으로 갖추어져 있는 능력이다. 알아차림과 접촉을 통해 전경과 배경이 자연스럽게 교체되는데 알아차림은 게슈탈트 형성과 관계하며, 접촉은 게슈탈트의 해소에 관계한다. 다만 접촉-경계 혼란이 개입함으로써 개체는 자신의 알아차림을 인위적으로 '차단'하고 그 결과 게슈탈트 형성에 실패하고 만다.

접촉은 전경으로 떠오른 게슈탈트를 해소하기 위하여 환경과 상호작용하는 것을 말하는 데 에너지를 동원하여 실제로 환경과 만나는 행동이 접촉이다. 접촉은 감각 즉, 보고 듣고 만지고 냄새맡고 움직임을 통해 이루어지는데 건강한 접촉은 개인의 온전한 감각을 유지하면서 타인과 상호작용하는 것이다. 게슈탈트가 형성되어 전경으로 떠올라도 이를 환경과의 접촉을 통해 완결 짓지 못하면 배경으로 물러나지 않는다. 따라서 접촉은 알아차림과 함께 서로 보완적으로 작용하여 '게슈탈트 형성-해소'의 순환 과정을 도와주어 인간을 성장시킨다.

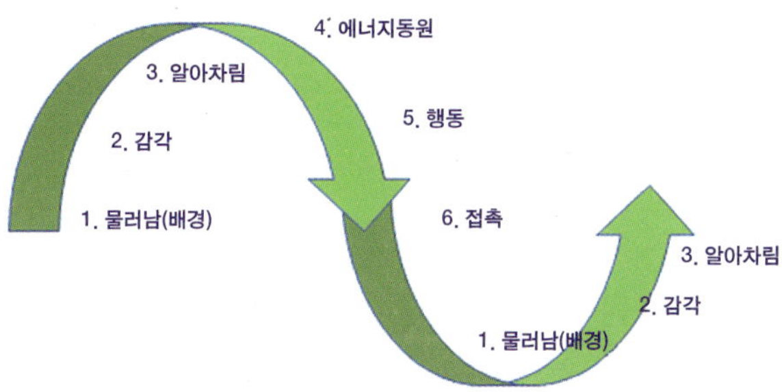

[그림 4-20] 알아차림 접촉주기

이렇게 게슈탈트가 형성되고 해소되는 반복과정을 '알아차림-접촉 주기'라고 부른다.

알아차림-접촉 주기를 6단계로 나누어 설명하면, 먼저 1.배경에서 → 2.어떤 유기체 욕구나 감정이 신체감각의 형태로 나타나고 → 3.이를 개체가 알아차려 게슈탈트로 형성하여 전경으로 떠올리고 → 4.이를 해소하기 위해 에너지를 동원하여 → 5. 행동으로 옮기고 → 6.마침내 환경과의 접촉을 통해 게슈탈트를 해소한다. 그러면 그 게슈탈트는 배경으로 물러나 사라지고 개체는 휴식을 취한다. 그런데 잠시 후 다시 새로운 욕구나 감정이 배경으로부터 떠오르고, 이를 알아차려 게슈탈트를 형성하고 해소하는 새로운 '알아차림-접촉 주기'가 되풀이 된다.

⑤ 알아차림-접촉 주기의 차단(접촉-경계 혼란)

건강한 인간은 환경과의 교류를 통하여 알아차림-접촉 주기가 자연스럽게 교체되고 반복하면서 성장해 가는데 접촉-경계의 혼란으로 알아차림-접촉 주기가 단절되고 미해결과제가 남게 되어 심리적 장애를 일으키는 경우가 있다. 6단계 가운데 어디에서나 차단이 될 수 있는데 이를 단계별로 나누어 설명하기로 한다.

• 배경으로부터 감각이 나타나는 과정의 장애

신체의 고통이나 불편한 상태 등의 사건이 지각되지 않는 경우이다.

• 감각과 알아차림 사이의 장애

신체 감각이나 지각은 가능하나 오랜 시간 억압되어 왔기 때문에 유기체의 욕구나 감정을 알아차리지 못하는 경우이다.

• 알아차림과 에너지 동원 사이의 장애

게슈탈트를 형성하였으나 두려움 때문에 의욕이 없고 에너지 동원을 하지 못하는 경우이다. 머리로는 이해하지만 행동으로 옮기지 못하는 경우이다.

• 에너지 동원과 행동 사이의 장애

에너지 동원에는 성공하지만 게슈탈트를 완결 짓지 못하고 에너지를 차단하는 경우이다. 자신에게 화살을 돌리고 자학하는 경우이다.

• 행동과 접촉 사이의 장애

에너지를 동원하여 행동에 옮기지만 접촉에 실패하여 게슈탈트를 완결짓지 못하는 경우이다. 목표대상을 벗어나 산만하게 에너지가 소비되고 원하는 결과를 얻지 못하는 경우이다.

• 접촉과 물러남 사이의 장애(리듬 장애)

접촉이 끝나고 자연스럽게 뒤로 물러나 새로운 알아차림-접촉 주기 리듬이 시작되어야 하는데 긴장하고 머물러 있어 리듬 장애가 발생하는 경우이다.

⑥ 접촉-경계 혼란

건강한 개체는 접촉-경계에서 환경과 교류하면서 자신에게 필요한 것들은 경계를 열어 받아들이고, 환경에서 들어오는 해로운 것들에 대해서는 경계를 닫음으로써 이들의 해독으로부터 자신을 보호한다. 그러나 경계에 문제가 생기면 이러한 환경과의 유기적인 교류 접촉이 차단되고 심리적, 생리적 혼란이 생기게 되는데 이것이 접촉-경계 혼란이다.

펄스는 접촉-경계 혼란이란 우리와 환경이 서로 직접 만나지 못하도록 둘 사이에 마치 중간층 같은 것이 끼어있는 현상이며, 이 중간층을 '마야(maja)'라고 불렀는데, 이때 마야는 개체와 환경이 직접 만나는 것을 방해하는 '환상들'이라고 했다. 이 개념은 프로이트가 주장한 방어기제와 유사하다. 접촉-경계 혼란을 일으키는 심리적 현상들은 다음과 같다.

- 내사(introjection)

다른 사람의 행동이나 가치관을 무비판적으로 받아들임으로써 자기 것으로 동화되지 못한 채 남아있으면서, 개체의 행동이나 사고방식에 악영향을 미치는 타인의 행동방식이나 가치관을 '내사'라고 말한다. 환경과 접촉하여 이해하지 못하고 나의 것으로 만들지 못하면 그것은 내가 되지 못하고 나의 것이 되지 못한다. 예를 들어 음식을 먹게 되면 음식을 파괴하여 그것을 소화시키고 흡수하여 자신의 신체의 일부가 되어야 하는데 그것이 소화되고 흡수되지 못하면 그것은 나의 것이 아니라 건강을 해치는 이물질로 남게 되어 자신을 괴롭히게 된다는 것이다.

- 투사(projection)

투사는 내사와 반대되는 개념으로 개체가 자신의 욕구나 감정을 자신의 것으로 자각하고 접촉하는 것을 두려워한 나머지, 이를 차단하여 그것들에 대한 책임을 타인에게 돌리는 현상을 말한다. 투사는 창조적인 투사와 병적인 투사가 있는데 창조적인 투사는 개체가 새로운 상황에 처하여 그 상황에 능동적으로 대처하는 한 방편으로써 의도적으로 자신의 상상력과 창의력을 사용하는 행위를 말한다. 병적인 투사는 직면하기 힘든 자신의 내적인 욕구나 감정 등을 회피하기 위하여 무의식적으로 습관적으로 반복하는 행위를 말한다. 개체가 투사를 하는 것은 그렇게 함으로써 자신의 욕구가 좌절되는 것보다 고통을 덜 받게 되기 때문이다. 또한 자신의 억압된 욕구를 동시에 충족시키는 효과도 갖는다.

- 반전(retroflection)

반전은 타인이 자기에게 해주기를 바라는 행동을 스스로 자기 자신에게 하는 것, 혹은 다른 사람이나 환경에 대하여 하고 싶은 행동을 자기 자신에게 하는 것을 뜻한다. 이러한 행동은 개체가 성장한 환경이 억압적이거나 비우호적이어서 자연스러운 접촉행동을 할 수 없을 때 나타난다. 흥미로운 사실은 원래 개체의 욕구를 억압한 것은 환경이었지만, 지금은 개체 자신이 환경을 대신하여 자신의 욕구를 억압하고 있다는 사실이다.

- 융합(confluence)

펄스는 융합이란 밀접한 관계에 있는 두 사람이 서로 간에 차이점이 없다고 느끼도록 합의함으로써 발생하는 '접촉-경계 혼란'이라고 말했다. 이러한 관계에 있는 사람들은 겉으로 보기에는 서로 지극히 위해주고 보살펴주는 사이인 것처럼 보이지만, 내면적으로는 서로 독립적으로 행동하지 못하고 의존관계에 빠져있는 경우가 많다. 한편, 융합관계에 있는 두 사람은 모두 성장에 장애를 받게 되는데 고독감이나 공허감을 피할 수는 있겠지만, 서로가 독립된 개체로서 각자 자신의 유기체 욕구를 자각하고 접촉하지 못하므로 생동감을 상실하게 되고 미해결과제를 촉진시키게 된다.

• 편향(deflection)

감당하기 힘든 내적 갈등이나 외부 환경적 자극에 노출될 때, 이러한 경험으로부터 압도당하지 않기 위해 자신의 감각을 둔화시킴으로써 자신과 환경과의 접촉을 약화시키는데 이를 편향이라고 한다. 개체는 편향을 사용함으로써 현재 존재하는 고통을 덜 느낄 수 있고 또한 만일 발생할 수 있는 좌절을 피할 수 있는 측면이 있다. 그러나 편향이 습관적인 행동이 되면 개체는 타인이나 환경으로부터 고립되며, 삶의 활력과 생동력이 감소되어 무기력해지게 되고 접촉 경계의 혼란을 가져오게 된다.

(3) 성격변화 단계

펄스는 상담을 통한 성격 변화의 단계를 5개의 심리층 개념으로 나누어 설명하였다. 이는 상담을 통해 인간이 변화되고 성숙되어 가고 궁극적으로는 자신의 욕구나 감정을 알아차리고 해소하며 건강한 자아가 형성되는 것이다.

① **피상층**(cliche or phony layer)

진실한 마음 없이 상투적이고 형식적이고 의례적인 규범에 따라 피상적으로 만나는 단계를 말한다. 여기서는 자신의 모습을 볼 수 없고 자신의 것을 스스로 포기한다. 각자 의미 없는 형식적인 말을 교환하며 표면적인 관계를 유지하는 단계로 상담 초기에 나타나는 모습으로 자신을 노출시키지 않으므로 변화는 일어나지 않는다.

② **공포층 혹은 연기층**(phobic or role playing layer)

마음이 불안하고 두려움을 느끼며 자신의 고유한 모습으로 살아가지 않고 부모나 주위환경의 기대에 맞추어 행동하며 살아가는 단계를 말한다. 환경에 적응하기 위해 자신의 욕구를 억압하고 자신이 진정으로 원하는 행동을 하게 되었을 때의 결과에 대해 공포심을 갖게 되어 회피하거나, 거짓된 모습으로 연기하며 살아간다.

③ 교착층(impass)

자신이 이제껏 해왔던 역할연기를 그만두고 자립하려고 시도하지만 동시에 심한 공포를 체험하고 오도 가도 못하는 실존적인 딜레마에 빠지게 되는 단계를 말한다. 길이 막혀있어 공허하고 내부 갈등으로 딜레마에 빠져있어 전혀 움직일 수 없다. 집단 상담에서 자신이 직면하려는 순간 농담을 하거나 웃어버림으로 회피하려고 하는데 피하지 말고 통과하게 되면 유기체적인 변화가 일어나면서 새로운 단계로 진입하게 된다.

④ 내파층(implosive layer)

내담자는 이제까지 자신이 억압하고 차단해왔던 욕구나 감정들을 알아차리게 되는 단계를 말한다. 이 단계의 내담자들은 처벌에 대한 두려움 때문에 혹은 상대편에게 상처를 줄까 두려워 자신의 감정을 표현하지 않고 억제하며, 타인에게 분노를 표현하는 대신에 자기 자신에게 공격성을 돌려 자신을 비난하고 질책하는 행위를 한다.

⑤ 폭발층(explosive layer)

자신의 감정이나 욕구를 이제는 억압하지 않고 표출하는 단계이다. 개체는 자신의 욕구와 감정을 분명하게 알아차려 강한 게슈탈트를 형성하고 마침내 환경과의 접촉을 통하여 이를 완결 짓게 된다. 이전에 억압하고 차단했던 미해결 과제들을 전경으로 떠올려 완결 짓고 지금까지는 활용하지 않았던 에너지가 힘을 다해 자신을 표현하고 자신의 참모습을 찾게 되는 것이나, 상담에서 내담자가 이 단계가 되면 상담이 종결된다.

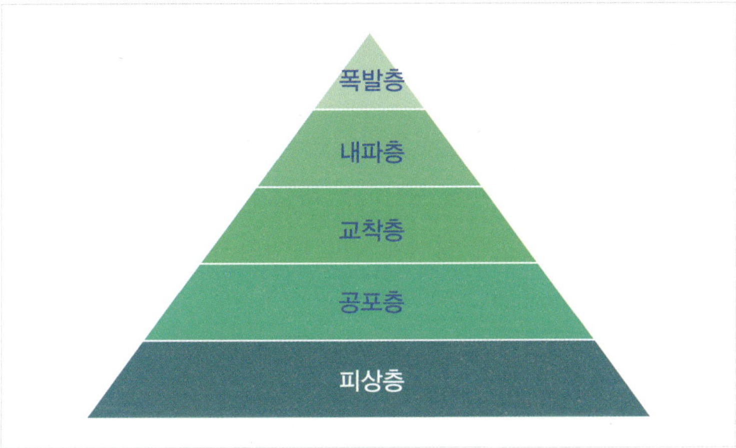

[그림 4-21] 성장에 이르는 5개 층

피상층과 공포층은 아직 게슈탈트 형성이 잘 안 되는 단계이고, 교착층은 게슈탈트 형성은 되었으나 에너지 동원이 잘 되지 않는 단계이며, 내파층은 에너지 동원은 되었지만 행동으로 옮기는 단계에서 차단되어 게슈탈트가 완결되지 않은 상태이며, 폭발층은 마침내 개체가 게슈탈트를 해소하고 완결 짓는 단계라고 할 수 있다.

(4) 상담 과정

① 상담 목표

펄스는 상담목표를 "내담자가 타인을 의지하도록 하는 것이 아니라 많은 것을 할 수 있다는 것, 자기가 할 수 있다고 생각하는 것보다 훨씬 더 많은 것을 할 수 있다는 것을 발견하게 하는 것이다."라고 했다.

- 스스로 성장하고 성숙하여, 자신의 생활을 책임지고, 자신에 대한 책임감을 갖도록 도와주는 것이다.
- 자각을 깊게 함으로써 여기-지금에 맞춰 삶의 감각을 충분히 자극하는 것이다.
- 개인적인 통합을 할 수 있도록 촉진하는 것이다.

② 상담자의 태도

• 관심과 공감능력

상담을 받으러 오는 내담자에게 필요한 것은 그들에게 관심을 갖고 그들의 이야기를 경청하고 공감해주는 것이다. 상담자는 내담자의 존재와 그의 이야기에 대해 집중하고 진정한 관심을 보일 수 있어야 하며, 내담자의 이야기에 심취하고 감동할 수 있는 능력을 갖고 있어야 한다.

• 수용적 태도

상담자는 내담자가 자신의 감정을 솔직하게 표현할 수 있도록 허용해 주어야 한다. 자신의 두려움, 수치심, 증오, 적의 등 부정적인 감정을 자유롭게 표현하고 내담자 스스로의 본성에 따라 자신의 존재를 실현해나가도록 허용해주어야 한다. 이때 상담자는 도덕적인 판단을 하지 않도록 주의해야 한다.

• 현상학적 태도

상담자는 항상 내담자로 하여금 스스로 문제를 발견하고, 탐색과 실험을 통하여 그것을 스스로 해결해 나가도록 도와주어야 한다. 내담자가 원하는 것을 있는 그대로 수용하고 내담자가 어디로 가기를 원하든 그것을 인정하고 따라가 주어야 한다. 그리하여 내담자가 긍정적인 변화를 가져와 성장하고 발전 할 수 있도록 도와주어야 한다.

③ 상담자의 과제

• 알아차림과 접촉의 증진

게슈탈트 상담자의 주된 과제는 내담자로 하여금 자신의 욕구와 감정을 분명히 알아차리고 이를 환경과의 접촉을 통해 잘 해소할 수 있도록 도와주는 일이다. 알아차림은 개체로 하여금 자신의 미해결 과제와 더불어 현재의 욕구와 감정 그리고 미래의 소망을 자각하게 해주며, 접촉은 이러한 자각된 미해결 과제, 욕구와 감정, 소망들을 환경과의 만남을 통해 해소해 주는 동시에 이들을 창조적인 활동 에너지로 바꾸어 줌으로써 개체의 성장을 도모한다.

- 좌절과 지지

펄스는 상담자는 내담자의 자립적인 태도나 행동은 격려하고 지지해주되, 의존적인 태도나 회피행동은 좌절시켜야 한다고 했으며 진정한 성장은 좌절을 통해 가능하다고 하였다. 최근 게슈탈트 상담에서는 지지에 대해 더 많이 강조하는 경향을 보인다.

- 저항의 수용

억압해왔던 과거의 괴로운 기억들이나 이미 해결된 것으로 생각했던 과거의 문제들이 다시 의식되려고 할 때, 내담자들은 상담에 나오기 싫어하거나 혹은 와서도 그 문제를 회피하고 싶어 한다. 그러나 많은 경우에 있어서 저항이라고 불리는 내담자의 행동은 상담자의 미숙한 혹은 성급한 개입에 대한 내담자의 자기보호 행동이다. 상담자는 내담자의 저항에 맞서 싸울 것이 아니라 내담자의 저항을 받아들이는 것이 저항을 극복하는 길이다.

(5) 상담기법

① 욕구와 감정자각

개체가 자신의 욕구와 감정을 자각함으로써 게슈탈트 형성을 원활히 할 수 있고 또한 환경과의 생생한 접촉이 가능해지기 때문에, 게슈탈트치료에서는 내담자로 하여금 자신의 욕구와 감정을 자각하도록 도와주는 것을 매우 중요시 한다.

② 신체자각

에너지가 신체의 어느 한 부분에 집중되는 것은 대개 억압된 감정들과 관련이 있다. 이러한 에너지의 집중은 흔히 근육의 긴장으로 나타나거나 심하면 통증으로 체험되기도 하는데, 내담자는 이를 자각함으로써 소외된 자신의 부분들을 접촉하고 통합할 수 있다.

③ 환경자각

내담자들은 주위 환경에서 일어나는 사건들이나 상황을 잘 알아차리지 못하는 경우가 있는데 이는 미해결 과제로 인해 자기 자신에게 몰입해 있기 때문이다. 내담자가 주위 사물과 환경에 대해 자각하도록 해줌으로써 환경과의 접촉을 증진시킬 수 있다.

④ 언어자각

내담자의 언어에서 행동의 책임 소재가 불명확하거나 간접적이고 모호한 단어를 사용하는 경우가 있다. 대신에 자신의 감정과 동기에 대해 책임을 지는 형식의 문장으로 바꾸어 말하도록 함으로써 내담자의 책임의식을 높여줄 수 있다.

⑤ 과장하기

내담자가 어떤 상황에서 자신의 감정을 체험하지만 아직 그 정도와 깊이가 미약하여 그 감정을 명확히 자각하지 못하고 있을 때, 상담자는 내담자의 행동이나 언어를 과장하여 표현하게 함으로써 내담자의 감정자각을 도와줄 수 있다.

⑥ 반대로 하기

내담자가 억압하고 통제해 온 자신의 다른 측면을 접촉하고 통합할 수 있게 평소 행동과 반대되는 행동을 해보도록 요구함으로써 내담자가 자신을 알아차리고 접촉할 수 있도록 도와줄 수 있다.

⑦ 머물러 있기

내담자들은 종종 자신이 감당하기 힘든 감정에 부닥치면, 어떻게 해서든지 이를 덮어버리거나 피해버리고 싶어 한다. 상담자는 이런 행동을 보이는 내담자에게 자신의 감정을 피하지 말고 계속 직면하여 그 상태에 머물러 있도록 요구함으로써 미해결 과제를 완결시키도록 도와줄 수 있다.

⑧ 빈 의자 기법

이는 게슈탈트치료에서 가장 많이 쓰이는 기법 가운데 하나인데, 흔히 현재 상담 장면에 있지 않은 사람과 상호작용할 필요가 있을 때 사용한다. 이때 내담자는 그 인물이 맞은편 빈 의자에 앉아 있다고 상상하고 그와 대화한다. 가끔 빈 의자와 대화하는 것에 대해 거부감을 표시하는 내담자도 있지만, 대부분 내담자는 이 기법에 쉽게 적응한다. 이 기법은 누구에 대해서 말하는 대신 누구에게 직접 말하도록 시킬 수 있는 점이 장점이다. 즉, 직접 대화의 이점이 있다. 또한 빈 의자 기법은 과거 사건이나 미래 사건을 현재 사건으로 체험하게 해주는 이점이 있다.

⑨ 자기 부분들 간의 대화

내담자의 인격에서 분열된 부분들을 찾아내어 그것들 간에 서로 대화를 시킴으로써 분열된 자기 부분들을 통합시킬 수 있다. 상담자는 내담자의 분열된 자기들을 빈 의자에 바꾸어가며 앉히고, 서로 간에 대화를 시킨다. 그렇게 함으로써 내담자의 무의식적이고 내적인 대화를 의식적이고 외적인 대화로 만들 수 있으며, 마침내 대화를 통해 서로 간의 갈등을 줄일 수 있다.

⑩ 꿈 작업

게슈탈트 상담에서는 꿈을 분석하거나 해석하지 않고 내담자의 욕구나 충동 혹은 감정이 외부로 투사된 것으로 본다. 꿈은 실존적인 메시지를 의미하기 때문에 상담자는 내담자로 하여금 마치 현재 일어나고 있는 사건인 것처럼 상상하면서 꿈의 각 부분을 연기해보도록 시킨다. 그렇게 함으로써 내담자는 투사된 부분들과 더욱더 활발한 접촉하고 통합을 할 수 있기 때문이다.

⑪ 실험

실험은 게슈탈트 상담의 핵심적인 기법이며 가장 많이 사용되는 형태이다. 실험이란 상담자가 내담자의 문제를 명료화해주고, 자각을 증진시켜주는 동시에 또한 작업을 원활하게 하기 위해 내담자에게 특정한 장면을 연출하거나 시행해 보도록 제안하는 것을 뜻한다.

(6) 공헌 및 한계

게슈탈트이론은 개체와 환경을 하나의 통합체로 보는 유기체적 시각에서 출발하여 정신분석 기법과 신체이론, 싸이코 드라마, 다양한 예술기법들, 그리고 실존철학적 영향을 통합하여 탄생한 심리상담 기법으로서 인본주의 심리학의 제 3세력 운동을 주도하였다.

게슈탈트 심리상담은 비교적 짧은 역사에도 불구하고 괄목할만한 성장을 거듭해 오늘날 가장 인기 있는 심리상담 기법 가운데 하나로 발전하였다. 그럼에도 불구하고 아직 이론이나 실제에 있어 미비한 점이 많다. 우선 성격이론이 충분히 정교화되지 않았으며, 상담기제에 대해서도 이론화가 덜 되어 있다. 무엇보다도 통합적인 이론체계가 아직 정립되지 못한 것이 흠이긴 하지만 현재 여러 심리상담 이론들과 활발한 대화를 통해 계속 발전하고 있다.

게슈탈트 심리상담은 전통적으로 감정을 억압하고 복잡하게 생각이 많은 사람들, 의사결정을 미루고 우유부단한 사람들, 대인관계를 회피하고 소극적인 사람들, 막연한 불안증상을 보이는 사람들, 과사회화 된 집단, 신체화 경향을 보이는 신경증 환자들, 공포증 환자들 등에 효과적으로 적용되어 왔다. 반면에 '행동화'하는 경향이 있는 사람들에게는 게슈탈트 기법들이 자칫 이런 환자들의 행동화 경향을 더욱더 강화시킬 수도 있기 때문에 덜 적합하다는 지적도 있다.

게슈탈트이론은 현상학적인 이론 배경을 갖고 있어서 내담자들뿐만이 아니라 일반인들의 자기실현과 성장에도 매우 유용한 기법이다. 실제 많은 상담기관, 공공 복지시설, 종교단체, 직장, 학교에서 게슈탈트 기법이 활용되고 있으며, 일반인들을 위한 워크샵도 활발히 개최되고 있다.

(7) 게슈탈트 미술치료

게슈탈트치료는 펄스에 의해서 1960년대 캘리포니아에서 시작이 되었다. 게슈탈트운동의 시작은 1900년대 초로 거슬러 올라간다. 펄스를 중심으로 활동한 이후 25년 동안 점점 확대, 통합되고 지지를 받았다. 펄스는 카리스마를 지닌 사람이었고, 게슈탈트치료가 공표된 것도 그가 활발하게 활동한 덕이었다. 그러나 역사적인 관점에서 보면 게슈탈트 접근을 그저 한 사람이 한순간 나타나 만든 갑작스러운 현상이라고 볼 수는 없다.

심리학계와 정신의학계가 마음과 신체의 관계가 치료에 중요한 요소임을 인식하면서 1960년대부터 미술치료는 본격적으로 심리치료분야에 응용되기 시작했다. 펄스의 게슈탈트치료 또한 이러한 신체와 마음의 관계에 주목하여, 미술치료를 비롯한 통합적 기법들을 창안했다. 게슈탈트치료는 신체와 정신을 하나의 통합체로 파악하므로 정신적 외상은 신체를 동원해 통합적으로 치료해야 한다고 본다. 따라서 심리치료를 위해 고함을 지르고, 신체의 감각에 집중하고, 신체 동작을 연출하면서 억압된 감정을 알아차리고 접촉하는 것이 필요하다는 것이다. 게슈탈트치료자들은 감각운동 활성화를 통해 실험과 탐색을 격려하며 이러한 것이 문제를 명료화하고 인식하도록 해준다고 믿는다.

미술치료에서의 게슈탈트 접근법은 개인이 집단에서 행동하는 방식에 대한 알아차림과 집단 활동을 통한 자신에 대한 새로운 이해와 통찰을 발견하도록 돕는다. 또한 내담자는 매체를 통해 개인적 사건이나 대상, 사물을 시각화해서 확인하고 통제할 수 있어서 무력감을 감소시키고 자기 자신을 수용하는 것이 가능하다. 과거에 경험했지만 의식하지 못했던 미해결 과제를 기억하기도 하고, 자신의 욕구나 분노, 슬픔을 더욱더 쉽게 자각할 수 있으며 감정 상태를 작품으로 표현할 수 있게 되고, 이와 동일시하고, 검증하고 통제할 수 있게 된다.

게슈탈트 미술치료는 시각 메시지나 목소리, 음색, 신체언어, 말의 내용으로 개인적 표현성의 전체 형상을 다룬다. 게슈탈트 미술치료는 내담자와 치료자 사이에 책임감 있고 정직하며 직접적 의사소통을 장려하는데 목표가 있다. 시각적으로 묘사된 진술을 상호 간에 탐구하는 데서 내담자와 치료자 사이의 접촉이 있을 수 있다.

게슈탈트 작업에서 꿈을 사용하는 것과 비슷하게, 게슈탈트 미술치료사들은 자발적으로 나타난 시각적 이미지를 사용하여 그것에 표현된 의미를 내담자가 각성하도록 돕는다. 꿈은 현재 세상에서 살아가는 모습을 반영한 실존적 메시지를 나타내는 것이라 할 수 있다. 내담자들은 자신의 꿈속의 각 사람과 사물이 되어봄으로써 스스로 만든 이미지를 사용해 치료 작업을 해나간다. 게슈탈트 미술치료사들도 이러한 방식으로 내담자들에게 자신이 만든 미술작품의 개인적 의미를 깨닫도록 할 수 있다.

상담과정에서 상담자는 역시 게슈탈트의 한 부분이다. 상담자는 자연스럽게 지각하고 능동적으로 반응하는 또 다른 유기체이다. 선, 형, 조직, 색, 운동을 계속하는 것을 내담자가 능동적으로 인지하도록 장려하고 내담자가 창조한 경험을 하고 그들의 유기체적 의식의 한 부분으로 이러한 체험을 하는 것들 돕는다. 상담자는 추상적으로 이야기해서는 안 되며, 명백하게 인식하고 지각하는 현상을 이야기한다.

게슈탈트이론을 바탕으로 상담을 하는 미술심리상담사들은 내담자들이 자신이 만든 시각 메시지 속에서 자신의 욕구와 자원을 지각하는 데 최선의 잠새력을 향상시키도록 도와주어야 한다. 또한, 내담자들이 자신의 작품을 통해 자신을 표현할 때 점, 선, 면, 색이 의미하는 작품의 요소들을 통합하여 전체를 통합하고, 자신을 인식하고 진정한 통찰을 얻을 수 있도록 도와주어야 한다. 그 통찰은 내담자가 자신의 욕구와 감정, 문제를 깨닫고 자신의 잠재적인 무한한 자원을 활성화하도록 도와주는 것이다.

(8) 미술치료기법

① 행복한, 슬픈, 화난 감정 표현하기

■ 목표

- 감정에 관해 이야기함으로써 누구나 다양한 감정을 가질 수 있음을 알게 하고, 표현할 수 있게 한다.
- 내담자가 치료자에게 자신의 감정을 편안하게 드러낼 수 있도록 돕는다.

■ 준비물

- 8절 도화지 1장(다양한 크기의 종이), 크레파스

■ 방법

- 세 가지 서로 다른 얼굴들(행복한 얼굴, 슬픈 얼굴, 화난 얼굴)을 그리게 한다.
- 언제 행복했는지, 슬펐는지, 화가 났는지를 생각하게 한다.
- 행복했을 때, 슬펐을 때, 화가 났을 때를 그림으로 그리거나 글로 나타내도록 한다.
- 그림이나 글을 가지고 내담자와 치료자가 이야기 나눈다.
- 어떤 경우에 행복하고, 슬프고, 화가 나는지?
- 행복한, 슬픈, 화난 감정들을 어떻게 표현하는지?

■ 적용

- 먼저 행복한 감정에서 시작해서 슬픈 감정, 화난 감정 순으로 이야기를 한다.

② 미해결 과제

■ 목표

- 내담자가 건강하게 살아가는 데 방해하는 내면의 미해결 과제를 표현하고 그것을 적절히 다루어 자신의 문제를 극복할 수 있는 기회를 제공한다.

■ 준비물

- 도화지, 크레파스

■ 방법

- 조용한 음악을 들려준다.
- 자신의 미해결 과제를 그림으로 표현하게 한다.
- 표현한 그림을 감상하도록 한다.
- 그림 속에 있는 형태, 선 등을 보고 자신의 느낌을 표현하고 때로는 그림에 표현된 대상이 되어 보기도 한다.

■ 적용

- 표현된 결과물을 가지고 역할 연기나 빈 의자 기법 등과 연결해서 내담자로 하여금 적극적인 표현을 하도록 상담 장면에서 실시할 수 있다. 이러한 과정을 거치면서 자신의 미해결 과제를 찾아보고, 이를 통해 건강한 게슈탈트를 형성하게 된다.

(9) 미술치료실습

프로그램명	감정꾸러미
목표	현재 자신의 감정을 인식하고 신문지를 찢거나 에어캡을 터트리면서 현재의 감정을 알아차리고 표출하도록 한다.
준비물	충분한 양의 신문지, 잡지, 에어캡, 여러 가지 색의 한지, 지끈, 리본, 스티커, 테이프
방법	① 신문지와 잡지를 찢으며 에어캡을 손으로 터뜨리거나 밟으며 자신의 스트레스를 푼다. ② 신문지가 산처럼 쌓일 때까지 계속해서 찢고 구기며 그동안의 쌓여있던 스트레스 상황, 힘들었던 일들을 이야기 하면서 마음속의 감정을 마음껏 발산한다. ③ 신문지가 산처럼 쌓이면 그 안에 들어가서 누워 보기도하고 뒹굴며 놀기도 한다. ④ 그 안에서 충분히 놀며 쉬다가 일어 날 때 신문지를 뿌려주면서 " ~ 를 축복합니다."라고 하면서 내담자를 축복해 준다. ⑤ 평소에 느끼는 나의 감정들을 생각한 후 그 감정의 양만큼 쌓여진 종이를 가져와 각각의 감정들을 그 감정에 어울리는 한지를 골라 묶는다. ⑥ 각각의 감정을 담은 꾸러미에 이름을 붙여주고 이야기 나눈다.
적용	① 어떠한 경우에 이런 감정들을 느끼는지 또 작업을 하기 전의 느낌과 지금 현재의 느낌은 어떠한지 이야기한다. ② 다양한 감정에 대해 이야기를 나누다 보면 힘들고 무거운 감정에 접근 할 수도 있는데 이것을 극복할 수 있도록 내담자에게 '힘이 되었던 것은 무엇이었는지'에 대해 이야기를 나누는 것이 좋다.
작품사진	 [그림 4-22] 감정꾸러미

4 해결중심모델

드쉐이져 & 인수 김 버그
(S. de Sharzer, 1940~2005 & Insoo. Kim Berg, 1934~2007)

해결중심모델은 드쉐이져(de Shazer)와 인수 김 버그(Insoo Kim Berg) 부부 그리고 미국 밀워키에 있는 그들의 동료들과의 작업을 통해 시작되었다. 정신건강연구소(MRI)에서 함께 활동하다 이후 1978년 단기가족치료센터(BFTC)를 설립하였다. 이곳에서 개발된 치료모델을 1982년 해결중심단기치료(solution-foucused brief therapy)라 부르기 시작하였다. 전통적 방법에서는 참여자의 문제원인과 성질을 이론에 근거하여 연역적으로 추론하는 반면 해결중심모델은 참여자의 문제해결에 무엇이 가장 도움이 되는지에 초점을 맞추어 해결책을 구축해 가는 귀납적 방법으로 개발되었다. 해결중심모델은 근본적으로 모든 내담자는 자신의 문제를 해결 할 수 있는 능력을 갖고 있다고 믿으며, 따라서 인간의 잠재능력에 대한 신뢰는 해결중심모델의 중심철학이 된다.

해결중심모델은 문제를 다루는 데 있어서 성공했던 경험, 강점과 자원 그리고 능력에 일차적인 초점을 두고, 무엇이 잘못되었는지 보기보다 잘 된 것과 그 활용에 관심을 가지며, 문제(problem)가 아닌 해결(solution)에 중점을 두는 특징을 갖는다(DeJong & Berg, 1998). 해결중심모델의 형성과 발달에 영향을 미친 것은 MRI의 단기치료모델과 에릭슨(M. Ericson)의 치료방법, 사회구성주의적 관점으로 볼 수 있다.

1) 해결중심모델의 특성

해결중심모델은 내담자가 원하는 것에 주목하여 현재에서 더 나아지기 위해 노력하도록 방향을 설정하고 돕는 역할을 실천원리로 제시하고 있다. 이는 복잡하고 어려운 문제를 갖고 있는 내담자라고 할지라도 자신이 원하는 것이 무엇인가를 알게 된 순간 이후 목표를 이루기 위해 노력한다는 선험적인 사실에 근거한다.

내담자가 원하는 해결책을 모색하는 주요한 과정으로 잘 형성된 목표를 발전시키고, 해결이 조금이라도 이뤄지고 있는 예외상황에 기초하여 미래의 행동을 변화시키는 데 초점을 둔다. 미래에 초점을 맞추는 것은 해결중심 상담자로 하여금 문제를 탐색하는 시간을 줄이는 대신 내담자와 함께 해결책으로 빠르게 이끄는 행동과업을 수립하게 하게 하는 요인이 된다(Franklin et al., 2001).

해결중심모델은 내담자가 원하는 변화에 관한 구체적인 목표를 형성하는 것과 예외에 근거한 해결방법을 발전시키는 두 가지 실천 활동을 중심으로 이 과정에서 내담자를 자신의 삶의 전문가로 보기 때문에 무엇보다 그들의 인식과 역량을 중요하게 고려한다(노혜련·허남순, 2004). 이렇듯 해결중심접근은 내담자 자신이 원하는 해결책을 찾을 수 있도록 돕는 데 사용할 수 있는 질문을 토대로 구체적인 전략과 방법을 개발해 강점관점실천을 현장에서 실현하는 데 크게 이바지하고 있다(Weick, Kreider & Chamberlain, 2006).

2) 해결중심모델의 주요 개념

해결중심모델은 인간에 대한 긍정적인 철학, 인간의 잠재적인 자원, 문제해결능력, 과거의 성공적인 경험, 변화욕구등을 중요시 하고 있으며 문제란 항상 발생하지 않는다는 가정을 기본 전제로 한다(Berg, 1994).

(1) 해결책 구축의 기본단계

첫째, 문제의 기술

내담자의 문제에 대해 약간의 설명을 들으나 문제의 원인이 될 만 한 것은 묻지 않는다. 문제중심적 대화를 경청하나, 해결중심적 대화로 전환할 방법을 모색한다.

둘째, 잘 형성된 목표를 발전시키기

내담자의 문제가 해결되었을 때 '삶의 무엇이 달라질 것인가?'를 이끌어내기 위해 사정 착수 시점에서 진행한다.

셋째, 예외를 찾아내기

내담자가 생활하면서 문제가 일어나지 않거나 덜 심각한 경우에 대한 질문을 하며, 예외상황으로 이끌기 위해 '누가 무엇을 했는지'에 대해 질문한다. 개입계획 수립시점을 대신한다.

넷째, 매회 면접 종결 시의 피드백

몇 가지의 제안을 포함한 메지지를 고안한다. 내담자가 자신의 문제해결에 유용한 것들을 하고 있다는 것을 강조하는 데 도움이 된다. 개입진행 시점에 피드백을 고안하여 제공한다.

다섯째, 내담자의 진보에 대한 평가

내담자가 만족할 만한 해결책 달성을 위해 어떻게 하는지에 대한 평가는 척도에 의해 이루어진다. 문제중심적 접근은 과학적 전문지식 적용을 통해 작업을 하나 해결중심적 접근은 내담자를 삶의 전문가로 인정하여 내담자의 준거틀에 의존한다. 해결중심적 접근의 상담자는 내담자의 문제를 과학적으로 사정하고 개입하는 전문가로 보지 않는다.

(2) 질문기법

해결중심접근의 질문기법은 심리학, 언어학, 사회구성주의, 의사소통이론의 측면에서 많은 관련 학자들이 계속적으로 수정 · 보완해온 것이며 효과성이 반복 연구된 매우 전략적인 질문들이다. 질문기법의 특성은 내담자의 참여와 반응을 촉진하며 질문과 응답 과정에서 내담자가 자신의 강점과 자원을 발견하여 스스로 해결책을 구성하도록 돕는 것이다. 해결중심접근에 사용하는 독특한 질문들은 다음과 같다(정문자 외, 2008).

① **첫 면담전의 변화에 대한 질문**: 내담자가 면담을 약속한 후 치료실에 오기까지 변화한 것에 대해 알아보는 것은 문제해결에 매우 중요한 단서를 제공해 줄 수 있다.

② **예외질문**: 어떠한 문제라도 예외는 있다는 것이 해결중심접근의 기본 전제 이므로 내담자가 우연히 성공한 것이라도 찾아내어 이를 의도적으로 계속해보도록 격려한다.

③ **기적질문**: 기적질문은 기적에 대하여 질문함으로써 내담자에게 변화의 가능성에 대하여 제한 없이 자유롭게 생각할 수 있게 해준다. 내담자가 과거와 현재의 문제로부터 떨어져서 해결책을 상상하게 하는 것이다. 이 질문을 통해 상담자는 내담자가 바꾸고 싶어 하는 것을 스스로 설명하게 하여 내담자의 준거틀을 이끌어 내며 목표를 설정하도록 유도한다.

④ **척도질문**: 척도질문은 변화에 대한 동기를 강화하고 다음 단계로 발전하기 위해 무엇을 해야 할 것인가에 대한 탐색을 위해 만들어진 질문이다. 문제의 우선순위, 성공에 대한 태도, 변화에 대한 의지, 진행에 관한 평가 등을 수치로 표현하도 록 한다.

⑤ **대처질문**: 대처질문은 어려운 상황을 어떻게 잘 견뎌왔는지에 대해 질문함으로써 내담자가 그동안의 자신의 노력과 의지를 발견하고 성공적 경험을 느낄 수 있게 한다. 이러한 질문은 미래를 절망적으로 보며, 희망이 없다고 생각하는 내담자에게 사용한다.

⑥ **관계성질문:** 사람이 자신의 희망, 힘, 한계, 가능성 등을 지각하는 방식은 중요한 타인이 자신을 어떻게 보고 있을까라는 생각과 밀접한 관계가 있다. 내담자가 자신을 중요한 타인의 눈으로 보게 되면, 이전에는 없었던 가능성을 만들어 낼 수도 있다.

(3) 상담자와 내담자의 관계유형

해결중심접근에서는 내담자와 상담자와의 관계를 고객형, 불평형, 방문형 세 가지로 구분한다. 이러한 관계 유형은 내담자의 개인적 특성을 의미하는 것이 아니라 내담자와 상담자 사이에 일어나는 상호작용의 본질을 설명한 것이다. 내담자와 상담자의 상호작용을 강조하는 이유는 치료 효과가 내담자에게 달려 있다고 보는 전통적 모델의 관점을 벗어나 양쪽 모두에게 달려있다는 사실을 상담자에게 상기시키기 위한 것이다(김유숙, 2006).

첫째, 방문형은 내담자가 치료에 비자발적으로 참여하는 경우이다. 치료적 과업은 내담자가 치료에 참여하면서 그가 무엇을 찾고 있는지를 분명히 하는 것과 같은 실행 가능한 목표를 만드는 것 이다.

둘째, 불평형은 해결책이 다른 누군가의 변화를 통해 이뤄질 수 있다고 믿는다. 치료적 과업은 문제와 해결에 대한 내담자의 지각을 바꾸어서 내담자가 자신만이 문제를 해결하기 위해 무언가를 할 수 있는 사람임을 깨닫고 자신이 어떻게 변화해 나가야 할지 방향을 찾게 한다.

셋째, 고객형은 자신과 관련된 치료목표를 표현하고 다양한 방법으로 자신의 행동을 변화시킬 준비가 되어있다. 이때 상담자는 내담자와 더불어 그가 먼저 행하고자 하는 조치가 무엇인가를 밝혀야 한다(정문자 외, 2008).

(4) 피드백의 작성과 전달(노혜련 · 허남순 공역, 2004)

해결중심접근에서 말하는 면접 종결 시의 피드백은 전통적 문제중심적 접근에서의 개입방법과는 다르다. 문제중심적 접근에서는 상담자 내담자 문제의 본질에 대한 정보를 이용해 어떤 조치가 내담자에게 가장 좋은지를 결정한다. 그러나 해결중심접근이 내담자에게 제공하는 피드백은 해결책 구축에 도움이 될 수 있는 정보를 체계화하고 강조하는 것이다.

첫째, 피드백의 작성

면접 이후 휴식시간을 이용하여 내담자가 이야기한 내용을 생각하며, 그에게 도움이 될 피드백 · 제안을 만든다. 면접 초기 내담자에게 휴식시간의 목적에 대하여 충분히 설명하도록 한다.

둘째, 피드백의 구조

내담자를 위한 피드백을 만들 때는 드쉐이져와 그의 동료들이 개발한 구조를 채택 하는 것이 좋다(de Shazer et al., 1986). 이 구조는 칭찬, 연결문, 과제의 세 부분으로 구성되어있다.

- 칭찬: 피드백을 칭찬으로 시작하는 것은 희망을 불러일으킬 뿐만 아니라 해결책은 내담자의 목표를 중심으로 내담자의 성공(예외)과 강점을 동원함으로써 구축된다는 것을 암시한다. 칭찬은 내담자에게 중요한 것이 무엇인지를 분명하게 해준다. 칭찬은 내담자의 성공 경험들과 이들을 통해서 나타난 감정을 인정해 주는 것이다.

- 연결문: 처음의 칭찬과 뒤따라 올 제안이나 과제를 연결해주는 피드백의 한 부분이다. 연결문은 상담자의 제안에 대한 근거를 제공한다. 내용은 보통 내담자의 목표, 예외, 강점 또는 지각으로부터 이끌어낸다.

• 과제: 두 가지 유형으로 관찰과제, 행동과제로 분류되며 관찰과제에서는 상담자가 생각하기에 해결책을 구축하는 과정에 도움이 될 것이라고 생각하는 특별한 부분에 내담자가 주의를 기울일 것을 제안한다. 행동과제는 상담자가 생각하기에 해결책을 구축하는 데 있어 내담자에게 도움이 될 만한 어떤 일을 실제적으로 하도록 제시하는 것을 말한다. 면접에서 얻은 정보에 기초하기 때문에 내담자의 준거틀에서 볼 때 의미 있는 것이 되어야 한다.

3) 해결중심적 미술치료

(1) 해결중심 미술치료의 효과성

릴리(Riley, 1999)는 해결중심의 개념들이 대부분의 내담자들에게 유용하며 단기치료를 표방할 때 더욱더 그러하다고 했다. 기존의 전통적 방법으로의 미술치료와 해결중심을 기반으로 한 미술치료와의 가장 중요한 차이는 내담자 중심으로 진행하는 것이다. 전통적인 미술치료는 내담자가 상담자와 함께하는 안전한 환경에서 자신의 분노와 좌절감, 공격성, 불안감 및 불확실한 느낌을 표출하고 경험하는 것이 좋다는 전제에 근거한다. 수용적인 상담자와 장기간의 치료적 관계를 갖는 것이 문제에서 치유되고 회복되는 경험이 될 수 있다고 본다. 때로는 정서적으로 둔감하게 되어 이전과 다른 행동패턴을 구축하거나 새로운 기술을 발전시킨다(Berg & Steiner, 2003: 유재성, 장은진 역, 2009). 그러나 해결중심접근은 내담자를 그의 삶에 전문가로 이미 해결책을 가진 존재로 보며, 병리적으로 보지 않고 이론의 틀에 맞추어 진단하지 않는다. 자신들이 원하는 가장 중요한 것을 성취 가능한 것으로 구체화하여 잘 형성된 목표를 설정하고 작은 변화를 통해 희망을 갖을 수 있도록 한다. 상담자의 이러한 태도는 내담자와 긍정적인 치료적 관계를 형성하는 데 도움이 된다. 또한, 변화를 불가피한 것으로 보고 문제가 발생하지 않는 예외상황을 찾아내어 긍정적인 변화를 증가시키며 내담자가 희망하는 미래의 상황을 구축하는 데 초점을 둔다(정문자 외, 2008).

해결중심 미술활동은 내담자들이 원하는 것에 초점을 맞추고 그들의 강점과 자원, 잠재적 능력을 발견하도록 하며 현재에서 미래로의 관점으로 외현화된 작품과 그들의 이야기를 통해 해결책을 가속화 할 수 있다(Riley, 1999).

(2) 해결중심 미술치료

해결중심적 접근은 내담자를 그의 삶에 전문가로서 이미 해결책을 가진 존재로 보며, 병리적으로 보지 않고 이론의 틀에 맞추어 내담자를 진단하지 않는다. '문제중심'이 아닌 '해결중심'으로 치료 과정을 이끌어 간다. 내담자 작품에서 병리를 찾지 않으며, 내담자가 진심으로 원하는 삶의 목표를 찾아가는 데 의의를 둔다. 내담자가 원하는 결과를 성취하기 위해 그들이 지닌 건강한 개인적 특성·강점·자원·환경을 활용하며 증상까지도 치료에 활용한다. 상담자는 내담자를 지시하거나 문제의 해결책을 제시하지 않으며, 상담자와 내담자가 함께 목표를 설정하고 해결방안을 계획하며 내담자가 잘못한 것에 초점을 두는 대신에 성공한 것과 성공하게 된 구체적인 방법을 발견하려고 노력한다.

(3) 해결중심 미술치료기법

① 기적화

■ **목표**

- 기적질문을 통해 변화의 가능성에 대하여 제한 없이 자유롭게 생각할 수 있게 해준다. 내담자가 바꾸고 싶어 하는 것을 스스로 설명하게 하여 내담자의 준거틀을 이끌어 내고, 변화하기 원하는 삶의 목표를 설정하도록 유도한다.

■ **준비물**

- 도화지, 색연필, 사인펜, 크레파스 등

■ 방법

- 해결중심 질문기법인 기적질문을 통해 내담자가 바꾸고자 하는 것이 무엇인지 자유롭게 설명하도록 한다.

* 지시문(성인) : "평소와 다름없이 잠을 잤습니다. 아침이 되었습니다. 잠에서 깨어나 눈을 뜨니 무언가 평소와는 조금 다른 느낌이 듭니다. 무엇을 보면 나에게 기적이 일어났다고 생각이 들까요?"
* 지시문(아동) : "뾰로롱~ 간밤에 착한 마법사가 나타나 소원을 물었습니다. 여러분은 소원을 말하고 곧 잠이 들었어요. 아침이 되었습니다. 잠에서 깨어나 눈을 뜨니 평소와는 조금 다른 느낌이 듭니다. 무엇을 보면 나에게 기적이 일어났다고 생각이 들까요?"

- 기적질문에서 설명한 내용을 그림으로 표현한다.
- 기적질문에서 설명한 내용 외 기적화에 추가된 것이 있는지 기적화 작품에 대한 전체적인 설명을 요청한다.
- 내담자가 진심으로 원하는 변화목표를 설정할 수 있다.

■ 적용

- 지시문의 내용대로 기적질문을 한다. 기적은 제한이 없으며 내담자가 생각하는 기적을 자유롭게 설명하도록 한다. 기적화에 표현된 내담자의 기적은 무엇인가? 기적화의 내용처럼 되기 위해 도움이 될 만한 것은 어떠한 것들이 있는가? 등에 대해 이야기 나눈다.

② 성공스토리 6컷 만화

■ 목표

- 내담자의 성공 경험과 성공을 이끈 구체적인 방법을 발견하도록 한다.

■ 준비물

- 도화지, 색 도화지, 색연필, 사인펜, 자, 가위, 풀 등

■ 방법

- 성공은 대단한 것이 아니며 일상과 조금 다른 예외 상황에서 발생된 작은 경험임을 설명한다.

*지시문 : "미술치료에 참여하며 근래 성공적인 경험을 한 적이 있는지 생각해 보세요. 여기에서 성공은 우리가 아는 대단한 성공을 말하는 것이 아닙니다. 평소와 다른 예외 상황에서의 작은 성공 경험을 의미합니다. 6칸의 도화지에 나의 성공 경험을 만화처럼 꾸며보세요."

- 흰 도화지 또는 A4 용지를 6칸으로 나누어 6컷의 만화로 나의 성공스토리를 그린 후 다양한 컬러 펜을 사용해 채색한다.
- 완성된 흰 도화지 또는 A4 용지 그림을 색 도화지 위에 풀칠하여 붙인 후 성공스토리의 제목을 적는다. 이후 내담자의 성공 경험에 관해 이야기 나누며 예외 상황을 발견할 수 있도록 돕는다.

■ 적용

성공 경험은 예외 상황의 발견과 연결된다. 성공 경험이 가능할 수 있었던 당시 상황이 평소와는 어떤 차이점이 있는지 구체적으로 살펴보도록 한다. 삶을 부정적으로, 문제 중심적으로 보는 내담자의 관점을 긍정적으로 전환시키는데 유용하다.

③ 강점발견 - 강점꾸미기

■ **목표**

- 내담자의 건강한 특성과 강점, 잠재적 가능성을 발견한다.

■ **준비물**

- 도화지, 색 도화지, 색연필, 사인펜, 크레파스, 색종이, 가위, 풀 등

■ **방법**

- 내담자가 지각하는 자신의 강점을 작품으로 표현한다. 작품은 내담자의 가장 긍정적 이미지를 표현하며 다양한 재료를 사용하여 자유롭게 꾸민다.

*지시문 : "자신의 가장 긍정적인 이미지를 작품으로 표현해 보세요." 어떻게 해야 할지 힘들어하는 내담자들에게 힌트를 줄 수 있다. 예를 들어 자신의 성격이 밝고 마음이 따뜻한 편이라고 생각되면 봄 동산이나 밝은 태양 등으로 이미지화 할 수 있다. "다양한 재료를 활용하여 자유롭게 작품을 꾸미고 작품에 자신의 강점 다섯 가지 정도를 표현해보세요."

- 완성된 작품에 자신의 강점을 글 또는 이미지로 눈에 잘 보일 수 있게 표현한다.
- 작품 내용과 작품에 표현한 내담자의 강점에 대하여 이야기 나눈다. 이때 상담자가 상담 과정에서 발견한 내담자의 강점을 알려주며 칭찬하고 지지한다.

■ **적용**

내담자가 원하는 결과를 성취하기 위하여 그들이 지닌 건강한 개인적 특성과 강점, 자원을 발견하는 것은 매우 중요하다. 내담자 스스로가 지각하는 자신의 강점을 긍정적 이미지 작품에 구체적으로 표현하며 문제중심적, 병리적사고에서 해결중심적 사고로 전환하도록 유도한다. 자신감, 자존감이 부족한 아동, 청소년 대상에 유용하다.

4) 미술치료실습

프로그램명	기적화
목표	기적 질문을 통해 변화의 가능성에 대하여 자유롭게 생각할 수 있게 한다. 내담자가 바꾸고 싶어 하는 것을 스스로 설명하게 하여 내담자의 준거틀을 이끌어내고, 변화시켜 원하는 삶의 목표를 설정하도록 한다.
준비물	도화지, 사인펜, 색연필, 크레파스 등
방법	해결중심 질문기법인 기적질문을 통해 내담자가 바꾸고자 하는 것이 무엇인지 자유롭게 설명하도록 한다. 이후 기적질문에서 설명한 내용을 그림으로 표현한다. 기적질문에서 설명한 내용 외 기적화에 추가된 것이 있는지 기적화 작품에 대한 전체적인 설명을 요청한다.
적용	N복지관 우울증진단을 받은 여성노인 대상의 집단 미술치료에서 미술치료 초기 기적화 작업을 통해 내담자가 진심으로 원하는 것이 무엇인지를 탐색 후 변화의 목표를 설정하였다.
작품사진	 [그림 4-23] 기적화

5 미술치료의 통합적 접근

미술치료를 접하면서 여러 가지 미술치료이론들을 살펴보았다. 다양한 이론들에 대하여 학습하고 연구하며 색다른 방법의 작업으로부터 영감을 받는 것도 좋다고 본다. 그러나 실제로 치료를 담당하는 상담자들은 이 모든 이론들을 함께 다룰 것인지, 어느 하나의 주된 이론적 틀을 선택할 것인지, 관련성 있는 이론들을 묶어서 적용할 것인지 갈등하게 될수 있을 것이다.

초기 미술치료의 역사를 다루면서 나움버그(Naumburg)와 크레이머(Kramer)의 입장을 정리 한 적이 있다. 전자는 치료 쪽에, 후자는 미술 쪽에 강조를 두고 있는데 울만(Ulman)은 이 두 입장이 양립할 수 있다고 주장하면서 통합을 주장하였다. 그러나 동시에 두 가지를 추구할 수 없으므로, 하나를 선택하면 하나는 희생을 한다는 의미를 내포하고 있다.

아마도 미술치료사들은 필요하다 싶을 때 적절하게 입장을 변화시켜 나가고 있을 것이다. 사실 대부분의 미술치료사들은 내담자에게 가장 적절하다고 생각하는 이론을 선택하는 실용주의적 입장을 가졌다고 표현하는 것이 맞을 것이다.

치료의 도구는 내담자의 자아와 조화를 이루는 상담자의 자아이다. 미술치료의 기본적인 도구는 언어도 아니고, 물감도 아니며 붓과 크레파스도 아니다. 미술치료에서 일어나는 모든 관계는 전이라는 틀 안에서 이루어진다. 치료하고자 하는 노력은 창조적인 일이라고 할 수 있다. 각각의 상담자마다 성향과 개성이 다르므로 비슷한 상담자들 간에 심리이론과 치료목표에 대해 유사한 관점을 가졌다고 하더라도, 상담자마다 자기만의 스타일에 따라 치료하게 되는 것이다. 앞에서 살펴본 각각의 이론들은 그것을 만든 학자의 생활경험과 독특한 욕구에 조화되어 발전하였으므로 상담자 역시 자신의 잠재력을 최대한 활용하려면 적용 가능한 여러 이론들과 치료적 모델들 중에서 적절한 것을 선택하고 종합해야 할 것이다.

본 장에서는 앞서 살펴본 각 심리이론과 치료 체계 간의 공통점과 차이점을 언급하면서 통합적 관점의 장점들과 있을 수 있는 문제점들을 함께 다룰 것이다. 각 심리이론은 공통된 목표도 있지만 각 체계의 목표를 달성하는 최선의 방법은 다를 수 있을 것이다. 그리하여 단순히 기본개념을 정리하는 데 그칠 것이 아니라 서로 다른 이론들의 다양한 요소를 통합하고 이 체계들을 조화롭게 사용할 수 있는 방안을 다지는 기회가 되었으면 좋겠다.

1) 기본철학

정신분석이론	인간은 기본적으로 생애 초기의 정신적 에너지에 의해 영향을 받으며 현재 행동의 핵심은 무의식적 동기와 갈등이다. 인간은 성적 충동과 공격적 충동에 의해 동기화되며 성인의 성격적 문제는 아동기의 갈등이 억압된 것에 기인한다.
분석심리이론	인간의 본질은 정신의 전체성에 있다. 인간의 일생은 자기를 찾아가는 과정이다. 인생의 전반기의 과제는 자아강화이고, 후반기의 과제는 자기강화이다.
대상관계이론	환경과 모성적 역할에 역점을 둔다. 생애 초기의 대상과의 관계가 이후의 환경과의 관계에 영향을 미친다.
행동주의이론	행동은 학습의 산물이며, 인간은 환경에 의해 만들어지기도 하고 환경을 만들기도 한다. 전통적 행동치료는 고전적 조건형성과 조작적 조건형성에 근거하며 현대의 행동치료는 다양한 분야로 발전하였다.
인지행동이론	인간은 합리적 사고를 할 잠재력뿐만 아니라 왜곡된 사고를 할 잠재력도 함께 가지고 있다. 인지는 감정과 행동을 결정하는 요인이며, 치료는 인지와 행동을 중요시하고, 사고, 판단, 분석, 행동 재결정 등을 강조한다. 이 모형은 심리 교육적이고, 학습과정을 강조한다.
인간중심이론	긍정적인 인간관. 인간은 완전히 기능하려는 경향이 있다. 치료관계에서 내담자는 이전에 인식하지 못했던 감정들을 경험하게 된다. 내담자는 잠재력을 실현시키고 인식, 자발성, 자기 신뢰, 내적 지향성을 증가시킨다.
게슈탈트이론	인간은 사고, 감정, 행동의 전체성과 통합을 위해 노력한다. 이 관점은 비결정론적이며 지금-여기에 기본을 두고 개인의 선택과 책임을 강조한다.
해결중심모델	내담자를 병리적으로 보지 않고 진단과 문제의 원인을 밝히는 것을 거부하며, 내담자의 힘과 자원을 찾는 데 초점을 둔다.

2) 주요개념

정신분석이론	정상적인 성격발달은 심리성적 발달단계를 성공적으로 해결하고 통합하는 과정을 통해 형성된다. 원초아, 자아, 초자아는 성격구조의 기본이며, 지형학적 이론에 의하면 의식, 전의식, 무의식의 차원이 있고 현재 행동의 핵심은 무의식이다. 불안은 기본적인 갈등을 억압하는 결과로 발생하는데, 어려움이 발생하면 자아 방어기제를 사용하게 된다.
분석심리이론	인간의 정신은 의식, 개인 무의식, 집단 무의식으로 구성되며, 원형에는 페르소나, 아니마와 아니무스, 그림자가 있고 그것들을 통과하여 자신을 찾는 과정이 개성화(자기실현)이다.
대상관계이론	유아의 성숙과정을 촉진시키는 촉진적 환경과 충분히 좋은 어머니의 역할, 중간대상 등의 개념이 있으며 대상 관계에 문제가 있는 내담자나 자기애적인 내담자를 퇴행, 전이시켜주는 과정을 통해 돕는다.
행동주의이론	외현적 행동, 치료목표의 명확화, 구체적 치료계획 수립, 치료 결과에 대한 객관적인 평가 등을 중요시한다. 학습이론원리에 근거하며, 행동은 강화와 모방을 통해 학습된다. 이 접근은 현재의 행동을 강조한다.
인지행동이론	신경증은 비합리적 사고나 비합리적 행동에서 기인한다. 신념체계가 정서장애의 원인이므로 내담자는 특정 신념체계의 타당성을 검증해야 한다. 잘못된 가정과 잘못된 개념을 검토하고 합리적인 신념으로 대체하는 데 초점을 둔다.
인간중심이론	내담자는 문제를 인식하고 해결하는 능력을 가지고 있으며, 부적응은 이상적 자기와 실제적 자기의 불일치가 있을 때 생긴다. 내담자의 자기 지향능력에 대해 신뢰하며 지금-여기, 경험, 감정의 표현을 중요시한다.
게슈탈트이론	내담자들이 그들의 극단적인 면을 수용하도록 돕기 위해 지금 여기서 경험하는 것이 무엇이고, 어떻게 경험하는가에 관심을 기울인다. 핵심개념은 게슈탈트 형성과 해소, 미해결 과제와 알아차림, 접촉 등이다.
해결중심모델	문제를 표면화하고 현재와 미래를 강조하며 예외를 찾는 데 초점을 둔다. 치료 과정은 상담자와 내담자가 함께 해결책을 찾아가는 협력적인 과정이다.

3) 상담목표

정신분석이론	무의식의 의식화, 기본 성격의 재구성, 내담자가 초기 경험을 재현하고 억압된 갈등을 훈습하도록 돕는다.
분석심리이론	자아 강화가 필요한 내담자에게는 현실적응을 돕고, 인생의 후반기의 내담자들에게는 자신의 내면세계로 시선을 돌려 자기를 강화시켜 정신적 균형 상태에 이르도록 돕는다.
대상관계이론	내담자가 역기능적인 개인 내적인 통찰을 하고 자아를 강화시켜 온전한 대상관계를 형성하도록 하고 현실적이고 수용적인 태도를 갖도록 돕는다.
행동주의이론	부적응 행동을 제거하고 보다 효율적인 행동을 학습시킨다. 행동에 영향을 주는 요인에 관심을 가지고 문제행동을 다룰 방법을 찾는다.
인지행동이론	자기 패배적 인생관을 없애고 더 관대하고 합리적인 인생관을 획득할 수 있도록 돕는다.
인간중심이론	내담자가 자기탐색을 할 수 있는 안전한 분위기를 조성하여 성장을 차단하는 요소를 인식하고 부인하거나 왜곡시켰던 자신의 측면을 경험하도록 한다. 개방성, 자신에 대한 신뢰, 자발성과 생동감을 향해 나아가도록 돕는다.
게슈탈트이론	내담자들이 순간순간의 경험에 대해 인식을 획득하고 자신의 감정을 자각, 의식, 통합하도록 하며, 실존적인 삶을 통해 성숙한 인간이 되도록 돕는다.
해결중심모델	구체적이고 명확하며 관찰 가능한 목표를 설정하고 자신의 능력과 자원을 개발하도록 돕는다. 내담자가 자신을 긍정적 관점에서 보고 자신의 현재와 미래의 문제를 해결할 수 있도록 한다.

4) 상담자와 내담자의 관계

정신분석이론	상담자는 익명으로 있고 내담자는 상담자에 대해 투사를 형성한다. 전이를 다루며 저항을 감소시키고 내담자들은 자유연상을 통해 갈등을 표출하고 이야기함으로써 통찰을 획득한다. 상담자는 과거와 관련시켜 현재 행동의 의미를 가르쳐주기 위해서 해석한다.
분석심리이론	상담자는 자신의 교육 분석을 받아야 한다. 내담자에게는 어떤 것도 강요하지 않고 상담자 자신의 인격으로 라포를 형성 한다.
대상관계이론	내담자를 안아주고, 반영해주는 '충분히 좋은 어머니(Good Enough Mother)'의 역할을 해 준다.
행동주의이론	상담자는 적극적이고 지시적이며 내담자가 보다 효율적인 행동을 학습하도록 돕는 교사나 훈련가로 기능한다. 내담자는 이러한 과정과 새로운 행동을 연습하는데 적극적으로 참여한다.
인지행동이론	상담자는 교사이고 내담자는 학생이며, 상담자는 매우 지시적이고 인지적 변화를 가져오도록 내담자를 가르치고, 내담자의 역기능적 신념들을 찾고 대안적 행동을 발견하도록 돕는다. 내담자들이 문제에 대한 통찰을 얻고 나면 자기-패배적 사고와 행동을 적극적으로 변화시키려고 노력한다.
인간중심이론	치료관계가 매우 중요하며 진실성, 정확한 공감, 존중, 허용 등의 태도를 전달하는 상담자의 자질을 강조한다. 내담자들은 상담자와 진정한 관계에서 배운 것을 다른 관계에도 적용하게 된다.
게슈탈트이론	상담자는 내담자 대신 해석을 해 주지 않고 내담자가 스스로 해석할 수 있는 방법을 개발할 수 있도록 도와준다. 내담자는 현재 기능하는 데 방해가 되는 과거의 미해결 과제를 찾아내서 작업한다.
해결중심모델	치료관계는 협력적 관계이며 내담자를 자신의 삶에 대한 전문가로 본다. 상담자들은 문제중심 대화보다는 해결중심 대화를 하도록 돕는다. 내담자가 자신의 힘을 발견하고 행복한 삶을 살 수 있도록 격려한다.

5) 치료기법

정신분석이론	해석, 꿈의 분석, 자유연상, 저항 분석, 전이 분석 등이 핵심기법이며, 이러한 기법은 내담자가 자신의 무의식적 갈등을 가져올 수 있도록 하는 데 초점이 있고 이를 통해 통찰을 획득하도록 해준다. 진단과 심리검사를 사용하기도 한다.
분석심리이론	꿈의 해석, 상상 활동 촉진법, 언어연상 테스트, 적극적 심상 등이 있고 그 밖에도 내담자에게 적합하다면 어느 이론의 기법이든 사용한다.
대상관계이론	충분히 좋은 엄마가 되어주기 위해 안아주기, 반영하기, 놀이하기 등의 기법을 적용한다.
행동주의이론	주요기법으로 체계적 둔감법, 이완법, 행동 시연, 강화기법, 모델링, 자기표현훈련, 사회기술훈련 등 다양한 기법들이 있다. 계획을 결정하는 것과 별개로 진단이나 평가를 한다.
인지행동이론	상담자들은 다양한 인지적, 정서적, 행동적 기법들을 사용하고 각각의 내담자에 맞추어서 기법을 다양하게 적용한다. 적극적, 지시적, 시간-제한적, 현재 중심적, 구조화된 치료이다. 비합리적 신념 반박, 과제, 활동기록, 대안적 해석, 언어, 사고방식 바꾸기, 역할놀이, 그릇된 신념 직면 등과 같은 기법이 있다.
인간중심이론	기법을 많이 사용하지 않지만 상담자의 태도를 중요시한다. 기본기법에는 적극적 경청, 감정반영, 명료화, 함께 있어 주기 등이 있다. 진단검사, 해석, 정보를 얻기 위한 질문지 등은 사용하지 않는다.
게슈탈트이론	내담자의 경험을 강렬하게 하고 갈등감정을 통합시키기 위한 다양한 실험들을 고안하였다. 직면, 역할놀이, 감정에 머무르기, 빈 의자 기법, 꿈 작업 등이 있다.
해결중심모델	상담자들이 사용하는 주요기법에는 치료 전의 변화에 대한 질문, 예외질문, 기적질문, 척도질문, 대처질문 등의 다양한 질문기법이 있다.

6) 이론의 적용

정신분석이론	상담자가 되고자 하는 전문가, 치료 경험이 있고 분석을 더 받고자 하는 사람, 고통받고 있는 사람에게 적절하다. 자기중심적이고 충동적 내담자나 심각한 정신병적인 상태의 사람에게는 적합하지 않다. 개인상담, 집단치료로 실시할 수 있다.
분석심리이론	중년의 위기에 처한 내담자들에게 특히 유용하다. 삶이 공허하고, 무의미하게 느껴지는 내담자에게 적절하다.
대상관계이론	유아들 그리고 자기애적 인격 장애를 가진 내담자들, 건강염려증, 중독성 장애 환자들에게 유용하다.
행동주의이론	개인, 집단, 부부, 가족치료에 다양하게 적용한다. 공포 장애, 우울증, 성행동 장애, 아동의 행동 장애, 말더듬에 적절하다. 행동치료 원리들은 소아과, 스트레스 관리, 행동 의학, 교육학, 노인학에도 적용된다.
인지행동이론	우울, 불안, 부부 문제, 스트레스 관리, 자기표현훈련, 섭식장애, 공황발작 등에 널리 적용되고 있다. 인지를 수정하는 경우에 특히 적합하며 다양한 구체적인 문제들을 지닌 광범위한 내담자에게 적용될 수 있다.
인간중심이론	개인, 집단상담 등 적용 범위가 넓다. 위기개입작업의 초기 단계에 적합하다. 치료 원리는 부부치료, 가족 상담, 지역사회 프로그램, 인간관계훈련에 적용된다.
게슈탈트이론	다양한 문제와 내담자에게 적용된다. 위기개입, 다양한 정신장애 심리상담, 부부치료, 가족상담, 아동기의 행동문제, 학습, 개인, 집단상담에 모두 유용하다. 감정을 표출시키고 내담자로 하여금 현재의 경험과 접촉할 수 있도록 하는 강력한 촉매 역할을 한다.
해결중심모델	적응장애나 불안, 우울이 있는 사람들에게 효과적이다. 아동, 청소년, 성인, 부부, 가족, 공동체에 적용할 수 있으며 집단상담에도 적합하다.

7) 공헌도

정신분석이론	많은 발전과 논쟁을 낳았고 미술치료를 포함한 다양한 심리치료에게 자극을 주었다. 성격구조와 성격 기능에 관한 상세하고 포괄적인 기술을 제공한다. 주요 행동 결정요인으로서의 무의식과 초기 6년 동안의 외상 경험을 강조했다. 전이와 역전이, 저항, 불안의 역동, 자아 방어기제를 강조하였다.
분석심리이론	결정론적이지 않으며 융통성이 있고 내담자에게 맞는 것은 어떤 방법이든 적용한다. 생애 후반기의 문제 이해에 도움을 준 이론이다.
대상관계이론	생애 초기에 양육자와의 관계의 중요성을 인식시켜줌으로써 대상과 관계를 맺는 방식에서 문제를 가진 내담자를 치료하는 방법을 고안한 것이 공헌이라고 할 수 있다.
행동주의이론	기법의 평가를 강조하므로 심리 치료의 기본을 제공한다. 구체적인 문제를 찾아서 내담자들에게 목표를 향한 진행과정에 대해 알려준다. 모델, 교사, 심리치료사로서의 상담자의 역할을 명확히 설정한다. 현대에는 인지적 요인의 중요성을 인식하고 행동 변화를 위한 자기-지시적 프로그램을 장려한다.
인지행동이론	포괄적이고 절충주의적 심리상담을 강조한 점이다. 다양한 인지적, 정서적, 행동기법, 다른 접근기법과의 통합, 생각을 변화시키는 방법론들에 공헌한 바가 많다. 대부분의 다른 심리치료와 결합할 수 있다.
인간중심이론	내담자의 능동적 참여와 책임을 부여한 점이 공헌이다. 일반인들도 상담조건을 개인으로서의 삶에 활용하면 유용한 측면이 있다. 신뢰관계를 형성할 수 있는 바탕이 되고 모든 심리치료에 적용할 수 있다.
게슈탈트이론	감정을 직접 경험하고 실행하는 것을 강조하는 것이 공헌이다. 단순한 장애 심리치료가 아닌 성장에 대한 관점을 제시한다. 내담자의 행동을 근거로 자신의 내적 창조력을 인식하게 만들며 심리치료 장면을 실존적 만남으로 간주하고 과정을 추구한다.
해결중심모델	내담자의 강점과 능력을 강조하여 스스로 해결책을 찾고 긍정적 방향으로 나아가려는 내담자에게 적절하다. 내담자는 자신의 문제에 대해 비난받지 않으면서 만족스럽게 해결하는 것을 배운다. 이 이론의 강점은 자신을 효과적이고 새로운 방식으로 지각하도록 하는 질문기법이다.

8) 한계점

정신분석이론	수련받는 데 오랜 시간이 걸리고 내담자들에게 많은 시간과 경비가 소요된다. 생물학적 요인과 본능적 요인을 강조함으로써 사회, 문화, 대인관계 요소를 무시하는 경향이 있다. 회상, 재구조화, 심리상담을 받을 수 있는 만큼의 자아 강도가 있는 내담자들이 많지 않다.
분석심리이론	상담자가 충분한 자질을 갖추기가 어렵고, 표준이 되는 치료법이 많지 않다.
대상관계이론	상담자의 인내가 많이 요구되고, 내담자가 상담자에게 응석만 부릴 여지가 많다.
행동주의이론	행동을 변화시킬 수는 있지만 감정을 변화시키지 못한다는 점, 상담 장면에서 관계요인을 무시하는 점, 통찰을 제공하지 않는 점, 현재 행동에 대한 과거의 원인을 무시하는 점, 상담자가 통제하고 조작한다는 점이 한계이다.
인지행동이론	감정을 무시하는 경향이 있고 무의식이나 내재하는 갈등, 내담자의 과거에는 관심이 없다. 일부 내담자에게는 너무 구조화된 접근일 수 있다.
인간중심이론	소극적, 제한된 반영반응을 하는 상담자에게는 적합하지 않다. 다수의 내담자들은 보다 지시적이고 구조적이며 많은 기법들을 선호할 수 있다. 위기에 놓인 내담자들에게 지시적인 방법이 적합할 것이다.
게슈탈트이론	강렬한 정서표현을 끌어낼 수 있는데, 이러한 감정을 탐색하지 않고 인지적 작업이 이루어지지 않으면 내담자들은 미해결된 느낌이 들게 되고 통합감을 가질 수 없을 것이다.
해결중심모델	과도하게 긍정적 관점을 부각한다는 비판을 받는다. 상담자의 알지 못하는 태도에 부정적인 입장도 많다. 상담자가 기계적으로 기법을 사용할 가능성이 있다.

9) 미술치료

정신분석이론	• 나움버그: 치료에서의 미술(Art in therapy) 이미지를 통해 억압된 것 표출, 상징적 언어를 중시한다. • 크레이머: 치료로서의 미술(Art as therapy) 승화의 창조적 과정을 중시한다. • 기법: 자유화, 난화, 핑거페인팅
분석심리이론	• 그림에 나타나는 원형과 상징, 상상, 꿈을 그리는 과정을 중요시한다. • 자신의 정체성을 찾고 나아가 개성화 단계에 이르게 한다. • 기법 : 이야기 상자, 가면 만들기
대상관계이론	• 내담자의 현재 상태에 영향을 주는 '초기의 내면화된 관계'에 초점이 있다. • 내담자 자신이 미술을 통해 자기-탐색과 자기-해석을 한다. • 기법 : 대인관계, 내 인생의 중요한 세 사람
행동주의이론	• 미술치료에 행동주의적 접근을 적용한 것으로 정신역동적이론에 바탕을 두고 있는 미술치료와 행동주의이론을 절충한 것이다. • 기법 : 신체 본뜨기. 점토로 선물 만들기
인지행동이론	• 왜곡된 부적응적 신념을 적응적 신념으로 변화되는 과정을 쉽고, 편안하게 찾아 경험하도록 하며, 재료를 선택하고 표현하면서 스스로 통제를 통해 발달시킬 수 있다. • 기법 : 감정 꾸러미, 나의 모습 찾기(자아상)
인간중심이론	• 인간의 잠재력을 실현하기 위해 미술치료에서의 창조성을 강조한다. • 미술활동에서 자유롭게 자신을 표현할 수 있는 분위기를 조성한다. • 기법 : 안전하고 편안한 공간
게슈탈트이론	• 자발적으로 나타난 시각적 이미지를 사용하여 그것에 표현된 의미를 내담자가 각성하도록 돕고, 자신의 욕구와 감정, 문제를 깨닫고 자신의 잠재적인 무한한 자원을 활성화하도록 한다. • 기법 : 감정 꾸러미
해결중심모델	• 내담자를 그의 삶에 전문가로서 이미 해결책을 가진 존재로 보며 '문제 중심'이 아닌 '해결중심'으로 치료 과정을 이끌어 간다. • 기법 : 기적화, 강점 꾸미기

05

색채 심리

이 세상에는 무수히 많은 색이 존재하고 우리는 매일 많은 색을 보고 만지고 느끼며 살아간다. 색은 우리의 감정과 정서에 다양한 영향을 미치고 색이 주는 에너지를 통해 힘을 얻기도 한다. 우리가 느끼는 색에 대한 감정은 개인의 환경, 특성, 경험, 학습, 지각에 따라 달라지는데 이를 통해 인간의 마음을 진단하기도 하고 치료적으로도 활용하고 있다.

I 색의 속성

색채에는 특성이 있어 우리는 색채를 보고 많은 것을 느끼게 되는데 색의 명도나 채도에 의해 차갑다거나 따뜻하게 또는 부드럽거나 딱딱하게 느끼게 되고 두 가지 이상의 색이 함께 있을 때에는 색의 대비나 조화에 따라 다르게 느껴진다. 색의 속성에는 명도, 채도, 색상이라는 세 가지 속성이 있다.

1) 색상(hue)

색의 명칭을 말하는 것으로 빨간색이나 주황색, 노란색, 초록색 등을 말한다.

(1) 색의 3원색

색의 3원색은 빨강, 파랑, 노랑이고 감산혼합이라고 한다. 색을 섞을수록 점점 명도가 낮아지며 모두 섞으면 검정색이 된다.

[그림 5-1] 색의 3원색

(2) 빛의 3원색

[그림 5-2] 빛의 3원색

빛의 3원색은 빨강, 파랑, 초록이고 가산혼합이라고 한다. 색을 섞을수록 점점 명도가 높아지며 모두 섞으면 흰색이 된다.

2) 명도(value)

색의 밝고 어두움을 말하는 것으로 흰색에 가까운 밝은 색을 고명도라고 하고 검정에 가까운 어두운 색을 저명도라고 한다. 물감에 흰색을 섞으면 색상이 가볍고 엷어지며 명도가 높아지고 검정색을 섞으면 어두워지고 저명도로 변한다.

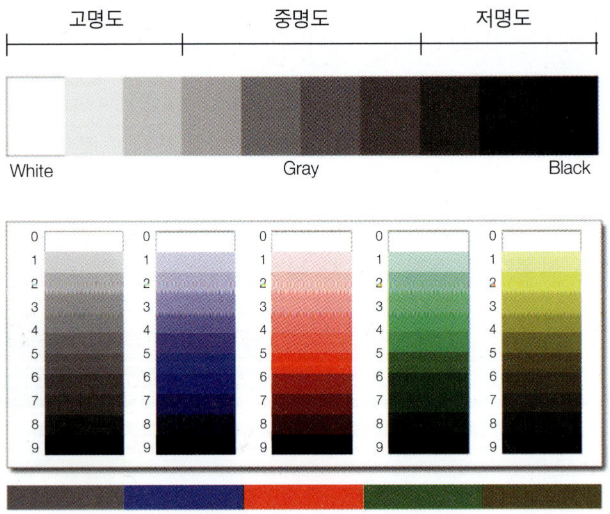

[그림 5-3] 명도단계

3) 채도(saturation)

색의 순도 즉 순수한 정도를 말하는 것으로 색상은 다른 것과 섞이지 않은 순수한 상태일 때 채도가 높다고 하고 다른 색과 섞여서 어둡고 칙칙한 색을 채도가 낮다고 한다.

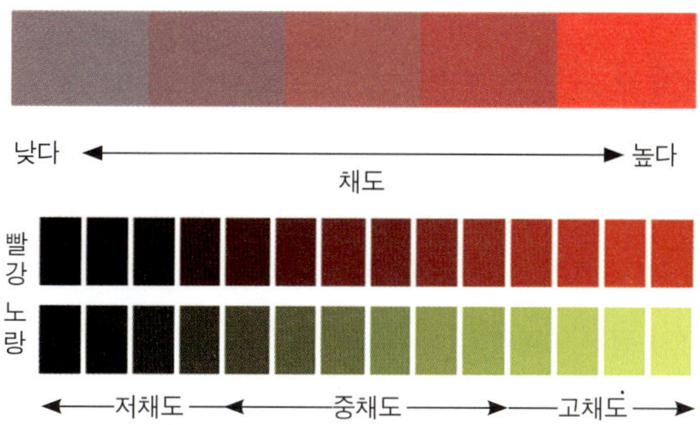

[그림 5-4] 채도단계

2 색에 대한 심리적 반응

색에 대한 연상과 상징에서 색의 심리적 의미가 형성된다. 따라서 개인이 어떤 색을 선호하느냐에 따라 그 성격을 유추할 수 있다. 그러나 이는 개인의 경험과 자라온 환경, 심리적 상태에 따라 개인차가 상당히 큼을 인식하고 이를 한 개인에게 적용할 때에는 신중함이 요구된다.

1) 빨간색

(1) 문화 예술

안데르센의 동화 『빨간구두』의 이야기에서 빨간색은 에너지를 극도로 고조시키는 의미를 상징하고 있으며, 영화 〈로미오와 줄리엣〉에서는 사랑을 위해 모든 것을 버리는 줄리엣의 용기와 정열을 빨간색 드레스로 표현했으며, 고대에서부터 세계 각지의 축제나 주술의 의식 속에서 마술적인 힘을 가진 색으로 쓰여져 왔다. 신사(神社)의 새집이나 나무로 된 울타리나 문에 강렬한 주홍색이 칠해진 것, 기독교에서 그리스도의 피를 의미하는 붉은 포도주, 불교에서의 고승이 될수록 승복의 색이 빨간 것, 영어의 red는 악마의 의미를 포함한다. 어쨌든 인간의 심층심리에서 선악을 초월한 강렬한 힘의 원천으로서의 하나의 상징성을 가진 색이다.

(2) 심리

빨간색은 따뜻하고 자극적이며 정열적이고 과감하게 도전하는 성취지향적인 성격을 지니고 있다. 건강하게 생존하며 보다 위대한 내면의 지혜를 터득하게 되는 변화에 필요한 에너지로서의 긍정적인 의미를 지니고 있으며 부정적인 의미로는 파괴성을 가진 분노, 고통 등을 의미하기도 한다. 아이들의 그림에서는 무의식적으로 자신의 에너지를 발산하는 부분을 빨간색으로 자주 표현한다.

[그림 5-5] 빨강 드레스

[그림 5-6] 빨강 장미

2) 노란색

(1) 문화 예술

상징으로서의 노란색하면 필리핀의 아키노대통령을 만들어낸 〈노란색의 혁명〉이 떠오르게 된다. 긴 세월 마르코스의 독재적인 압력에 항의할 수밖에 없는 민중의 에너지가 터져 나온 노란색 혁명이다. 역사 속에서는 옛날 중국의 후한시대에 억압정치에 시달리던 농민들이 전 지역에서 노란색 띠를 이마에 두르고 권력에 맞선 유명한 〈황건족의 난〉이 있다.

소피아 로렌 주연의 영화 〈해바라기〉나 일본영화 〈행복의 노란 손수건〉에서 또 고흐의 그림에서 노란색은 삶에 대한 욕구가 고조될 때, 끊으려야 끊을 수 없었던 인간의 고통이나 희구라는 공통적인 의미를 나타낸다. 화가에게 색은 외부와 내면의 접점에서 생겨나는 것이다. 고흐는 노란색의 화가이며 노란색의 발견자이다. 그의 노란색은 누구나 남모르게 마음속으로 원하는 인생의 본질을 나타낸다.

(2) 심리

아이들은 대부분 노란색을 좋아하고 선호하는 경향이 있는데 노란색을 좋아하는 아이들은 걱정이 없고 행복하며 결단력이 강하고 의지력이 강한 아동이 많으며 인기가 있고 다른 아이와 사이가 좋다는 특성이 있다. 반면에 의타심이 많아 유아의 상태에서 머무르고 싶어 하는 욕구도 높으며 과잉보호 속에서 자란 아동인 경우도 있다. 그림에서는 부모에 대한 다양한 욕구가 강할 때에 노란색이 많이 나타나는데 부모에 대한 스킨쉽이 부족할 때라든지 또는 어리광을 부리고 싶을 때 노란색이 많이 나타난다. 성인에게서는 다른 사람이나 자신의 인생에 대한 욕구가 고조될 때 변화 혹은 희망에 대한 욕구를 나타낸다.

[그림 5-7] 노랑 리본

3) 초록색

(1) 문화 예술

초록색은 자연의 색으로 불린다. 이는 동서양을 막론하고 유사한 심리적 의미를 지니고 있다. 초원이나 숲의 초록색은 도시생활에 지친사람들의 눈에 오아시스와 같고 음식에서도 피곤할 때에는 무엇보다 신선한 초록의 야채가 눈에 띄며 먹고 싶어진다. 실제로 초록의 세계에는 인간을 지켜주는 힘이 있다고 한다. 숲에는 나무들의 향기와 더불어 살균 성분이 감돌고 있다. 소나무, 편백 등의 휘발성분은 콜레라균, 디프테리아균을 수분 내에 죽이는 것으로 알려져 있다. 인간은 긴 세월 동안 초록색을 안전의 기호로써 뇌 세포에 새겨왔다. 교통신호의 진행이나 비상구의 표시, 안전지역의 표시, 녹십자 등에 초록색을 사용하고 있다. 인간이 생존의 항상성이나 안전성을 유지하려고 할 때 본능적으로 초록에 이끌리는 것을 이해할 수 있다. 존 브아만 감독의 〈에머랄드 숲〉이라는 영화에서는 오랜 세월 동안 문명인에게 발견된 적이 없는 '환상의 종족'이 초록색 돌로 물감을 만들어 몸에 칠하면 그들의 몸은 시계(視界)에서 사라져버리고 누구의 눈에도 띄지 않게 되어 짐승이나 다른 부족의 공격에서 몸을 보호해 왔다는 이야기가 나온다. 그들에게 초록색은 호신(護身)의 색인 것이다.

(2) 심리

초록색을 좋아하는 사람은 자신을 분명하게 표현하지 않으며 자제하고 겸손하며 사려 깊게 행동하는 특성을 지닌 사람이 좋아하는 색이다. 아동은 충동에도 잘 견디며 자기감정을 잘 조절할 수 있으며 행동적이고 자기만족적이며 신중하게 생각해서 행동하는 특징을 가지고 있다.

[그림 5-8] 초록 자연

4) 파란색

(1) 문화예술

피카소는 초기 회화에 청색시대(1901-1904)가 있었다. 피카소가 파랑을 추구한 이유는 자신의 일생에서 최초로 겪은 큰 슬픔을 표현한 것이다. 뜻을 같이한 친구의 죽음과 고독의 의미를 깊이 생각하며 인간의 마음이 보다 깊은 내면으로 향할 때 나타나는 색이 파랑인 것이다. 그리하여 피카소는 고독한 사람들의 고뇌를 날카롭게 느끼고 그 모습을 파랑으로 캔버스에 정착시켰다.

(2) 심리

빨강이 에너지를 발산하는 색이라면 상대적으로 파랑은 구심적이고 억제적인 색이다. 자신이 원하는 것을 참으며 고독과 질투를 억누른 그 마음이 파랑을 찾아간 것이라고 생각한다. 아동화를 심리적인 면에서 연구한 연구자들은 파랑의 의미를 '외부의 규제를 받아들이려는 순응성'이라고 보고 있고 또 '냉정, 자족'의 상징으로 보고 있다.

파랑도 상황에 대한 자발적인 순응일 때에는 투명하게 나타나지만 그렇지 않을 때는 더욱더 어둡게 나타나는 경우가 많다. 어둡고 짙은 파랑은 강한 억제를 나타내는데 경찰이나 군대 등 공적인 직업의 제복에 짙은 파랑을 많이 사용하는 것도 규제나 제도와 연관된 요소가 있기 때문이다. 마음을 차분하고 편안하게 해주며 피로하고 병들었을 때 파란색에 대한 욕구가 증가하기도 한다. 자제와 적응을 상징하는 내향성의 색이며 파란색을 좋아하는 사람은 신중하고 내성적이며 보수적인 신념을 가지고 있는 경우가 많다. 본능적, 자기중심적 욕망을 억제하고 순종하려는 심리와 상응한다.

[그림 5-9] 파랑 하늘과 바다

5) 보라색

(1) 문화예술

〈The Color Purple〉이라는 영화는 스티븐 스필버그가 1983년 퓰리처 상을 받은 앨리스 워커의 동명 소설을 영화로 만든 작품이다. 한 흑인 여성의 감수성을 통해 흑인 여성, 어린이, 남성에 관해 이야기 하는 내용이다. 주인공 세리에게 보라색은 그녀의 마음을 사로잡고 상처뿐인 그녀의 삶을 치유하는 생명의 색으로 표현된다. 디즈니의 에니메이션에서는 꿈꾸는 듯한 환상적이고 신비로운 세계로 파스텔톤의 보라색이 자주 표현된다. 또한 보라색은 염료가 비싸 예로부터 황실이나 귀족들에게만 사용되는 색이었고 고급스러움과 신비로움의 상징이었다.

(2) 심리

색채연구가들은 보라색에 대해 광기, 불안, 죽음, 질투, 우울과 심신의 불쾌, 또는 보라색을 사용한 아이에게 침체된 기분이나 경험을 가진 불행한 아이 등 부정적인 의미로 보기도 하지만 스에나가 타미오라는 색채연구가는 자기치료의 작용의 색으로 본다.

보라색은 우리들의 마음과 몸을 치유하는 효과를 가지고 있다. 어린이의 그림을 주의 깊게 관찰하면 보라색을 사용했을 때 기분이나 몸의 상태가 좋지 않은 경우가 많이 나타나게 되는데 이는 몸과 마음의 활동이 저하될 때나 아플 때 보라색을 아름답게 느끼게 되는 것이다. 보라는 파랑과 빨강의 조합으로 외적으로 반대되는 색의 혼합이다. 따라서 따뜻함과 차가움, 충동과 억제의 양면성을 지니고 있으며 또한 고귀함의 상징으로 여겨지기도 하고 장엄과 신비를 자아내기도 한다. 균형을 잡는 중재의 색으로서 완화의 색으로 보이기도 한다.

독특한 것을 좋아하는 사람들이 선호하고, 섬세하고 뛰어난 취향을 가지고 있으며 예술적 재능이 뛰어난 사람들이 이 색을 좋아한다.

[그림 5-10] 보랏빛 오로라

6) 검정색

(1) 문화 예술

검정 장갑은 범죄 영화나 서스펜스 드라마에 자주 사용되는 소도구이다. 영화에서 살인마는 항상 검정 장갑을 끼고 있다. 검정은 세상의 정형화된 틀에 저항하려는 무정부적인 정신의 상징이기도 하다. 검정에는 외부의 강한 억압이나 정형화된 틀에 저항하려는 심리가 담겨져 있고 사회의 관리시스템이 강화될수록 검은색이 출현하는 경향이 많아진다. 지금 자신의 마음을 닫은 상태로 관리사회에 의식적으로 적응하려는 젊은이들에게 어울리는 색은 역시 검정이다. 검정은 색 파장을 반사하지 않은 색이다. 따라서 무겁고 장엄한 느낌을 주기 때문에 진지한 예식에 검은색이 사용되며 우울한 느낌을 주고 모든 색을 흡수하며 억압과 지배의 느낌도 준다. 어둠에 관한 대표적인 색으로 암울하고 미지에 대한 공포를 나타내기도 하고 밤의 어두움, 슬픔, 죽음에 대한 색이다. 자신을 숨기는 색으로 사용되어 무의식을 대변한다고 한다.

(2) 심리

검정을 좋아하는 사람은 신비적인 인상 또는 고귀함이나 위엄을 내보이고 싶어 한다. 권위있는 이미지, 강한 이미지를 갖고 있다. 자유로운 감정의 흐름이 결여되어 있고 공포나 불안을 느끼는 아동들이 선호하고 위축된 아동의 경우에도 자주 나타난다고 한다. 외적으로는 온순하고 적응된 행동을 보이지만 내적으로는 자신을 과도하게 통제하는 경향을 나타내는 경우도 있다.

[그림 5-11] 검정 오토바이

7) 흰색

(1) 심리

흰색이 긍정적 의미를 지니는 것은 밝음과 빛의 관점에서다. 빛, 하늘, 숭고함, 희망, 성스러움, 순결, 결백, 순수를 나타내지만 비어 있음, 공허의 느낌을 주기도 한다. 깨끗함, 고행, 절제, 차가움을 주기도 하며 굴절된 빛을 다시 모으는 마지막의 흰색은 죽음의 색이기도 하다. 흰색을 좋아하는 사람은 기품이 있고 이상을 품고 노력하는 사람이며 선망의 대상이 되고 싶어 한다. 한편으로는 보수적이고 완벽함을 추구하는 유형으로 도피하고 싶은 심리 상태를 나타내기도 한다. 내성적이고 폐쇄적인 성향이 있고 고집이 센 경우에도 사용한다고 한다.

[그림 5-12] 하얀 눈

8) 갈색

(1) 심리

갈색은 빨간색과 녹색이 혼합된 색상이다. 심리적으로는 충동과 억제의 중간인 입장에 있는 색상으로 볼 수 있다. 자연과의 밀접한 관계에서 비옥, 양식을 의미한다. 대지의 청빈함, 단순함, 저항력을 표현하기도 한다. 또한 갈색의 땅은 농촌을 떠오르게 하기도 하며 농촌의 중심인 할아버지가 떠오르기도 한다. 불모의 대지에서 검소, 가난을 나타내기도 하고 갈색 포대에서 경멸과 무시를 받는 느낌도 난다. 생명이 흙으로 돌아간다는 데서 죽음을 의미하기도 한다.

[그림 5-13] 갈색 자연

9) 아동화의 색채사용에 의한 아동의 심리분석

〈표 5-1〉 색채사용에 의한 심리분석

색채사용심리분석	아동의 심리
빨간색을 좋아하는 아동	일반적으로 아이들이 좋아하는 색으로 사회적 규범을 크게 마음에 두지 않고 자유로이 행동하고 반응이 빠르다. 주변사람들과 관계가 원만하고 협동적이며 행복한 상태이나 굵고 진하게 칠하는 경우는 공격성을 나타내며 격한 심리상태를 나타낸다.
주황색을 좋아하는 아동	주위환경에 잘 순응하고 적극적이며 활동적이고 즐겁고 명랑하다. 소심하기도 하고 상상과 공상을 즐기고 실제 생활에서도 도피하는 경향이 있다. 소극적인 아이가 사용하면 원기왕성한 생동의 충동을 느끼는 색으로 삶에 적응력이 생긴다.
노란색을 좋아하는 아동	과잉보호 속에서 자란 아이가 많이 쓴다. 의존적이고 유아의 상태에 머물고 싶어 하는 욕구가 강하고, 다른 아이들과 관계가 좋으며 인기가 많다. 유아적 행복감에 차 있다.
초록색을 좋아하는 아동	자제력이 있고 신중하고 주의 깊으며 자기만족적이다. 일상생활에서 협조적이고 질서의식과 이해심이 많다. 감정을 쉽게 표현하지 않으며 자기 억제적이다. 성격은 안정되어 있으나 감정은 결여되어 있는 것으로 엄격한 가정교육을 나타낸다.
파란색을 좋아하는 아동	주위관경에 잘 적응하고 이지적이고 냉철한 사고력을 가지고 있다. 자기감정을 억제하고 냉정하고 내성적이어서 우울한 감정에 빠지는 경우도 있다. 외적인 규범에 맞추려는 경향이 짙다.
보라색을 좋아하는 아동	보라색을 좋아하는 아동은 소수이나 고집스럽게 많이 쓰는 아이는 불행한 느낌과 관계를 가지고 있으며 심리 상태가 불안하다. 고립되어 있는 아이가 많고 자신의 감정을 잘 표현하지 않고 사랑을 그리워하는 경우가 많다. 감상적이어서 우울하고 고독한 감정에 잘 빠진다.
갈색을 좋아하는 아동	유아적인 상태로 의존적이며 현실 적응 능력이 떨어지는 성향이 있다. 너무 이른 대소변 훈련이나 청결습관을 과도하게 강요 받았을 때 나타나며 억압과 청결에 대한 반발심이 있다. 주로 농촌어린이가 많이 쓰며 순박하고 정직하고 성실하며 책임감과 의무감이 강하다.
회색을 좋아하는 아동	어린아이답지 않게 노숙하고 점잖게 보이려고 하는 성향이 있다. 가정에서 억압당하는 느낌을 만성적으로 가지고 있는 경우가 대부분이고 대인관계가 원만하지 않으며 경계심이 강하고 열등감을 많이 가지고 있다.
검은색을 좋아하는 아동	감정의 억제, 공포, 불안을 반영하는 경우가 많다. 순종, 온순, 적응을 나타낸다. 과도한 자기통제를 한다. 공격적이고 사치스러운 경우에도 검정을 많이 쓴다.

출처: Alschuler & Hattwick(1969).

3 색채 치료

1) 빨강(red)

자율적 외향성의 색으로 에너지, 활력, 행동력, 정열, 달성력을 높이는 능력을 가지고 있다. 부부관계나 성적인 것에 무관심한 사람에게는 빨강의 자극이 필요하다. 임신과 생리에 문제가 있는 여성이라면 빨강색 옷을 입거나 침실의 전등 색을 바꾸는 것도 좋다. 무감각하고 냉정하며 생각이 지나치게 많은 사람에게도 도움을 줄 수 있다. 어떤 활동에 동기 유발을 얻게 되며 용기를 얻고 몸을 움직여야 하는 일을 새롭게 시작할 수 있다. 또한 불안을 떨치고 관계나 상황에 안정감을 얻는 데도 도움이 된다.

2) 주황(orange)

자율적 외향성의 색으로 활력, 창조력, 개혁력, 자유, 표현력을 높이는 능력을 가지고 있다. 혈액순환을 촉진하고 신경체계와 호흡기 계통에 영향을 미친다. 자기애와 자기표현이 부족하고 사회성이 부족한 사람에게 도움을 줄 수 있다. 성격이 소극적이고 내성적인 사람에게는 사회적인 적응력이 생기고, 슬픔과 상실감에 빠져 있을 때 신체적인 에너지를 주고 정신을 고양시키는 데 도움을 줄 수 있다.

3) 노랑(yellow)

타율적 외향성의 색으로 긍정의 에너지, 희망, 밝음, 낙천적 성격, 선견력을 높이는 능력을 가지고 있다. 왼쪽 뇌를 자극하는 색으로 학문이나 지적인 일을 하는 데 도움이 된다. 정신력을 강화하고 기억력과 지적 학습을 개발하는 목적을 가지는데, 현실성이 너무 적거나 보호를 받지 못한 사람들을 개선하는 데도 도움이 된다. 긍정적인 에너지를 얻거나 생각을 정리하고 정보를 기억할 때 노랑을 사용하거나 상상하면 좋다.

4) 초록(green)

자율적 중립성의 색으로 감정의 균형과 안정, 보수, 인내심을 높이는 능력을 가지고 있다. 고요함과 부드러움을 가지고 있어서 인간을 치유하는 효력이 있고 심신을 균형 있고 조화롭게 하고 긴장된 눈을 이완시킨다. 시력이 약하거나 눈의 피로를 잘 느끼는 사람들은 초록색을 자주 보는 것이 좋다. 그러나 너무 가까이 하면 기분이 저하되어 우울해질 수도 있다. 초록은 미술치료에서 꼭 필요한 색이다. 특히 불안 증세를 보이는 사람, 현실성과 지구력이 약한 사람, 억압과 압박을 많이 받는 사람, 조화를 얻기 어려운 분열된 사람, 정신이 혼란한 사람, 운동성이 강한 사람에게 필요하다.

5) 파랑(blue)

타율적 내향성의 색으로 소통, 전달력, 관찰력, 접촉력을 높이는 능력을 가지고 있다. 신경 조직을 편안하게 해주므로 일반적으로 몸이 피로하고 병이 있을 때 파랑을 찾게 된다. 파랑색을 많이 사용하면 어려운 상황에서도 인내심을 갖게 해주고 문제 해결력도 생긴다. 남색은 고요함과 편안함을 주는 색으로 사고와 정서의 조화를 이루게 하며 정신적 이해력을 넓힌다.

6) 보라(violet)

타율적 중립성의 색으로 창의성, 집중력, 직관력, 회복, 치유의 능력을 가지고 있다. 보라색이 필요한 사람은 정신분열증환자, 의기소침하고 우울증 증세가 있는 사람, 감정 기복이 심한 사람 등이다. 또한 호흡이 짧은 사람들에게 평온함을 준다. 분주하고 서두르며 기분이 불협화음인 사람에게는 마음의 평정을 찾게 해준다. 특히 신경성과 심경의 변화가 심한 사람, 숨을 내쉬는 데 어려움이 있는 사람에게는 파란 톤의 보라색이 쓸모가 있다. 붉은 톤의 보라색은 신진대사의 변화가 심한 사람에게 좋고 숨을 들이쉬게 하는 데도 도움이 된다.

7) 검정(black)

미술치료에서 검정은 일반적으로 권장되지 않으나 검정으로 자신의 슬픔, 우울 등의 감정이나 억압된 정서를 표현하려는 사람에게는 자신의 상황을 자유롭게 표출할 수 있는 기회를 줄 수도 있다. 검정을 사용함으로써 카타르시스를 느낄 수 있기 때문이다.

8) 흰색(white)

흰색은 일반적으로 머리가 멍하거나 마음이 편안할 때 사용하게 되는 색이다. 마치 빈 백지를 대하는 듯한 느낌을 주므로 머릿속이 복잡하거나 불안감이 있을 때 흰색이 도움이 된다. 또 새로운 일을 시작할 때 도전의식을 높일 수 있다.

9) 갈색(brown)

갈색은 흙을 접하기 어려운 현대인의 치료에 필수적이며, 특히 갈색의 점토는 미술치료에서 중요한 소재이다. 그림에 갈색이 많이 보이는 것은 우울하거나 성장과정에 억제의 경험이 많음을 나타내며 부정적 모성 콤플렉스에 매여 있다는 것을 보여주기도 한다. 갈색은 치료적 측면에서 신경과 감정이 양극화 하는 경향이 있는 사람, 피상적인 사람에게 권할 수 있다. 우울증이 있거나 췌장에 문제가 있는 사람에게도 유용하다.

4 미술치료실습

프로그램명	데칼코마니
목표	습식매체를 이용하여 자신의 감정을 탐색하고 감정을 이완시키고 솔직한 감정표현을 통해 자기 표현력을 향상 시킨다.
준비물	물감, 도화지, 앞치마, 물티슈
방법	① 기쁨, 행복, 슬픔, 화남의 감정에 대해 생각하고 이를 이미지화 하도록 한다. ② 종이를 반으로 접어 펼친 후 한쪽 면에 각각의 감정에 어울리는 물감을 선택하여 물감을 짜서 자유롭게 표현하고 다시 종이를 접어 문지르고 펼쳐서 말린다. ③ 각각의 그림을 벽에 붙이고 기쁨, 행복, 슬픔, 화남을 표현한 것이 어떤 그림인지 이야기 나눈다.
적용	① 작품을 보며 무엇을 표현한 것인지, 어떤 경우에 이런 감정들을 느끼는지, 무엇이 떠오르는지 등에 대해 이야기한다. ② 다양한 감정에 대해 이야기 하다보면 힘들고 무거운 감정에 빠지게 되는데 힘이 되었던 것은 무엇이었는지 이야기를 나누는 것이 좋다. ③ 긍정적인 감정을 통해 내담자가 힘과 용기를 가질 수 있도록 한다.
작품사진	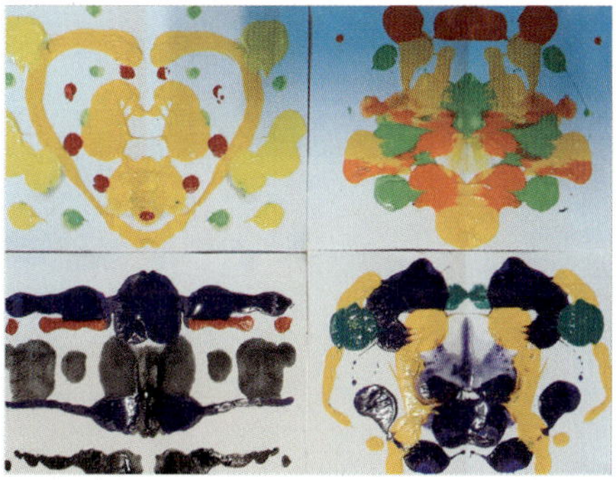 [그림 5-14] 데칼코마니

06

미술치료의 진단기법

I HTP(House-Tree-Person 집-나무-사람) 그림 검사

1) 이론적 배경

1948년에 벅(Buck)에 의하여 개발된 HTP 그림 검사는 집, 나무, 사람 그림을 통해서 내담자의 가정에 대한 감정이나 생활에 대한 자세, 자신에 대한 생각, 불안, 공격성 등 내담자의 심리적 상태를 알 수 있도록 하는 검사이다.

2) HTP 검사 실시

HTP 검사는 개별검사로서 실시하고, 그림을 완성한 후에 여러 가지 질문을 행하여 내담자의 환경, 성격과 내면에 대한 많은 정보를 얻는다. 그러나 내담자들의 적응 수준이나 성격의 성숙도를 대체적으로 알기 위해서는 집단검사로서 실시하는 것도 가능하다.

(1) 준비물

HTP 검사 실시에 필요한 도구는 내담자 한사람에 대하여 A4 용지 4장, 4B 또는 2B 연필, 지우개를 준비하면 된다. 단, 연필심이 너무 뾰족하지 않도록 해야 한다.

(2) 검사의 실시 방법

① A4 용지 한 장을 가로로 제시하면서 "집을 그리세요."라고 말한다.

② 내담자가 집을 그리고 나면 다른 A4 용지 한 장을 세로로 제시하면서 "나무를 그리세요."라고 말한다.

③ 내담자가 나무를 그리고 나면 다른 A4 용지 한 장을 세로로 제시하면서 "사람을 그리세요. 단, 사람을 그릴 때는 막대 인물상이나 만화 그림처럼 그리지 말고 사람의 전체를 그리세요."라고 말한다.

④ 내담자가 사람을 그리고 나면 다른 A4 용지 한 장을 세로로 제시하면서 "앞에 그린(③번 활동) 사람과 반대되는 성을 그리세요."라고 말한다. 만약 처음 그린 사람이 여성이라면 두 번째 사람은 남성을 그리도록 한다.

⑤ 내담자가 집, 나무, 사람을 모두 그리고 나면 검사자는 각각의 그림에 대해 질문을 한다.

3) HTP 검사 후 질문 및 해석

(1) HTP 검사 후 질문

HTP 검사에서 그림을 그린 후의 질문은 내담자가 표현한 것의 의미와 문제를 이해하는 데 매우 중요한 역할을 한다. 질문은 일정한 형식이 없으며, 검사자가 필요하다고 생각하는 질문을 하면 된다.

① 집 그림에 대한 질문

㉠ 이 집은 어디에 있습니까?(도시, 시골, 산 속 등)

㉡ 이 집 가까이에 다른 집이 있습니까?

㉢ 이 그림에서 날씨는 어떠합니까?

㉣ 이 집에 살고 있는 가족은 몇 사람이며 누구입니까?

㉤ 가정의 분위기는 어떠합니까?

㉥ 이 집을 그릴 때 누구의 집을 생각하고 그렸습니까?

㉦ (특수한 집인 경우) 왜 이집을 그렸습니까?

㉧ 당신이 그리려고 했던 대로 잘 그려졌습니까? 어떤 부분이 마음에 들지 않습니까?

② 나무 그림에 대한 질문

㉠ 이 나무는 어떤 나무입니까?

㉡ 이 그림의 날씨는 어떠합니까?

㉢ 이 나무는 살아있나요?

㉣ 이 나무는 강한 나무입니까? 약한 나무입니까?

㉤ 이 나무는 몇 년쯤 된 나무입니까?

㉥ (상흔이 있으면) 이것은 무엇입니까? 어떻게 해서 생겼습니까?

㉦ 당신이 그리고자 한 만큼 잘 그려졌습니까? 어떤 부분이 마음에 들지 않습니까?

③ 사람 그림에 대한 질문

㉠ 이 사람의 나이는 몇 살입니까?

㉡ 이 사람의 직업은 무엇입니까?

㉢ 가족이 있나요? 가족은 어떤 사람들입니까?

㉣ 이 사람은 지금 무엇을 하고 있습니까?

㉤ 이 사람의 성격은 어떠합니까?

㉥ 이 사람은 행복합니까? 불행합니까?

㉦ 이 사람에게는 무엇이 필요합니까?

㉧ 이 사람을 그릴 때 누구를 생각하고 있었습니까?

㉨ (그림에서 이해하기 곤란한 부분의 경우) 이것은 무엇입니까? 왜 그렸습니까?

㉩ 당신이 그리고자 한 만큼 잘 그려졌습니까? 어떤 부분이 마음에 들지 않습니까?

(2) HTP 검사 후 그림 해석

① 전체적 평가

전체적 인상, 조화, 구조, 특이한 곳은 없는가에 주목하여 어떤 모양의 사람을 그렸는가를 파악하는 것이다. 전체적 평가에서 내담자의 적응수준, 성숙도, 신체상의 혼란정도, 자기와 외계에 대한 인지 방법을 파악한다.

② 내용 분석

내담자가 무엇을 그렸는지를 분석하는 과정이다. 그림을 그린 후에 질문을 실시하여, 질문에 따라 내담자가 연상하는 것이 무엇인지를 묻는 것이 그림 해석에 유용하다.

③ 형식적 분석

내담자의 그림을 그리는 순서, 위치, 크기, 필압, 선의 농담, 음영, 생략, 강화, 지우기 등을 다루며, 이것으로 내담자의 성격의 한 부분을 이해해 나가는 방법이다.

㉠ 소요시간

- 일반적으로 그림 그리는 시간은 각각 5분에서 10분 이내로 그려진다. 나무 그림은 대체적으로 소요시간이 짧은 것을 알 수 있다.
- 소요시간이 긴 경우는 내담자의 완벽성과 강박 경향을 나타낼 수도 있다.

㉡ 순서

- 대체적으로 집 그림은 지붕, 벽, 문, 창문의 순서로, 사람 그림은 얼굴, 눈, 코, 입, 목, 몸, 팔다리의 순서로 그리는 것을 알 수 있다.
- 사람 그림을 그릴 때, 얼굴 내부를 그리고 윤곽선을 나중에 그리거나, 얼굴을 마지막에 그리는 경우는 어려운 대인관계를 가지고 있는 내담자일 수도 있다.

㉢ 크기

- 그림의 크기는 용지의 2/3를 사용하는 것이 적당하다.
- 지나치게 큰 그림을 그린 것은 공격적, 과잉행동적이고 과장된 경향성, 정서적 조증의 상태, 환경의 압력에 대한 자기확장 경향, 화를 잘 내는 경향을 가진 내담자일 수 있다.
- 지나치게 작은 그림을 그린 것은 환경에 대한 부적응적이고 부적절한 감정, 열등감, 무능력감, 소심하고 불안정하며 낮은 자아 강도를 가진 내담자일 수 있다. 때로는 우울증적 경향을 가지고 있기도 하다.

㉣ 위치

- 그림이 용지의 위쪽 부분에 위치할 경우에는 공상적, 부적합한 낙천주의, 불안정함을 나타낼 수 있다.
- 그림이 용지의 아래쪽 부분에 위치할 경우에는 불안감, 낮은 자신감, 우울감을 나타낼 수 있으나, 현실적인 것을 지향할 수도 있다.
- 그림이 용지의 왼쪽 부분에 위치할 경우에는 내향적이고 과거지향적이며, 소극적이고 수동적인 경향을 나타낼 수 있다.
- 그림이 용지의 오른쪽 부분에 위치할 경우에는 외향적이고 미래지향적이며, 활동적이고 능동적인 경향을 나타낼 수 있다.

㉤ 필압

- 매우 진한 선으로 그린 그림은 내담자의 긴장감, 공격성, 자신감의 에너지를 가지고 있음을 나타낸다.
- 매우 옅은 선으로 그린 그림은 내담자가 소심하고 우유부단하며 두려움이 많거나, 낮은 에너지를 가졌을 수 있다. 또한 우울 경향성이 높을 수도 있다.

㉥ 스트로크(stroke)

- 긴 스트로크는 자신을 통제하는 사람에게 나타나는 경향이 있다.
- 짧고 연속되지 않는 스트로크는 쉽게 흥분하고 충동적인 사람에게 나타나는 경향이 있다.

㉦ 지우기

- 그림을 그리면서 지나치게 지우개를 많이 사용하는 경우는 내담자가 불안하고 우유부단하며 자신에 대한 불만과 불확실성을 가지고 있을 수 있다.

㉧ 생략과 왜곡

- 내담자가 그림의 한 부분을 생략하거나 왜곡하여 그리는 경우 그 부분에 갈등을 겪고 있을 수 있다.

㉨ 음영

- 그림에 음영을 그린 것은 내담자의 불안과 갈등을 나타내기도 한다.

4) 집 그림 해석

집 그림은 내담자의 가정상황을 나타낸다. 내담자 현재의 가정생활과 가족관계에 대한 인지, 또한 내담자가 생각하는 이상적인 장래의 가정과 과거의 가정에 대한 소망을 나타낸다.

① 지붕은 정신 생활 특히 생활의 공상 영역을 상징한다.

② 벽은 자아의 강도와 관계가 있다. 튼튼한 벽은 완강한 자아를, 얇은 벽은 약한 자아를 나타낸다.

③ 문은 환경과의 직접적인 상호작용과 대인관계에 대한 내담자의 태도를 나타낸다. 문에 경첩이나 자물쇠를 그릴 때는 방어적이고 의심이 많다는 것을 의미할 수도 있다.

④ 창문은 환경과의 수동적인 접촉을 나타낸다. 과장되게 크거나 많은 창문의 표현은 환경에 지나치게 관심이 많다는 것을 의미한다. 반대로 창문이 과하게 작거나 없는 것은 환경에 관한 관심이 부족하거나 적대감, 폐쇄적인 사고를 나타내는 경향이 있다.

⑤ 굴뚝과 연기는 친밀한 인간관계로서의 따뜻함이나 남성 성기를 상징하기도 한다. 진하게 많은 연기가 나오는 것은 내담자의 긴장감, 가정에서의 갈등이나 정서적 혼란을 나타내기도 한다.

5) 나무 그림 해석

① 주제는 그림을 그린 후 질문을 통하여 나무의 이름을 알 수 있다. 상록수는 자신을 활력있는 사람으로 인식하거나 그렇게 되고 싶은 소망을 나타낸다. 낙엽수는 자신이 환경에 따라 움직여지고 있다는 감정을 가지고 있는 경우가 많다. 또한, 버드나무같이 밑으로 처지는 나무는 내향적이고 폐쇄적이며, 우울감을 표현하기도 한다.

② 줄기는 성장과 발달에 있어 에너지, 생명력, 창조력, 생활에 느끼는 감정을 반영하기도 한다. 큰 줄기는 환경에 대한 적극성, 현실과 공상면에서의 공격성을 나타내기도 한다.

③ 수피(나무껍질)는 자신이 환경이나 타인과 접촉하는 부분을 나타낸다, 수피를 검게 표현한 사람은 긴장감, 불안감, 우울감을 가질 수 있다. 상세한 수피를 표

현한 것은 외부에 대한 강한 관심이나 자신에 대한 강박적 통제를 나타내기도 한다.

④ 줄기의 상흔, 옹이구멍의 표현은 자신의 외상 경험을 나타낸다.

⑤ 나무의 가지는 자신과 환경과의 관계, 자신이 가지고 있는 능력과 가능성, 적응성을 나타낸다. 줄기보다 큰 가지는 환경에서 만족을 구하려고 지나친 노력을 하는 부적절함을 나타낸다. 지나치게 가느다란 가지는 환경에 대한 불만족감을 나타내기도 한다.

⑥ 줄기가 짧고 수관이 큰 나무는 내담자의 자신감, 열정, 야망을 나타낸다. 줄기가 매우 가늘고 그보다 수관이 큰 경우는 완전한 만족을 구하기 위해 마음의 안정을 상실한 것을 나타내기도 한다.

⑦ 뿌리는 내담자의 현실을 지배하는 능력을 나타낸다. 뿌리가 보이는 것처럼 그린 그림은 현실 검증력의 장애를 나타내기도 한다.

6) 사람 그림 해석

① 머리는 지능, 공상, 자기통제, 대인관심을 나타낸다.

② 얼굴은 내담자가 외계의 현실 세계와 어떻게 접촉하는가를 나타낸다. 얼굴 부분을 강조한 그림은 인간관계나 자신에게 과도한 관심을 가지는 경향이 있다.

③ 눈은 내면 생활을 나타낼 뿐만 아니라 환경과 접촉하는 중요 기관이다. 눈동자 없이 원모양으로 그린 그림은 환경에 관심이 없거나 미성숙함을 나타낸다. 큰 눈을 그린 사람은 외향적이고 호기심이 많거나 사회적 의견에 과민성을 가질 수도 있다.

④ 코는 남근을 상징한다. 코의 강조는 성적 어려움, 성적 미숙함을 나타낼 수 있으며, 코의 생략은 성에 대한 갈등, 남성적인 것에 대한 거부, 동성애 경향이 있을 수 있다.

⑤ 입은 말에 의해 타인과 접촉하는 기관으로 적극성, 공격성, 성적인 것을 상징

한다. 입을 강조한 그림은 구순적인 공격충동으로 인한 불안감과 퇴행을 나타낸다. 치아를 강조한 그림은 유아적이고 공격적이며 가학적인 변태 성욕을 나타내기도 한다. 입을 그리지 않는 것은 말로써 타인과 교류하는 것에 대한 갈등을 나타내기도 한다.

⑥ 턱은 힘과 결단력을 나타낸다. 턱의 강조는 공격적이고 지배적 경향이 강할 수도 있다.

⑦ 귀는 수동적인 적용을 하는 기관이다. 귀의 강조는 타인의 비판이나 타인의 의견에 대한 과민성을 나타내기도 하고, 환청과 난청의 가능성도 있을 수 있다.

⑧ 목은 지적인 통제를 하는 머리와 감정의 영역인 몸통을 연결하는 부분이다. 가늘고 긴 목의 그림은 교양있고 융통성 없는, 완고한, 지나치게 도덕적인 사람을 나타낸다. 목이 지나치게 짧고 굵은 것은 충동적이고 거칠고 완고한 사람에게서 나타난다. 목이 없는 것은 자기애적인 충동과 미성숙함, 통제력의 부족을 나타낸다.

⑨ 팔과 손은 환경을 접촉하고 조작하는 기관이다. 짧은 팔은 충동이 적고 무기력감을 나타내며, 긴 팔은 달성과 획득에 대한 욕구와 힘에 대한 동경을 나타낸다. 팔이 신체에 딱 붙어 있는 그림은 수동적이며 방어적, 강박적이고 억압된 태도가 강한 것을 나타낸다. 팔의 생략은 죄의식, 우울증, 무력감, 환경에 대한 불만을 나타낸다.

⑩ 손의 생략은 무력감과 거세된 감정을 나타낸다. 손을 몸 뒤에 감춘 그림은 외계와의 접촉이 잘 안되거나, 도피적인 태도, 손 사용에 대한 죄악감을 가지는 경우도 있다.

⑪ 다리와 발은 성격의 안정성과 성에 대한 태도를 나타내는 경우가 있다. 긴 다리는 마음의 안정을 구하고 자립하려는 욕구가 강한 것을 나타내며, 짧은 다리는 의존하려는 욕구가 강함을 나타낸다. 엇갈린 다리는 정신적인 긴장이 강하거나 성적 부적응이 있는 경우가 있다.

⑫ 발가락을 그리는 것은 병적인 징표로 볼 수 있다.

[그림 6-1] 집(House)

[그림 6-2] 나무(Tree)

[그림 6-1]은 중1 여학생의 집 그림으로, 지면의 왼쪽에 집이 치우쳐있는 것을 알 수 있다. 내향적이고 소극적인 성격임을 알 수 있다.

[그림 6-2]는 경계선 지능을 가진 초등학교 남자 아동의 나무그림이다. 지면 전체를 다 사용하여 그린 것을 볼 수 있다. 아동 자신이 생각한 나무를 표현하였다.

[그림 6-3] 사람(Person 1)

[그림 6-4] 사람(Person 2)

[그림 6-3], [그림 6-4]는 모와 함께 살고 있는 초등학생 남자 아동이 그린 사람 그림이다. 아동은 지면 맨 아랫 부분에 사람을 작게 그렸다. 아동은 현재 자신감이 없어 보이고 불안감을 가지고 있음을 알 수 있다.

2 KHTP(Kinetic House-Tree-Person, 동적 집-나무-사람) 그림 검사

1) 이론적 배경

KHTP 그림 검사는 A4 한 장의 용지 위에 집, 나무, 사람을 함께 그리는 것으로, HTP를 전체적으로 볼 수 있다. 번스(Burns)는 HTP 그림 검사에서는 상호작용이 나타나지 않는 문제들을 보완하기 위해, 내담자의 역동성을 부여하도록 동적 집-나무-사람 그림 검사 기법을 개발하였다.

2) KHTP 그림 검사 실시

(1) 준비물

A4 용지, 4B 또는 2B 연필, 지우개

(2) 검사 실시 방법

① 내담자에게 A4 용지 한 장을 가로로 제시한다.

② 내담자에게 "이 종이 위에 집, 나무 그리고 어떤 행동을 하는 사람의 전체 모습을 그려보세요. 한 장의 용지에 모두 그려 보세요. 만화나 혹은 막대와 같은 모양의 사람이 아닌 사람의 전체 모습을 그리세요."라고 말한다.

③ 내담자의 그림이 완성되면 집, 나무, 사람 중 무엇을 먼저 그렸는지 순서를 확인한다.

④ 내담자가 그림을 그리는 도중에 질문을 하면, "그리고 싶은 대로 그리세요."라고 말한다.

⑤ 그림을 완성한 후에는 HTP 검사의 집, 나무, 사람에 대한 질문을 참고해서 질문을 한다.

3) KHTP 그림 검사 후 질문 및 해석

(1) 검사 후 질문

① 이 그림의 분위기는 어떤가요?

② 이 그림에서 계절은 언제인가요? 시간은 몇 시쯤인가요?

③ 이 집은 누구의 집인가요? 누가 살고 있나요?

④ 이 사람은 누구인가요?

⑤ 이 사람은 지금 무엇을 하고 있나요? 이 사람은 그 다음에 무엇을 할 것인가요?

⑥ 이 나무는 무슨 나무인가요? 살아 있나요? 나무는 마음에 듭니까?

(2) 검사의 해석

그림을 분석할 때 가장 먼저 고려해야 할 점은 그림에 대한 전체적인 느낌들이다.

일반적으로 KHTP 그림 검사에 대한 분석에서 집은 자신 생활의 물리적 측면을, 나무는 생활의 에너지와 에너지의 방향을 나타내며, 사람은 감독자 또는 자기 성장을 상징한다고 한다.

① 그림 간의 부착

그림에서 집에 대한 사람의 부착, 나무에 대한 집의 부착 등은 내담자가 자신의 생활 속에서 여러 가지 중요한 일들을 자신과 분리할 수 없고 스스로 해결할 수 없다는 것을 나타낸다. 따라서 그런 상황에서는 자신의 생활환경에 만족하지 못한 상태인 것을 알 수 있다.

② 그림을 그리는 순서

내담자들은 집, 나무, 사람의 순서로 그림을 그리기도 한다. 그러나 자기 생각대로 여러 가지 순서로 그림을 그리는 사람들도 많다. 그림에서 그리는 순서가 뜻하는 것에 대하여는 다음과 같은 가정이 있다.

㉠ 나무를 가장 먼저 그리는 경우

- 그림에서 나무를 먼저 그리는 사람은 자신의 생활에너지와 성장을 가장 중요하게 생각한다. 이것은 성장하려고 하는 사람이나 살아 있는 사람들의 유형이다. 자신이 성장하고자 하는 사람들은 나무를 먼저 그린다.

㉡ 집을 먼저 그린 경우

- 그림에서 집을 먼저 그리는 사람은 자신이 세상에 소속되고자 하는 욕구나 생존을 위한 욕구가 중요한 사람이라고 할 수 있다. 또한 사회에 소속되고자 하는 욕구도 강하다.

㉢ 사람을 먼저 그린 경우

- 그림에서 사람을 먼저 그리는 경우는 자신이 세상에 대한 소속감에 관심이 있는 사람이다. 또한 자신이 양육적인 사람이거나 즐거움을 주고받는 사람을 나타내기도 한다.
- 만일 그림에서 내담자가 자신 이외의 사람을 그린다면 그것은 특별한 사람, 죽은 가족 구성원, 사랑하는 사람, 증오하는 사람을 반영할 수도 있다.

[그림 6-5] 집,나무,사람(KHTP)

[그림 6-5]는 여자 중학생의 KHTP 그림이다. 작은 사람이 나무에 기대어 앉아있는 모습이다. 내담자는 자존감이 낮고 자신감이 없으며 무기력함을 나타낸다고 할 수 있다.

3 KFD(Kinetic Family Drawing, 동적 가족화) 검사

1) 이론적 배경

번스와 카우프만(Burns & Kaufman, 1970)이 그들의 임상 경험에 기반을 두어 개발한 그림 검사로, 가족 구성원인 개인을 통해 가족 간의 상호작용과 역동성을 파악하고, 가족 내에서 자기 자신과 다른 가족 구성원에 대한 주관적인 지각이나 태도를 이해하는 데 중요한 정보를 제공해준다.

2) KFD 검사 실시

(1) 준비물

A4 용지, 4B 또는 2B 연필, 지우개

(2) 검사 실시

① 내담자에게 A4 용지를 가로로 제시한다.

② 내담자에게 "이 종이 위에 자신을 포함하여 가족들 모두가 무언가 하는 그림을 그려보세요. 만화나 막대기 같은 사람이 아닌 완전한 사람을 그려 주세요. 무엇이든 어떠한 행위를 하는 그림을 그려야 합니다. 당신 자신도 그리는 것을 잊어서는 안 됩니다."라고 말한다. 단, 사람은 만화 그림이나 가만히 있는 사람 그림을 그리지 않도록 말해준다.

③ 시간제한은 없고, 그림을 그리는 데 걸린 시간을 측정하여 기록한다.

④ 그리는 도중 내담자의 질문에 대해서는 "마음대로 그리면 된다."라고 말해주면 된다.

⑤ 치료자는 그림을 그리는 순서와 그리는 태도 등 내담자의 그리는 과정을 관찰한다.

3) 검사 후 질문 및 해석

(1) 검사 후 질문

① 이 그림의 분위기는 어떤가요?

② 이 사람은 누구입니까? 지금 무엇을 하는가요?

③ 이 사람의 좋은 점은 무엇입니까? 이 사람의 나쁜 점은 무엇입니까?

④ 이 그림에서 누구를 그릴 때 가장 힘이 들었나요?

⑤ 이 그림을 보면 무슨 생각이 드나요?

⑥ 가족 중 나와 가장 가까운 사람은 누구인가요?
⑦ 혹시 가족 구성원 중에 그림을 그리지 않은 가족이 있나요?
⑧ 가족 이외의 사람을 그렸나요? 어떻게 그 사람을 그리게 되었나요?
⑨ 앞으로 이 가족은 어떻게 될 것 같은가요? 어떻게 되었으면 좋을까요?
⑩ 이 가족에게 바라고 싶은 점은 무엇인가요?

(2) 검사의 해석

이 그림에서는 정적인 인물 자체보다는 그림 내 인물의 행동이나 움직임에 초점을 두게 된다.

① 인물상의 행위

- 그림 속 인물이 어떤 행위를 하는지를 살펴본다. 인물상의 행위가 상호작용인지, 협동성이 드러나는지, 혹은 피학성이나 가학성이 나타나는지, 아니면 자기애가 보이는지 등을 살펴볼 수 있다.
- 상호작용 측면에서 평가하면, 동일한 상황에서 각각의 인물이 동일 행동을 하는지, 아니면 동일한 상황에서 각자 다른 행동을 하는지, 또는 다른 상황에서 각자 다른 행동을 하는지에 따라 가족의 전체 역동성을 알 수 있다.
- 각 인물상의 행위를 중심으로 가족 내 역할 유형 등을 알 수 있다. 주로 아버지, 어머니, 자기상을 중심으로 분석한다. 그 이유는 이 세 사람이 공통되는 가족 구성원이며, 자녀에게 있어서 부모는 중요한 역할을 하기 때문이다.

② 그림의 양식

일반적으로 그림의 양식은 가족관계에서 자기의 감정과 상태, 그리고 신뢰감을 나타낸다.

- **일반적 양식**은 가족 구성원들 사이에 장벽이 없고, 하나의 공간 안에 함께 있는 모습을 그린 경우이다. 비교적 온화하고 우호적인 상호관계를 나타낸다.
- **구분 양식**은 가족 구성원 각자 있는 공간이 분리되어 있다. 가족 구성원을 선을 그어 분리하거나, 구성원들이 각자 다른 방에 있는 그림을 그림으로써 다른 구성원들과 격리시킨다.
- **포위 양식**은 어떤 사물이나 선이 사람을 둘러싸고 있는 양식이다. 가족 간의 관계에서 자기 자신이 폐쇄적인 태도를 가질 때, 가족원 혹은 자기 자신을 닫아 버리는 양식이다. 불안의 표현으로 주로 책상, 그네, 자동차 등의 사물을 이용하여 사람을 감싸서 표현하는 경우가 많다.
- **가장자리 양식**은 도화지의 가장자리에 인물을 그리는 것으로, 방어적이고 문제의 핵심에서 회피하려는 경향이 있다. 또한 친밀한 관계를 맺는 것에 대한 어려움을 가지고 있을 수도 있다.

(3) 역동성

그림 속에서 그려진 순서, 위치와 크기 등을 바탕으로 관계의 역동성을 파악하는 것이다.

먼저 인물이 그려진 순서가 중요하다. 그리는 순서는 자신에게 중요한 사람부터 순서대로 그리는 경우가 많다. 그러므로 어느 가족 구성원부터 그렸는지 하는 점은 중요한 정보가 된다.

인물의 위치는 도화지 내에서 위쪽, 아래쪽, 왼쪽, 오른쪽, 중앙, 가장자리 중 어디인지 살펴보는 것이다. 인물의 위치를 볼 때는 내담자가 자신이라고 그린 인물의 위치를 확인해야 한다. 중앙에 있는지, 혹은 가장자리에 있는지를 살펴본다. 그런 뒤, 본인의 위치를 중심으로 다른 인물들이 어느 정도로 떨어져 있는지 살펴볼 수 있다. 인물들 간의 관계에서 위치라는 정보는 단순히 그림 상에서의 위치라기보다 내담자의 마음속에서 각각의 인물들과 맺고 있는 관계를 상징적으로 보여 주는 것이다.

그려진 인물의 크기로 가족에 대한 내담자의 심리적인 상태를 알 수 있다. 내담자가 가족 구성원에게 가지고 있는 관심의 정도가 인물의 크기를 반영하며, 부정적이든 긍정적이든 관심이 큰 인물이 크게 그려진다. 작은 그림은 열등감, 무능력감, 혹은 부적절한 감정, 억제적이고 소심함을 나타낸다.

가족 구성원의 생략은 그 가족 구성원에 대한 적의나 공격성 등의 불안하고 부정적인 감정을 표현했다고 할 수 있다.

(4) 상징

그림에 나타나는 사물이 상징하는 바를 말한다. 그림에 나오는 사물을 해석할 때 일대일 방식으로 해석할 수는 없다. 상징의 해석이 주관적이고 독단적으로 행해지면 내담자의 특성을 잘못 해석할 수 있다. 그러므로 상징의 해석은 역동적, 통합적 관점에서 이루어져야 한다.

(5) 인물상의 특성

가족 구성원 중 생략된 가족 구성원인 경우는 내담자가 그 인물에 대하여 불안감, 공격성, 적대감이 있을 수 있으며, 내담자가 생략된 인물을 중요하게 생각하지 않아서 생략했을 수도 있다. 반대로 가족 구성원이 아닌 사람을 그렸을 경우는 그 사람이 내담자에게 어떤 의미를 가지고 있을 수 있으므로 이런 경우는 그림을 그린 사람에게 질문을 하는 것이 좋다.

그림에서 보여지는 신체 부분의 확대 혹은 과장은 그 부분의 기능에 대한 집착을 나타낸다. 신체 내부를 투명하게 보이는 경우 현실왜곡, 빈약한 현실감각, 정신장애 가능성을 내포한다. 신체 부분의 생략은 그 신체 부분의 기능의 거부와 그 부분에 집착된 불안 또는 죄의식을 나타낸다.

그림에서 볼 수 있는 의복의 장식 중 의복의 단추 모양이나 액세서리의 강조는 의존성 또는 애정욕구의 불만을 의미한다.

가족구성원의 그림이 기울기도 하고 옆으로 누워있는 경우도 있다. 이런 그림은 가족에 대한 인식기능의 상실, 거절, 다른 가족 구성원과의 분리감정을 나타낸다. 일반적으로 강한 불안정과 정서 통제가 되지 않는 내담자에게서 나타난다.

[그림 6-6] 동적가족화

[그림 6-6]은 초등학교 6학년 아동의 KFD 그림으로 아동은 방에서 동생과 있으며, 다른 가족들은 거실에 있는 모습을 그림으로 표현하였다. 아동의 방과 거실에 분리되어 있는 것을 알 수 있고, 아동을 비롯한 가족들의 뒷모습을 그림으로 표현하였다.

4 KSD(Kinetic School Drawing, 동적 학교생활화) 검사

1) 이론적 배경

동적 학교생활화는 노프와 프라우트(Knoff & Prout, 1988)에 의해 개발되었다. 내담자가 학교 내에서 자신을 포함한 친구들과 선생님과의 무엇인가 활동을 하는 그림을 그리게 해서 친구들과 선생님과의 관계에 대한 내담자의 지각을 진단하는 기법이다. 이를 통해 내담자의 학교 내에서의 친구, 선생님과의 상호관계 및 학업 성취성을 추측할 수 있다.

2) KSD 검사 실시

(1) 준비물

A4 용지, 4B 또는 2B 연필, 지우개

(2) 검사 실시

① 내담자에게 A4 용지를 가로로 제시한다.
② 내담자에게 "이 종이 위에 자신을 포함해서 선생님과 친구가 학교에서 무엇인가 하는 그림을 그려 보세요. 만화나 막대기 같은 사람이 아닌 완전한 사람을 그려 주세요. 모두가 무엇이든 하는 그림을 그리도록 하세요. 당신 자신도 그리는 것을 잊어서는 안 됩니다."라고 말한다. 단, 사람은 만화 그림이나 가만히 있는 사람 그림을 그리지 않도록 말해준다.
③ 시간제한은 없고, 그림을 그리는 데 걸린 시간을 측정하여 기록한다.
④ 그리는 도중 내담자의 질문에 대해서는 "마음대로 그리면 된다."라고 말해주면 된다.
⑤ 치료자는 그림을 그리는 순서와 그리는 태도 등 내담자의 그리는 과정을 관찰한다.

3) KSD 검사 후 질문 및 해석

(1) 검사 후 질문

① 이 그림 속 상황의 분위기는 어떤가?
② 그림 속의 사람은 누구입니까? 그 사람이 무엇을 하고 있나요?

③ 이 상황에서 자신의 감정은 어떠한가요?

④ 학교생활에서 어떤 부분이 어려운가요? 또는 어떤 부분이 즐거운가요?

⑤ 학교생활에 적응하기 위해서는 어떤 부분이 변해야 한다고 생각하나요?

⑥ 그러한 변화를 위해 자신이 할 수 있는 것은 무엇인가요?

(2) 검사의 해석

그림을 보면서 친구와의 관계, 선생님과의 관계, 전반적인 학교생활에 대해 이야기를 나누도록 함으로써 학교생활에 대한 탐색을 돕도록 한다.

그림을 해석할 때는 학교에서 자기 자신의 모습을 어떻게 그리는지, 선생님, 친구들에 대하여 내담자가 어떤 행동을 하는지 중요한 요소로 고려된다. KSD는 내담자의 학교 적응과 또래관계 등에 대한 정보를 제공해 줄 수 있다.

[그림 6-7] 동적 학교생활화

[그림 6-7]은 남자 중학생의 그림으로 학교 수업 시간을 KSD로 표현하였다. 내담자는 수업 시간에 혼자 있는 그림을 표현함으로써 학교에서 친구들과 소통이 많지 않다는 것을 알 수 있다.

5 PITR(Person In the Rain, 빗속의 사람 그림) 검사

1) 이론적 배경

아놀드 에이브람스와 에이브라함 암친(Arnold Abrams & Abraham Amchin, 1958, 1967)이 각각 만들었고, 인물화 검사에 비오는 장면을 추가한 것이다. 빗속의 사람 그림을 통해 내담자의 자아존중감 및 자아개념을 파악할 수 있으며, 외부환경에 대한 내담자의 지각 태도, 현재 겪고 있는 스트레스의 정도와 대처능력을 파악할 수 있다.

2) PITR 실시 방법

(1) 준비물

A4 용지, 4B 또는 2B 연필, 지우개

(2) 검사 실시

① 내담자에게 A4 용지를 가로로 제시한다.

② 내담자에게 "비가 내리고 있는데, 빗속에 있는 사람을 그려 주세요. 만화나 막대기 같은 사람이 아닌 완전한 사람을 그리세요."라고 말한다.

③ 시간제한은 없고, 그림을 그리는 데 걸린 시간을 측정하여 기록한다.

④ 그리는 도중 내담자의 질문에 대해서는 "마음대로 그리면 된다."라고 말해주면 된다.

⑤ 치료자는 그림을 그리는 순서와 그리는 태도 등 내담자의 그리는 과정을 관찰한다.

3) PITR 검사 후 질문 및 해석

(1) 검사 후 질문

① 그림에 대한 인상이나 느낌은 어떠합니까?

② 비는 어느 정도 오는 것 같습니까?

③ 이 사람은 누구인 것 같습니까?

④ 이 사람은 무엇을 하고 있습니까?

⑤ 이 사람의 기분은 어떠합니까?

⑥ 이 사람에게 필요한 것은 무엇입니까?

⑦ 그림 속의 사람이 어떻게 하여 빗속에 서 있게 되었을까요?

⑧ 다음에 무슨 일이 일어날까요?

(2) 검사의 해석

빗속의 사람 그림은 그린 사람의 스트레스 정도나 대처 방법을 파악할 수 있는 검사이다. 그림 속에 그린 사람은 자아상을 나타내며, 비는 외부적인 곤란이나 스트레스 상황을 의미한다. 내담자가 스트레스 환경에서 어떻게 자기 자신을 보호하고 스트레스로부터 자신을 지키는가를 나타낸다. 내담자가 불쾌하거나 불안한 환경에 어떻게 대처하는지, 환경을 통제할 수 있는 심리적인 역량은 충분한지, 자아강도는 어떤지를 평가하고자 할 때 사용할 수 있는 그림 검사이다.

비의 양은 검사자가 보는 주관적인 양으로 해석해서는 안 되며, 반드시 내담자에게 비가 어느 정도 내리고 있는지에 대해서 질문을 해보아야 한다.

일반적으로 비, 구름, 웅덩이, 번개 등은 스트레스를 나타내며, 우산, 비옷, 보호물, 장화, 표정, 인물의 크기, 인물의 위치 등은 스트레스 대처 자원으로 보고 있다.

[그림 6-8] 빗 속의 사람

[그림 6-8]은 20대 초반 여성의 PITR그림이다. 내담자가 그린 그림은 작은 편이며, 하늘에 먹구름이 있고, 땅에는 물웅덩이를 그렸다. 내담자는 현재 생활에서 스트레스를 느끼고 있는 것을 알 수 있다.

6 DAS(Draw-a-Story, 이야기 그림) 검사

1) 이론적 배경

실버(Rawley Silver)는 청각장애 아동을 위한 실험적인 미술수업을 통해 자극 그림 검사를 개발하였으며, 최근 연구에서 아동 및 청소년을 대상으로 일하는 전문가들에게 노움이 되는 획기적인 도구를 제공하고 있다. 위기에 처한 청소년을 식별할 때 이야기 그림 검사(DAS) 기법이 유용할 수 있다.

2) DAS 검사 실시

(1) 준비물

DAS 검사의 자극 유형A, A4 용지, 연필, 지우개

(2) 검사 실시

① 내담자에게 A4 용지를 가로로 제시한다.

② 내담자에게 "자, 여기 사람, 동물, 장소, 사물 그림들이 있습니다. 여기 그림들 중에서 두 개를 선택하여, 그 두 대상들 사이에서 벌어지는 이야기를 상상해 보세요. 이제 상상한 이야기를 그림으로 그려 보세요. 선택한 그림은 바꾸어도 되고, 자신의 생각이나 대상을 첨가해도 좋아요. 그림을 다 그렸으면 제목이나 그 그림의 이야기를 적어보세요."라고 말한다.

③ 검사 대상은 5세부터 노인까지이며, 시간제한은 없고, 그림을 그리는 데 걸린 시간을 측정하여 기록한다.

④ 그리는 도중 내담자의 질문에 대해서는 "마음대로 그리면 된다."라고 말해주면 된다.

⑤ 치료자는 그림을 그리는 순서와 그리는 태도 등 내담자의 그리는 과정을 관찰한다.

3) DAS 검사 후 질문 및 해석

(1) 검사의 특징

DAS는 청소년의 우울과 공격성을 선별하는 좋은 검사도구이다. 자해 행동을 할 위험이 있는 아동 및 청소년을 찾아내는 데에도 상당한 역할을 한다.

시각적인 자극을 제시하므로 그림을 그리기 어려워하는 사람들, 자기 마음을 표현하기 어려워하는 사람들, 언어적으로 표현하기 어려워하는 사람들에게 적용 가능한 검사이다.

색깔이나 선의 성질 같은 그림의 물리적인 요소보다 그림의 이야기 내용을 중요시한다. 이렇게 구조화되어 있지만 어느 정도 개방된 과제가 토대로 삼는 전제는, 그림 검사에 대한 반응을 통해 환상에 접근할 수 있고, 주관적 감정을 시각적으로 보여줄 수 있으며, 이를 평가 척도의 점수로 측정할 수 있다는 것이다. 다른 투사검사보다 비교적 높은 객관성과 타당성을 확보하고 있다. 인지적 측면을 측정할 수 있다.

(2) 검사의 채점

DAS는 강한 부정(1점)에서 강한 긍정(5점)까지의 점수 범위를 가진 평정척도를 포함하고 있다.

4) DAS Form A 반응의 이야기 내용 평가를 위한 평정 척도(진단기준, Silver,1993a)

(1) 정서내용 척도

점수	해석	기준
1점	강한 부정	· 슬프거나 고립되어 있거나 도움을 받을 수 없거나 죽을 위험에 처해 있는 인물 · 파괴적, 살인적 또는 생명 위협적인 관계
2점	중간정도의 부정	· 좌절, 공포, 무서움 또는 불운한 인물 · 스트레스를 느끼거나 적의가 있는 관계
3점	중립적, 양가적	· 애매하거나 갈등을 나타내는 부정적이면서 긍정적인 관계 또는 인물 · 명료하지 않거나 분명하지 않은 관계 또는 인물 · 부정적이든 긍정적이든 비정서적인 관계 또는 인물, 그려진 대상 또는 관계에 대해 표현된 감정이 없는 인물
4점	중간정도의 긍정	· 행운은 있지만 수동적인 인물 · 친한 관계
5점	강한 긍정	· 행복하거나 목표를 달성한 인물 · 돌봐 주거나 사랑하는 관계

(2) 자기상 척도

점수	해석	기준
1점	병적인 환상	· 비통, 고립, 치명적인 위험에 빠진 것으로 표현된 대상과 동일시할 때
2점	불행한, 불쾌한 환상	· 놀람, 좌절, 불행과 관련된 묘사 · 짜증스러움, 욕구불만 또는 불운한 존재로 묘사된 대상과 동일시하고 있을 때
3점	양가적, 비정한, 애매모호한 환상	· 분명하지 않거나 보이지 않는 것으로 나타나는 묘사 · 불분명하거나 애매하거나 또는 양가적이거나 아무런 감정이 없는 것으로 묘사된 대상과 동일시할 때
4점	유쾌한 환상	· TV를 보거나 구조되는 것처럼 수동적인 행운과 관련된 묘사 · 수동적이지만 운 좋은 것으로 묘사된 대상과 동일시할 때
5점	욕구충족, 소원을 이루는 환상	· 행복한, 사랑받는, 강력한, 뛰어난, 위협적인, 파괴적인, 공격적인, 성취적인 것과 관련된 묘사 · 존경스럽고, 친밀하며, 긍정적이며, 목표를 달성하는 것으로 묘사된 대상과 동일시 할 때

5) DAS 그림을 볼 때 고려해야 할 점

① 정서적 측면으로는 우울이나 환자가 가지고 있는 공상에 대한 정보를 얻을 수 있다.

② 검사에서 대상을 선택하고 어떤 종류의 관계를 상상하는가 살펴보면 관계 형성 능력을 추정할 수 있다. 대체로 살아 있는 생물을 적어도 하나 이상 넣는 경우 건강한 편이다. 그러나 무생물이나 배경에 해당되는 대상만 선택하는 경우 대인관계에 문제가 있거나 상대방에 대한 원망 혹은 피해의식이 있을 가능성을 보여준다.

③ 두 개의 자극 간에 이야기를 만들어 내고 그것을 한 화면 내에 표현하는 것으로 통합하고 조직화하는 능력이 나타난다. 조직화하는 능력이 떨어지는 경우 아무런 관련 없는 두 가지 대상을 그리는 경우가 있다.

④ 표현된 그림에서 주어진 과제에 대해 해결하는 방법을 살펴보면서 내담자가 자신의 실제 삶에서 문제에 대처하고 해결하는 방식을 알 수 있다.

[그림 6-9] 이야기 그림

[그림 6-9]는 남자 고등학생이 그린 DAS그림이다. 내담자는 직접 그림을 그렸으며 화산이 폭발하여 낙하산을 타고 안전하게 탈출하였다고 이야기를 적었다. 자신의 힘든 상황에서 벗어나고 싶은 마음을 표현한 것이다.

6) DAS 검사의 자극유형A

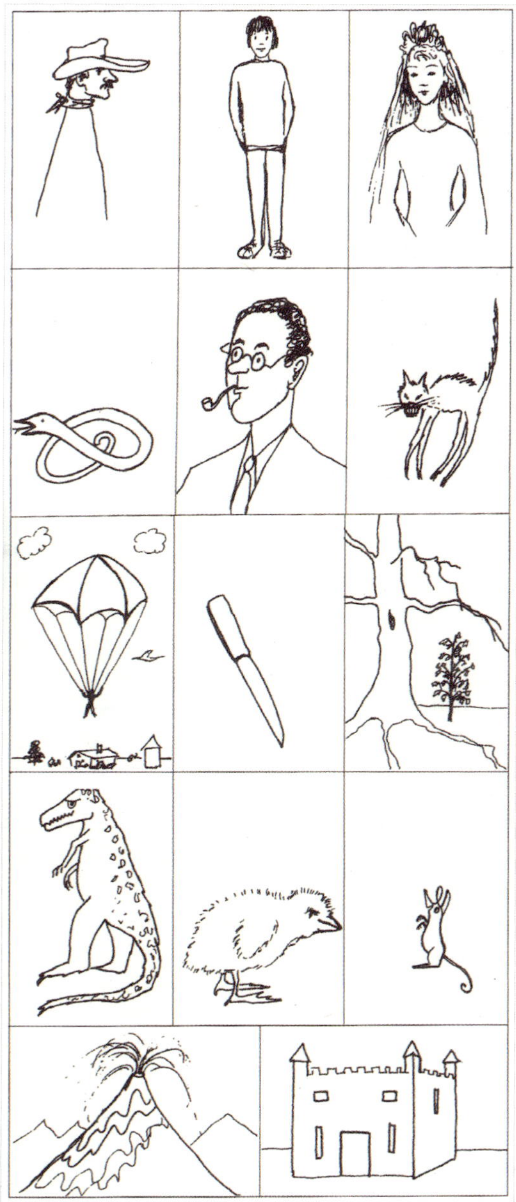

[그림 6-10] DAS검사의 자극유형A

■ 이야기 그림 검사 ■

• 이야기:

____

____

____

• 아래의 빈 칸을 채우세요.

· 성명 ________ · 남/여 ______ · 나이 ______ · 날짜 __________

· 나는 지금 기분이 매우 좋다( ), 괜찮다( ), 화난다( ), 무섭다( ), 슬프다( )

07

미술치료 진행과정

I 미술치료 계획

초기면담, 심리검사를 통해 치료목표를 설정 후 미술치료 계획을 세운다. 미술치료의 목표, 계획수립은 미술치료를 효과적으로 진행하기 위한 첫 단계로 매우 중요하다. 이러한 단계를 통해 미술치료 전 과정을 효과적으로 이끌어 갈 수 있다. 또한 미술치료 계획의 수립과 진행은 상담자의 자질과 밀접한 관계가 있어서 상담자의 전문지식과 품성, 임상경험을 필요로 한다. 미술치료 진행여부는 대상자의 병력, 증상 등 상태에 따라 변경될 수 있다. 치료에 앞서 내담자 동의, 비밀보장, 윤리적인 부분을 반드시 확인하고 진행과정에 관하여 구체적으로 설명한다.

1) 미술치료 치료계획 단계

(1) 치료문제 선정

초기면담, 심리검사 과정을 통해 나타난 문제 중 가장 중요하고 긴급한 문제를 우선 선정하여 진행하며 다른 문제는 그 이후로 미룬다. 치료문제의 선정에 내담자의 의견을 포함시키는 것이 중요하다. 내담자 스스로 변해야 되겠다는 동기가 치료에 큰 영향을 미친다.

■ **치료목표 설정을 위한 질문**

- 어느 부분이 변화되기를 원하는가?
- 어떻게 변화되기를 원하는가?
- 어느 부분이 변하면 더 행복해질 수 있다고 보는가?
- 어떻게 변화하면 자신이 더 좋아지리라고 보는가?

(2) 치료목표

① 치료목표 구성 및 목표체계

치료목표는 분명하고 구체적으로 정해야 하며 목표달성 후 객관적으로 평가할 수 있는 것이 좋다. 치료목표는 치료종료 후 평가뿐만 아니라 치료 중간과정에서의 진행 여부를 점검하는 모니터링 과정에도 사용된다. 치료목표를 상위목표, 하위목표로 분류하여 체계화하면 좀 더 분명한 치료과정을 만들 수 있다.

② 치료목표 설정

치료목표 설정은 학문적 바탕에 기반을 두어야 한다. 이론적 바탕이나 내담자에 따라 치료목표는 달라질 수 있다. 상담자는 초기면담에서 내담자 및 보호자의 의뢰사항과 구체적인 치료목표를 고려하여 보완해야 할 목표를 알려준다. 목표는 치료과정에서 수정될 수 있는 것 또한 알려주어야 한다. 장기치료일 경우 내담자가 문제를 극복할 수 있도록 단계적인 목표를 세워 알려준다.

- 일반적인 미술치료의 목표
- 심리적 · 정서적 문제의 표현
- 무의식적 문제, 상처의 의식화. 해결능력 향상
- 내적 에너지의 경험 및 활성화. 치유와 성장 함양
- 자존감, 정체성, 공감능력 및 의사소통 능력 향상
- 정신적으로 균형 있는 생활
- 원만한 사회적 관계 함양
- 자아통제력, 자기통합 과정의 경험
- 심리적 안정과 적응능력 향상

(3) 미술치료의 구조화

① 미술치료 대상

대상은 복지기관이나 학교, 병원, 정신보건센터 등을 통해 상담자에게 위임되는 경우와 본인 또는 보호자가 직접 방문하여 미술치료를 요청하는 경우가 일반적이다. 연령별로 유아에서 노인까지 구분되며 증상, 치료목적에 따라 진단을 받은 치료대상과 예방, 자기성장 차원의 대상으로 나눌 수 있다.

■ 치료대상

치료대상은 병에 대한 진단을 받았거나 그러한 정도의 증세를 지닌 사람으로 일상생활에 어려움이 있는 경우이다. 대표적으로 정신분열, 우울증, 조울증, 중독, 공황장애, 섭식장애, 성격장애, 외상후스트레스 장애등이 있다. 아동, 청소년기에 빈번히 나타나는 증세로 소아·청소년 우울증, 주의력결핍 과잉행동장애(ADHD), 틱장애, 선택적 함묵증, 배설장애, 인터넷·게임중독, 충동성조절장애, 학교부적응 등이 있다. 발달장애, 학습장애, 지적장애, 지체장애 등의 장애 아동, 청소년 대부분이 미술을 통한 교육적·치료차원의 미술치료를 받는다.

■ 예방 · 자기성장 차원의 대상

예방차원의 대상자는 일상생활을 하고 있으나 과도한 스트레스, 정신적·심리적 어려움으로 불안, 우울, 분노 등을 나타내며 안정을 필요로 하는 사람이다, 고통스러운 경험에 대한 감정을 억제하거나 무감각한 상태의 사람도 이에 속한다. 타인과 관계 형성의 어려움이 있거나 오랜 시간 단절된 생활을 하였던 교정시설 퇴소자들, 학교폭력 증가로 인한 초중고 학생 대상의 예방차원 집단미술치료가 있다.

자기성장을 위한 대상자는 미술치료를 통해 내면을 탐색하고 자기이해, 가치관·정체성의 확립, 자기성장을 도모할 수 있다. 자기존재의 의미를 찾는 자기 탐구형 대상과 미술치료·상담자 또는 과정을 준비 중인 대상, 사회생활 적응 또는 스트레스 감소, 가족관계 향상을 위한 대상 등 다양하다. 아동, 청소년의 잠재력과 창의성 개발을 위한 미술치료도 이에 속한다.

② 치료 형태

개인과 집단으로 나누며, 집단은 소집단과 대집단으로 분류한다. 일반적으로 집단의 크기는 6~12명이며, 소집단은 2~4명 정도이다. 소집단 미술치료에는 부부, 가족치료도 포함되며 가족치료는 가족 중 일부가 참여하거나 가족 모두가 참여한다. 20명 이상의 대집단 경우는 단기적이며 주제 중심의 워크샵 형태가 대부분이다. 집단의 크기, 치료기간, 내담자 성향 등에 따라 주제와 재료를 자유롭게 선택하는 비지시적 방법과 상담자가 주제와 재료를 제공하는 지시적 방법이 있다. 비지시적 형태는 치료기간이 장기적이고 내담자의 자아능력이 충분할 때 적합하며 지시적 형태는 치료기간이 단기거나 미술에 대한 부담감이나 고정관념을 가진 저항감이 있는 내담자에게 유용하다.

③ 치료기간과 시간

미술치료의 기간과 시간은 내담자와 함께 정한다. 내담자의 상황과 욕구, 신체적·정신적 능력에 맞게 조정한다. 기간은 단기와 장기로 나뉘며 정확하게 분류되지 않는다. 일반적으로 단기는 10회기~20회기 정도며, 장기는 6개월에서 1년 이상 걸릴 수 있다. 개인미술치료가 집단미술치료의 시간보다 좀 더 융통성 있게 조정 가능하다. 미술치료의 회기 간격은 1주일에 1~2회 정도며 시간은 개인 60분, 가족이나 집단은 90분~120분 정도이다. 유·아동은 50분 정도 소요된다.

④ 치료실 환경

미술치료 진행을 위한 치료실은 자체가 수용적이고 지지적 분위기로 치유적 이어야 한다. 적당히 넓은 공간과 충분한 채광, 미술도구가 잘 갖추어져 있으며 물 사용이 용이해야 한다. 내담자의 비밀이 유지되고 심리적 안정을 유도할 수 있는 조용하고 편안한 공간이어야한다. 다양한 물리적 환경요인이 미술치료 진행에 영향을 미친다. 또한 미술치료에 참여하는 그룹원들 간의 간격은 미술활동 시간이나 이야기 나눔에 영향을 주며 마루에 앉아서 미술활동을 하거나 또는 이젤, 의자 등을 사용하는 것 등에 따라 다르다.

■ **미술치료실 기본적으로 갖추어야 할 조건**

- 편안한 느낌을 주어야 한다.
- 심리적 안정과 새로운 방향 감각을 찾을 수 있는 곳이어야 한다.
- 공간 크기는 활동하기에 넉넉해야 한다.
- 문지방은 평면으로 들어오고 나가기가 편리해야 한다. 장애인에게 특히 중요한 요소이다.
- 자연광선이 잘 비치고 통풍이 잘되어야 한다. 미술활동에 효과를 주는 적절한 조명 기구도 필요하다.
- 벽과 바닥의 색과 재질을 고려한다. 편안하고 밝은 톤에 청소가 용이하고 미끄럼 방지가 되어 있어야 한다.
- 물 사용이 용이해야 한다. 치료실 내 또는 가까운 곳에 세면대, 싱크대 등이 있는 것이 좋다.
- 미술재료 선반 및 정리장, 작품 보관실이 필요하다.
- 카메라, CD플레이어, 거울을 비치한다.
- 소화기, 의료품 등을 준비한다.

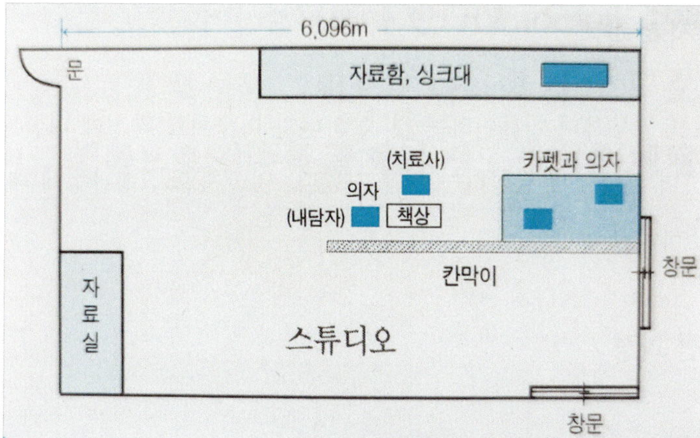

[그림 7-1] 미술치료실 구성 (조미영, 2013)

(4) 미술치료 계획

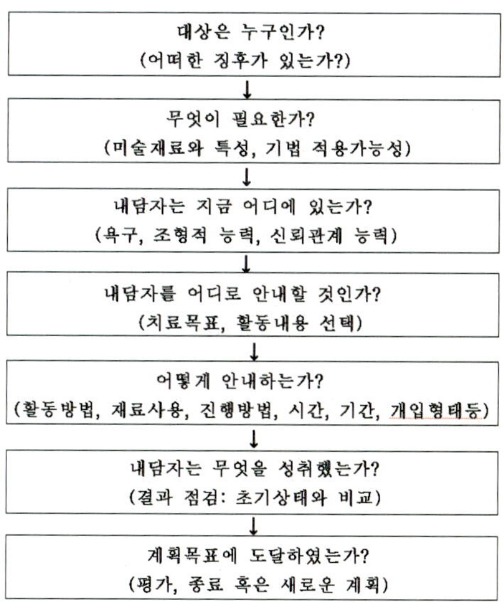

[그림 7-2] 미술치료 프로그램 기본요인 (정여주, 2006)

2 미술치료 과정

미술치료를 공부하며 힘들어하는 것 중 하나가 미술치료 과정에 대한 것이다. 어떻게 시작하며 진행할지 당황하는 경우가 많다. 미술치료 진행과정에 대하여 전반적으로 설명하고자 한다.

1) 치료전 과정

(1) 전화의뢰

시작의 대부분은 전화 의뢰에서 시작된다. 본인 또는 부모, 교사, 지인 등에 의해 치료를 의뢰 받는다. 내담자 이름과 연락처, 미술치료를 받고자 한 동기, 상담시간, 상담비용 등에 대해 이야기한다. 내담자 문제와 생육사는 상세하게 이야기 나누지 않는다. 전화 의뢰시 유의하여야 할 것은 첫째, 상담자는 전문가로서 내담자가 신뢰할 수 있도록 미술치료에 대한 전문성이 전해져야 한다. 둘째, 내담자의 호소를 간단히 들은 후 미술치료를 받지 않아도 되는 자연스러운 문제로 판단된다면 이에 대한 소견을 잘 전해야 한다. 셋째, 미술치료에 대한 간단한 소개와 첫 면담에 대한 약속을 정한다. 넷째, 부모가 아동참여를 위해 미술치료실에 데려올 경우 자세히 설명하고 데려오도록 한다.

(2) 첫 면담(intake)

내담자의 인적사항, 주요 호소문제, 가족관계 등에 대해 이야기 나눈다. 첫 면담시 가족 전체가 참여하는 경우가 있고 부모만 또는 아동만 참여하는 경우가 있다. 가족치료관점을 가진 상담자는 가족 전체가 참여할 것을 요청하며 성인일 경우는 개인면담을 요청할 수 있다.

(3) 첫 면담 내용

특히, 아동이 의뢰된 경우 첫 면담 내용은 더욱더 중요하다.

① 부모면담

㉠ 진짜 내담자가 누구인가?

- 아동문제는 아동만 치료하는 것이 아님을 설명한다. 부모의 성격적 결함이나 부부갈등으로 아동에게 문제가 생기기도 하고 부모 자신의 문제를 인정하기 어려울 때 아동을 방패삼아 치료실을 찾기도 한다. 상담자는 총체적인 시각으로 문제를 보고 누가 실제 내담자인지를 알 수 있어야 한다.

㉡ 비밀보장 문제 다루기

- 내담자가 가족일 경우 비밀보장의 한계가 발생한다. 자신의 비밀을 상담자에게 이야기하며 비밀보장을 요구하거나 가족에게 말 못했던 비밀을 상담자가 이야기해주기를 바라는 경우가 있다. 가족에게 학대, 성폭력 등의 문제 발생 시 상담자가 이 비밀을 어디까지 지켜야할지 결정하기 어렵다. 부모에게 자녀상담 내용을 다 전할 수 없으며 때로는 모르는 것이 더 나을 수 있음을 알려준다.

② 아동면담

㉠ 비밀보장에 대한 인식

- 부모에게 알려야 할 때는 먼저 아동에게 이야기한 후에 부모에게 알릴 것을 약속한다.

㉡ 상담자 소개

- 아동은 미술치료에 대한 정확한 정보 없이 부모에 의해 참여하는 경우가 많다. 먼저 상담자를 소개하고 아동의 발달 수준에 따라 미술치료에 대한 설명을 하도록 한다.

ⓒ 의뢰문제의 인식

- 아동에게 왜 이곳에 오게 되었는지 이유를 물어본다. 자신이 온 이유를 모르거나 알아도 죄책감 등으로 저항하기도 한다. 부모님이 의뢰한 문제에 대해 설명해준다.

ⓔ 가족관계와 역동 파악

- 가족화 등을 통해 가족관계 및 역동, 정서, 아동의 인식을 파악한다. 언어로 할 수 없던 것을 그림을 통해 쉽게 표현할 수 있다.

ⓜ 학교생활에 대한 정보

- 아동이 다니는 학교의 교사, 교우관계 및 학교에 대한 아동의 감정을 탐색한다. 학교생활화를 그리며 아동의 학교생활에 대해 이야기 나누는 것이 도움이 된다.

ⓑ 치료목표 설정

- 미술치료를 통해 원하는 변화가 무엇인지 아동으로 하여금 변화의 목표를 생각해보게 한다. 또는 변화의 목표를 그림으로 표현하게 할 수도 있다. 이후 상담자와 함께 상의하여 미술치료의 목표를 설정한다.

2) 치료과정

상담자의 이론적 배경, 임상경험에 따라 프로그램의 내용과 진행방법에 차이가 있다. 프로그램의 내용이나 진행방법은 경우에 따라 수정·보완 가능하도록 융통성이 있어야 한다.

치료과정은 목적지를 향해 가는 길이다(Petersen, 2000). 상담자와 내담자가 함께 치료단계에 맞추어 상의하며 결정해 가는 것이다. 자기표출, 직면을 힘들어하는 내담자 경우 진행과정 중 갑자기 중단하거나 중단 후 다시 시작하는 경우들이 있을 수 있으므로 상담자는 목표로 가기 위한 치료 전 과정에 대한 전체적 맥락을 놓쳐서는 안 된다. 이러한 과정에서 상담자의 자기점검은 중요하며 치료 상황을 객관적으로 볼 수 있도록 치료과정의 재점검이 필요하다. 일반적인 미술치료 과정은 초기, 중기, 후기(종결단계)로 나누며 이후 사례회의를 거쳐 사례분석을 한다.

(1) 초기단계

초기단계는 미술치료 과정의 첫 시작으로 이 단계에서는 내담자에 대한 정보를 상세히 파악할 수 있어야 한다. 내담자의 언어적, 비언어적 모습을 구체적으로 관찰하고 점검해야 한다. 이를 위한 방법으로 그림진단, 심리검사를 진행할 수 있다. 또한 초기단계는 상담자와 내담자의 관계 형성과 미술매체에 대한 적응이 필요하다. 가장 중요한 것은 상담자와 내담자간의 치료적 동맹이다. 미술표현에 익숙하지 않은 내담자는 도입단계에서 저항을 보일 수 있다. 우선 내담자의 심리적·정서적 안정을 돕고 스스로 자신을 잘 표현하고 이해할 수 있도록 이끌어야 한다.

초기단계에서는 미술치료 과정에서 내담자가 알아야 할 것, 지켜야 할 사항에 대해 약속을 한다. 구체적으로 치료과정에서 대화내용의 비밀보장과 예외상황에 대한 안내, 작품보관, 치료 공간 사용안내, 미술기법, 재료에 대한 정보, 녹음·녹취 동의 등이다.

① 미술치료 진행과정

㉠ 회기별 프로그램 주제와 미술매체 소개

㉡ 미술활동을 통한 창작과정

㉢ 작품 소개 및 상담자 피드백

② 미술표현 촉진 방법(정현희, 2018)

㉠ **출발그림**(starter sheet) : 그림 그릴 때의 저항이나 공포, 수줍음을 줄여 그림을 그리도록 촉진시키는 데 사용한다. 상담자가 그림의 일부를 그리거나 잡지의 사물 일부를 오려붙인 후 내담자가 마무리하여 완성하도록 하는 방법이다.

ⓛ **난화** : 난화에서 발견한 이미지를 그리도록 한다.

ⓒ **꿈의 활용** : "우리는 매일 꿈을 꿉니다. 떠오르는 꿈을 그려보세요"

ⓔ **색칠하기** : 여러 개의 원이 그려진 도화지를 건네어 자유롭게 색칠하게 한다. 이러한 과정에서도 미술활동의 에너지가 나올 수 있다.

ⓜ **색종이 접기** : 색종이는 눈과 손의 협응을 필요로 하는 재료로, 미술활동을 주저하는 내담자는 상담자를 보며 색종이 접기를 따라할 수 있다. 자기표현, 타인과의 정서적 공유로 미술치료 과정에 도움이 된다.

ⓑ **스프레이 색 물총 쏘기** : 억제된 분노 해소를 위한 활동으로 벽에 모조지 전지를 붙인 후 색물총 쏘기를 한다.

ⓢ **마이크 활용** : 마이크를 사용하여 자신의 작품을 설명하게 한다. 자신이 TV에 나오는 사람처럼 생각되며 타인으로부터의 관심 받고 싶은 욕구를 충족시킨다. 마이크를 사용할 경우 작품설명을 힘들어 하던 아동들이 좀 더 자세히 설명하는 경우가 있다.

ⓞ **글로 적기** : 글로 적는 것이 쉬운 내담자에게 자신의 마음을 글로 표현할 기회를 준다.

ⓩ **만일 내가 OO 라면** : 자신에게 초점을 맞추게 하는 데 유용하다. "만일 내가 나무라면 나는 무슨 생각을 할까? 무엇이 필요할까? 무엇을 원할까?" 등 자신을 생각해 보게 한다.

ⓒ **음악활용** : 음악은 분위기 고조에 도움이 되나 자칫 음악의 메시지에 몰두할 수 있으므로 음악과 지시말의 조화를 생각하며 활용해야 한다.

ⓞ **카메라, 복사기, 캠코더 등** : 내담자가 간직하고 싶어 하거나 중요한 타인에게 주고 싶은 작품이 있을 때 활용할 수 있다. 또한, 기록으로 남기는 한 방법이 된다.

(2) 중기단계

중기단계는 일반적으로 상담자와 내담자의 신뢰관계가 형성되어 구체적인 미술활동에 들어가는 시기로 미술치료 과정의 대부분을 차지한다. 이 단계에서의 내담자는 자신의 문제나 고통을 자연스럽게 표현하며 방어기제나 저항이 줄어들고 정서적 표출을 많이 한다. 상담자를 전문가로 인정하며 문제해결에 적극적인 모습을 보인다. 그러나 한편으로는 심리적 동요를 나타내며 부정적 반응을 보이기도 하므로 이러한 상황을 잘 견디어 극복하도록 격려한다. 중기단계에서는 내담자 스스로 활동하는 경향이 증가된다. 내담자의 주도성을 수용하고 인정하며 많은 대화가 이루어진다.

내담자는 과거 부모로부터 결핍되거나 왜곡된 부분을 수정하고 보완하는 경험을 하며 새로운 해석을 통해 자신의 문제를 재통합하며 성장한다. 즉 자신에 대한 의식이 확장되며 고통을 극복할 수 있는 힘을 기르게 된다. 더는 고통 받는 존재가 아닌 고통을 딛고 일어서는 내적인 힘을 비축한다.

(3) 후기(종결단계)

치료목표가 이루어지는 시기로 내담자는 자신의 문제를 수용하고 자신감이 향상되며 현실에 대처할 수 있는 능력이 생기게 된다. 자신의 내·외적 존재와 자연스럽게 소통하며 타인과 환경과의 능동적인 관계를 시도한다. 후기단계 또는 종결단계에 접어들면 내담자는 그동안 자신에게 집중되었던 초기 문제로부터 유연하고 안정되게 반응하며 현실에서의 실제적인 면에 관심과 적응능력을 보인다. 상담자는 내담자의 주 호소문제와 치료목표를 상기시키며 목표에 이르렀다는 것을 인식시킨다.

종결이 가까워지면서 내담자는 두려움을 느낄 수 있다. 상담자를 떠나 독립적으로 되는 것에 대한 불안이 잠재되어 있기 때문이다. 이러한 불안은 초기단계에서 느끼는 불안과는 다르다. 상담자는 종결이 가까워짐을 알려주면서 서서히 종결준비를 하도록 한다. 성공적으로 치료가 잘 진행된 경우 내담자가 종결을 쉽게 받아들이지만 내담자가 종결을 받아들이기 힘들어 할 때는 치료과정을 어떻게 할지 다시 생각해 보도록 한다.

(4) 사례회의

사례회의는 슈퍼비전 형태로 진행된다. 사례분석을 통한 지도를 받는 것이다. 사례회의는 내담자의 변화를 도모하기 위한 과정이기도 하지만 상담자의 전문성 향상에 도움을 주기 위한 목적이 있다. 사례회의는 상담자가 기록한 미술치료 과정을 다른 전문가들과 함께 분석하며 진행이 잘 이루어지고 있는지를 살펴봄으로서 좀 더 성숙한 방향으로 나아가도록 한다.

3) 미술치료 기록과 평가

미술치료 초기 치료계획을 세우는 것은 미술치료를 효과적으로 수행하기 위한 필수적인 과정으로 미술치료 과정을 기록하고 평가하는 것 또한 매우 중요한 필수 과정에 해당한다. 기록은 내담자의 현재 상태를 정확하게 인지시키고 다음 단계 계획을 위한 자료가 된다. 치료과정을 기록, 평가하기 위해서는 상담자의 전문적 훈련이 전제되고 내담자의 정보가 참조되어야 한다. 미술치료 과정을 관찰, 기록하는 방법은 다양하다.

첫째, 치료과정을 녹화, 녹음하여 회기 후 다시 보거나 듣는다.
둘째, 치료과정 중 중요사항을 간단히 메모하여 회기 후 상세하게 기록한다.
셋째, 회기 후 관찰기록을 정리한다.

(1) 회기별 기록 전체 사항

① 내담자 이름 인적사항
② 병명 및 주 호소문제
③ 일시, 장소, 회기
④ 치료목표 및 주제, 기대효과, 준비물
⑤ 참여자: 상담자, 실습생, 보조진행자 등
⑥ 회기별 활동과정 기록: 도입, 활동, 마무리(작품 감상과 나눔) 순으로 기록

⑦ 미술치료 전체 계획서, 회기별 계획서

⑧ 회기별 평가서: 회기평가와 특이점, 문제점, 변화 등의 소견 기록

⑨ 활동 결과 기록

⑩ 향후계획: 변화계획이나 알아두어야 할 점

(2) 주요 기록사항

① 치료 상황의 전반적 분위기

② 앞 회기 비교 다른 변화: 활동내용, 행동, 감정상태, 상호관계, 특이사항 등

③ 출석여부 및 참여 후 적극성 정도

④ 반복 그림유형의 변화 표현

⑤ 매체사용, 행동 과잉반응 또는 위축반응, 무기력 등

⑥ 미술치료 과정에서 내담자 및 상담자 반응

⑦ 치료 목적, 활동에 대한 재 고찰

(3) 치료회기 기록지

치료회기 기록지는 미술치료시 나타나는 내담자의 특이 상황에 더욱더 잘 적용할 수 있도록 상담자가 그 내용을 수정하거나 덧붙여 내담자 개인에게 맞는 내용으로 여러 번 검토 작업을 거친 후에 중점적으로 관찰할 세부항목의 기준을 설정한다. 치료회기 기록지는 임상 평가 목적 이외에도 치료회기 동안의 총괄적인 요소와 상담자와 내담자의 경계방법 등을 기록하여 다음 회기를 준비하는 계기를 마련한다.

■ 치료회기 기록지의 5가지 기능원리

① 평가의 정확성

② 치료실에서 발생한 상황들의 상세한 기록

③ 조직된 정보들의 관리 운영

④ 즉흥적인 개입으로 소홀할 수 있는 치료목표들에 대한 활동의 중심 잡기

⑤ 상담자의 주의력 집중 및 자극제 역할

(4) 치료회기 기록

회기(일시)	회기 월/일	성명	연령
활동명			
목 표			
준비물			
치료과정	상담자의 언어 및 행동	내담자의 언어 및 행동	비 고
내남사의 특이행동			
상담자 평가			
다음회기 계획			

① 치료회기의 기록은 임상 자문이나 치료과정에 대한 연구에 활용된다.
② 간략하고 명료하게 기록한다.
③ 기록의 목적이 공개발표나 연구일 때는 내담자의 은밀한 내용이나 구체적인 인적사항을 감춘다.
④ 각 회기에 대한 치료기록은 개인의 소장 자료나 소속기관의 보관 자료로 보존된다.

(4) 평가

미술치료 평가는 회기 별 평가와 회기평가를 4-8회기 모아 재평가 하거나 보충하여 평가할 수 있다. 평가는 회기에 대한 평가와 고찰 그리고 전체적 평가로 이어지며 논리적이어야 한다. 미술치료에서 나타나는 상황들과 연관된 관찰 세부항목들을 측정하여 비교·분석하는 것이다. 관찰 세부항목의 비교는 미술치료의 질을 평가하는 것으로 치료적 결과에 대한 객관성에 입각하여 평가되어야 한다. 이러한 자료들을 통해 미술치료 초기, 중기, 후기(종결)에 대한 평가를 재구성할 수 있다. 임상에서의 평가는 다음단계의 치료계획을 세우고 바람직한 치료과정을 확인하며 학문적 기능을 바탕으로 치료적 기능을 강화한다. 또한 상담자의 책임성을 강화시켜주는 중요한 의미를 함축하고 있다. 평가는 치료 마지막 단계에서만 이뤄지는 것이 아니라, 모든 치료의 마지막 과정이자 치료의 시작과정으로서 전체로서의 치료과정과 함께 가는 전문적인 치료의 순환과정이다. 평가 과정은 초기면접의 정보수집 과정에서부터 내담자의 반응, 상담자에 대한 반응, 치료과정의 반응 작품 결과에 대한 반응 등을 구체화 할 수 있다. 평가의 객관성을 위해 슈퍼비젼이 함께 이루어져야 한다.

■ **내담자의 행동 평가**

① 일반 행동에 대한 평가
② 칭찬에 대한 반응은 어떠한가?
③ 언어 표현은 어떠한가?

④ 시 지각, 소 근육 운동은 어떠한가?

⑤ 표정은 어떠한가?

■ 내담자 미술활동에 대한 반응 평가

① 재료 선택과 반응은 어떠한가?

② 작품에 대한 태도는 어떠한가?

③ 작품형식은 어떠한가?

■ 상담자 자신의 평가

① 미술치료 초기 목표에 대한 평가

② 치료대상자, 매체, 자기감정에 대한 이해 등 활동준비는 되었는가?

③ 회기별 매체와 주제는 적절한가?

④ 내담자와의 라포 형성은 적절하게 형성되었는가?

⑤ 작품 활동 과정은 내담자 관심의 초점이 되었는가?

⑥ 내담자에 대한 태도는 적절하였는가?(무시, 권위적 태도 확인)

⑦ 자기개방 정도는 적절하였는가?

⑧ 내담자의 비위를 맞추기 위한 행동이 지나치지 않았는가?

⑨ 내담자의 자발성을 적절히 유도하였는가?

⑩ 상호작용이 충분히 지지적이고 무비판적 태도가 유지되었는가?

⑪ 상담자 자신의 이야기를 필요 이상으로 하지 않았는가?

⑫ 집단 활동 시 시간 비율은 적절하였는가?

⑬ 종결을 위한 준비는 잘 진행되었는가?

⑭ 상담자로서 부족한 부분을 어떻게 대처하는가?

4) 미술치료 대상

상담이나 심리치료에서 대상에 따라 개인 및 집단치료로 나누어 실시하듯 미술치료도 개인미술치료와 집단미술치료로 나누어 실시한다.

(1) 개인미술치료

① 개인미술치료의 의미

심리치료의 대표적인 정의는 '증상을 제거하고 수정·완화하며 장애 행동을 조정하고 긍정적 성격발달을 증진시킬 목적으로 전문가가 내담자와 전문적인 관계를 의도적으로 형성하여 정서적 문제를 심리학적 방법으로 치료하는 것이다(최외선 외, 2016).

대부분의 상담, 심리치료는 주로 개인 대상 형태로 이루어져 왔으며 상담자는 개인이든 집단이든 효과적인 진행을 위해 '촉진적'인 조건을 조성한다.

개인미술치료는 상담자, 내담자간의 일대일 상담관계로 미술치료를 실시한다. 미술치료는 상담과 심리치료의 의미를 지니면서 미술매체를 활용하여 창의적인 작품을 완성하고 작품을 언어화하는 과정에서 자기이해와 자아성장, 문제해결의 목표를 달성한다. 언어적 상담에서의 제한성을 극복할 수 있는 치료방법으로 미술활동을 통해 무의식적 내면을 자연스럽게 표현한다. 대부분의 미술치료는 문제제기와 치료의 필요성 인식, 촉진적 관계 형성, 목표의 구조화, 문제해결을 위한 노력, 합리적 사고의 촉진, 치료결과의 평가와 종결 단계로 이루어진다.

② 개인미술치료 대상

내담자가 매우 복잡한 문제를 가졌거나 대인관계에 어려움이 큰 경우 또는 타인의 인정과 주목에 욕구가 큰 경우 집단상담 보다는 개인상담이 효과적이다. 심리적 저항감이 커서 언어적 치료에 방어적이던 내담자라도 미술치료를 통해 쉽게 접근할 수 있다. 미술은 방어감을 감소시켜 고착된 내면의 문제를 자연스럽게 표출하도록 돕는다. 또한 말을 할 수 없거나 말을 하지 못하는 내담자, 자폐증, 청각장애, 정신지체 등의 어려움을 가진 사람에게도 적용 가능하다. 미술치료 적용대상 범위는 매우 넓고 다양하며 내담자의 의미 있는 표현, 의사소통에 유용한 방법이다.

(2) 집단미술치료

① 집단미술치료의 특성

집단상담의 목표는 개인으로 하여금 자기이해를 증진하고 대인관계 능력을 향상시켜 환경에 잘 적응할 수 있도록 하는 것이다. 집단미술치료는 이러한 집단상담의 특성에 미술치료기법을 도입한 것이다. 미술은 내면의 세계를 자유롭게 표현하며 이를 통해 카타르시스를 경험하고 감정교류의 주요한 조정역할을 한다. 집단미술치료는 집단의 일원으로서의 개인적 체험으로 상담자와 내담자, 내담자와 내담자간 상호작용에서 자기통찰이 이루어진다.

■ **집단미술치료의 장점**

- 사회학습은 집단에서 이루어진다. 집단미술치료는 실제상황에서와 같은 의미를 제공한다.
- 유사한 욕구를 가진 집단구성원들은 상호 지지하며 공동의 목표달성을 위해 힘쓴다.
- 집단은 집단구성원의 잠재된 가능성, 능력을 발휘하게 하는 촉매역할을 한다.
- 집단은 책임과 권리를 함께 나누기 때문에 민주적이다.
- 어떤 내담자에게는 집단작업이 개인작업보다 만족스럽게 느껴질 수 있다.
- 다수에게 동시에 영향을 줄 수 있기 때문에 경제적이다.

■ **집단미술치료의 단점**

- 비밀보장에 어려움이 있다.
- 집단구성원 개인에게 가질 수 있는 관심수준이 낮다.
- 조직화가 어렵다.

② 집단의 크기

집단은 일반집단, 소집단, 대집단으로 나뉠 수 있으며 집단크기는 일반집단 6~12명 정도, 소집단은 2~4명, 대집단은 20명 이상으로 이루어진다. 집단구성원 결정 시 다음 내용을 고려한다.

- 집단구성원은 시각적, 언어적으로 소통 가능해야 한다.
- 집단구성원의 토론 시간은 적절히 분배되어야 한다.
- 상호반응이 가능하며 집단 과제를 수행하기에 적절한 인원이어야 한다.

08

미술치료와 윤리

미술치료가 다양한 심리치료에서 활용되고 미술치료에 대한 관심이 점차 늘어나면서 많은 사람이 미술치료사가 되고자 공부하고 수련을 하고 있다. 그리고 미술치료사가 되고자 하는 사람이 미술치료 현장에서 임상적 경험을 넓히는 것보다 자격증을 취득하는 것에 더 많은 관심을 보이는 경우를 볼 수 있다. 그러나 심리치료와 상담 현장에서 미술치료사로서 충분한 역할을 담당하기 위해서는 우선 자신에 대한 인식을 확실히 하고 전문가로서 능력을 개발할 수 있는 풍부한 경험을 쌓아야 할 필요가 있다.

또한 심리치료에서 윤리에 대한 고려는 매우 중요하다. 그리고 미술치료는 심리치료에서 마주치는 윤리적 문제 외에 미술작품에 대한 윤리적 문제가 부가적으로 발생할 수 있다.

이에 미술치료사가 갖추어야 할 태도와 역할, 그리고 윤리적 문제들을 살펴보고자 한다.

I 미술치료사의 태도

미술치료사의 역할과 능력은 미술치료에 있어서 가장 중요한 요인이 될 수 있다(정여주, 2006). 최근 미술치료사라는 직업이 주목받기 시작하면서 많은 사람이 미술치료에 대한 관심으로 미술치료를 공부하기 위해 다양한 방법으로 노력하는 모습을 볼 수 있다. 그리고 미술치료를 공부하면서 자신의 경험, 내담자와의 관계, 여러 사례를 통해 미술치료사가 되는 길이 그리 쉬운 것이 아니라는 것을 깨닫게 된다. 그들은 경험적 학습에 임하면서 미술치료가 얼마나 많은 자기탐색과 전문적 지식이 필요한지 알게 되는 것이다. 그러나 또 다른 한편에서는 빠른 시간 안에 미술치료사라는 직업을 가지려 하는 사람들도 있다. 그들은 미술치료를 통한 자기탐색과 풍부한 임상경험보다 공식적인 자격증 취득에 더 관심이 많다. 그러나 단기간의 교육으로 자격증을 취득하고 자기탐색과 임상경험이 부족한 채로 치료에 임하는 것은 위험한 일이 될 수 있다.

미술치료사는 기본적으로 전문적인 지식과 기술을 습득하고 자신의 능력과 자질을 향상시키며 인간적인 면에서도 성숙과 자기계발을 위해 부단히 노력해야 하는데, 자신의 능력에 대한 고려 없이 무리하게 치료를 진행할 경우 윤리적인 문제가 발생할 수 있으므로 자신의 교육, 훈련, 경험, 기타 관련 전문분야의 준비된 범위 내에서 미술치료를 제공해야 할 것이다.

또한 미술치료사는 내담자에게 효율적인 도움을 제공하기 위해 필요한 경우 적절한 전문가와 협조해야 하며, 자신이 활동하는 분야의 최근 동향과 전문적 정보를 습득하기 위해 지속적인 교육과 연수의 필요성을 인식하고 참여해야 한다.

그리고 미술치료사는 내담자의 연령, 성별, 문화, 종교, 능력, 교육수준 등에 따른 개인간의 차이를 이해하고 그를 존중해야 한다. 또한 미술치료사는 윤리강령과 시행세칙을 준수할 책임이 있다.

2 미술치료사의 인성적 자질

미술치료사의 성품은 첫 회기부터 내담자가 민감하게 느끼게 되는데, 이는 미술치료사의 내면, 외면적인 면 모두를 의미한다. 심리적인 상처와 고통을 겪는 사람에게는 자신의 마음을 열어 보일 수 있는 상담자와의 만남이 어떤 치료도구나 기법보다 중요할 수 있기 때문이다. 대부분의 내담자에게는 관계의 문제를 해결하는 것이 치료의 일차적 과제가 되는 경우가 많다. 이러한 관계의 문제를 해결하기 위해서 미술치료사는 동반자의 역할을 하게 되는데, 이러한 관계는 존재 자체에 대한 신뢰와 개방, 수용의 자세를 전제로 한다.

그러나 많은 경우에 미술치료사는 자신이 내담자를 도와주는 사람이라는 입장을 가지고 그들을 주도적으로 이끌어가려는 경향을 보인다. 이는 자주 내담자에게 자비를 베푸는 태도로 나타나며, 동반자의 역할이라고 할 수 없다. 동반자가 되기 위해서는 자신에 대한 작업, 즉 미술치료사 자신의 자기표출과 자기이해의 과정이 필요하며 이것이 바로 자기 인식(self-awareness)의 과정이다. 그리고 이 과정은 이미 완성된 것이 아니라 일생 동안 민감성을 가지고 이루어나가야 하는 것이다(Wadeson, 1980).

■ **미술치료사가 갖추어야 할 인성적 자질을 정리해 본다.**

① 미술치료사는 진정성, 진실함, 정직함을 가져야 한다. 그리고 이러한 성품은 내담자가 자신을 열어 보일 수 있는 신뢰의 기반이 된다.

② 미술치료사는 정체감을 가지고 있어야 한다. 자신이 누군지, 어떤 사람인지 알고 있어야 자신의 가치관을 통해 내담자를 존중하고 수용할 수 있다.

③ 미술치료사는 공감능력이 있어야 한다. 내담자를 일방적으로 이끌거나 동정심을 가지고 자비를 베푸는 사람이 아니라 내담자의 입장에서 고통과 상처를 함께 나누는 동반자가 되어야 한다.

④ 미술치료사는 선입견을 가지지 않아야 한다. 선입견은 치료에 있어서 걸림돌이 될 수 있으므로 내담자에 대해 개방적이고 수용적인 태도를 가지도록 노력해야 한다.

⑤ 미술치료사는 유머감각이 있어야 한다. 미술치료사의 유머감각은 치료과정에서 접할 수 있는 경직된 상태를 이완하거나 약점과 실수에 유연하게 대처할 수 있도록 하며, 직선적인 대처방법보다 우회적이고 다양한 대처방법을 적용할 수 있도록 한다.

⑥ 미술치료사는 창의성이 있어야 한다. 창의성은 유연성과 탄력성을 동반하는데 미술치료사의 창의성은 내담자의 잠재되어있는 창의성의 발현을 촉진하거나 영감을 줄 수 있는 원천이 될 수 있다.

⑦ 미술치료사는 정확한 관찰력이 있어야 한다. 내담자의 행동과 태도를 정확하게 관찰할 수 있어야 하는데, 이러한 관찰력은 치료 상황을 빠르게 파악하고 순발력있게 대처할 수 있도록 한다.

⑧ 미술치료사는 중다문화적인 태도를 가져야 한다. 문화적 다양성에 민감하게 반응하여야 하며, 자신과 다른 인종이나 문화집단에 대한 편견을 버리고 그들의 문화를 인정하고 존중해야 한다.

⑨ 미술치료사는 비밀보장에 대한 책임감을 가져야 한다. 치료 과정에서 알게 된 내담자의 개인적인 문제에 관한 내용을 타인이나 외부에 유출하지 않고 비밀을 지켜야 한다. 내담자는 미술치료사가 자신의 비밀을 존중한다고 느끼게 되면 상담자에 대한 신뢰가 커지게 된다.

⑩ 미술치료사는 내담자와 교류할 수 있는 능력이 있어야 한다. 이러한 능력은 대화의 능력을 의미하며 이를 통해 감정을 나누고 소통할 수 있다.

3 미술치료사의 전문적 자질

■ 미술치료사가 가져야 할 전문적 자질을 정리해 본다.

① 미술치료사는 정신병리에 대한 다방면의 고찰을 해야 한다.

② 미술치료사는 정신병리에 대한 이론적 배경을 이해하기 위해 정신의학에 대한 지식, 인간행동에 대한 지식, 심리학, 교육학, 사회학에 대한 지식을 갖추어야 한다.

③ 미술치료사는 미술활동에 대한 이해와 해석능력을 갖추어야 한다.

④ 미술치료사는 미술치료의 다양한 이론적 관점, 진단 및 평가에 대한 지식을 갖추어야 하며, 이를 기반으로 미술치료의 계획과 진행, 평가에 대한 내용을 문서로 기록할 수 있어야 한다.

⑤ 미술치료사는 미술활동에 대한 기초적 훈련을 받아야 한다. 미술치료에서 사용되는 매체의 특성과 사용법, 적용목적과 실제 기법 등에 대한 지식이 있어야 한다.
⑥ 미술치료사는 미술치료를 위한 자기 경험과 실습에 대해 슈퍼비전을 받아야 한다.
⑦ 미술치료사 자신도 개인 분석을 받거나 집단치료에 지속적으로 참여해야 한다.
⑧ 미술치료사는 내담자의 욕구를 정확하게 인식할 수 있어야 한다.
⑨ 미술치료사는 의사소통에 관한 교육과 훈련을 받아야 한다.
⑩ 미술치료사는 치료에 대한 윤리적, 법적 책임에 대해 알고 또 지켜야 한다.

4 미술치료사의 역할

미술치료사의 기본적인 역할은 내담자의 문제를 해결하는 데 도움을 주고 그의 복지를 증진시키는 것이다. 그리고 치료관계에 임하기 전에 미술치료사는 어떤 조건에서 치료를 하는지에 관한 내용을 내담자에게 알려 주어야 한다. 그리고 치료관계에 영향을 미칠 수 있는 치료의 목표, 기법, 절차에 대한 규칙 등에 관해서도 알려 주어야 한다.

또한 기록을 보존하는 것과 관련된 지침도 지켜야 하는데, 다음의 사항들을 고려해야 한다.

- 법, 규제, 제도적 절차에 따라 내담자에게 전문적인 서비스를 제공하기 위해서 반드시 기록을 보존한다.

- 면접기록, 심리검사자료, 녹음, 녹화 테이프, 기타 문서기록 등 서비스와 관련된 기록들은 내담자를 위해 보존해야 함을 인식하고 기록의 안전에 만전을 기한다.
- 고용기관이나 연구단체는 기록 및 보관에 관한 규정을 작성해야 한다.

이때, 미술치료사와 내담자의 관계에서 비밀보장의 문제가 대두되는데, 일반적으로 내담자는 치료 과정에서 미술치료사를 믿고 자신이 말한 내용이 다른 사람에게 알려지는 것을 바라지 않는다. 내담자는 미술치료사가 자신의 비밀을 보장해 주리라 믿고 치료에 참여하게 되므로, 미술치료사는 직업상, 법적인 이유로 비밀을 보장할 수 없는 경우를 제외하고 내담자의 비밀을 보장해 주기 위해 노력해야 한다. 비밀보장의 예외는 다음과 같다.

■ **비밀보장의 예외**

- 내담자의 동의가 없어도 법에 의해 공개가 요구되는 경우
- 법적 요건 또는 내담자의 동의에 근거하여 정보를 공개하는 경우
- 비밀보장에 대한 내담자의 권리 제한에 관하여 내담자 및 기타 이해 당사자와 논의가 필요한 경우

내담자가 비밀보장과 그 한계성을 사전에 알고 있을 때 치료에서의 한계와 책임이 분명해질 수 있다. 또 내담자나 사회에 피해를 주게 되는 경우, 전문적 목적이나 교육용 또는 연구용으로 사용할 경우에는 비밀보장에 예외를 둘 수 있도록 하고 있다. 교육이나 연구 또는 출판을 목적으로 치료관계에서 얻어진 자료를 사용할 때에는 내담자의 동의를 구하고, 내담자의 익명성을 보장하도록 신상정보의 삭제와 같은 조치를 취해야 한다. 녹음 또는 녹화를 하거나 제 3자로 하여금 내담자에 대한 치료를 관찰하도록 허용할 때도 사전에 내담자의 동의를 얻어야 한다.

또한 미술치료사는 미술 작품을 통한 내담자의 심리이해를 진행하게 되는데, 다음의 사항들을 유의할 필요가 있다.

- 내담자의 작품을 따뜻하고 수용적으로 보려는 자세를 가져야 한다.
- 비언어적인 내용을 파악하려고 노력해야 한다.
- 직관적으로 작품 전체의 인상을 파악하는 것도 중요하다.
- 작품의 인상으로부터 내담자의 내면을 이해하도록 한다.
- 작품에서 내담자가 전달하는 내면의 메시지를 파악해야 한다.

5 미술작품에 대한 윤리

치료 과정에서 내담자가 표현한 미술작품에 대해서도 윤리적인 부분을 고려할 필요가 있다. 작품의 비밀유지, 작품전시, 작품 다루기 등이 미술작품에 대한 윤리에 포함된다.

1) 작품의 비밀유지

내담자의 미술표현에는 개인의 독특성 또는 사적인 정보가 잘 드러날 수 있다. 또한 누구의 작품인지 알아보기 쉬운 정보가 작품에 나타나게 되는데, 정신적 충격이나 외상을 경험한 내담자에게 이 경험을 표현하도록 유도한다면, 주변의 타인들이 알아볼 수 있는 세부 묘사와 특징이 작품에 나타날 수 있다.

공공장소에 작품을 전시하는 것은 내담자의 특정 정보를 드러내거나 가족이나 친지들이 알아볼 수도 있으니, 이러한 정보가 내담자에게 손실을 주는지 내담자를 보호하는 것과 관련된 것인지를 고려할 필요가 있다.

2) 작품전시

자신의 작품을 다른 사람들이 감상할 수 있도록 전시한다는 것은 내담자에게 긍정적인 경험이 될 수 있다. 그러나 치료 중에 이루어지는 미술작품의 전시는 비밀유지의 측면에서, 또한 작품 내용이 사적인 것이라는 관점에서 볼 때 문제가 될 수 있다. 또한 공공장소에 작품을 전시할 경우 내담자에게 도움이 되지 않고 오히려 내담자나 가족에게 위험을 초래할 수도 있다.

반면 미술활동이 내담자의 참여 동기를 촉진시키고 자존감을 향상시키기 위해 특별히 계획된 것이라면, 작품을 전시하는 것이 이러한 목표에 도움이 될 수 있다. 내담자들의 노력과 성취를 격려하고 지지해 줄 수 있는 사람들과 함께 작품을 공유함으로써 내담자는 자신의 자존감을 향상할 수 있다.

바람직한 방법은 치료실 내·외부에 안전한 공간이 있다면 그곳에 내담자의 작품을 전시하는 것이다. 치료실 벽에 작품을 걸거나 선반 위에 전시하는 것인데, 내담자가 치료를 받으러 왔을 때 자신의 작품이 전시된 것을 보는 것도 내담자에게는 긍정적인 의미가 있을 수 있다.

[그림 8-1] 작품전시

3) 작품 다루기

내담자에 대한 존중은 미술치료사가 그의 작품을 어떻게 다루느냐에서도 나타난다. 만약 미술치료사가 내담자의 작품을 잃어버리거나 부주의하게 마구 다루거나 망가뜨린다면 미술치료사에 대한 내담자의 신뢰는 사라질 수 있다.

내담자의 작품은 안전한 장소에, 다른 사람에 의해 손상되거나 부적절하게 다루어지지 않도록 잘 보관되어야 한다. 내담자의 작품을 소홀하게 다루는 것은 내담자에 대한 미술치료사의 존중이 부족하다는 것을 나타낸다고 할 수 있다.

때로는 미술치료사들이 치료 중에 내담자가 말하는 것을 작품 위에 기록하는 경우가 있는데, 이는 적절하지 못한 행동이라고 할 수 있다. 이때 내담자의 입장에서는 미술치료사가 자신의 작품을 중요하게 생각하지 않는다는 인상을 줄 수 있기 때문이다.

6 작품의 보관과 윤리

미술치료사는 내담자에게 전문적인 치료를 제공하기 위해 기록을 보존해야 한다. 다양한 설문지, 면접지, 심리검사지, 녹음테이프, 기타 문서기록처럼 미술작품도 치료와 관련된 자료라고 할 수 있다. 미술치료에서 내담자를 보호한다는 것은 치료 과정에서 생성된 자료를 보관하고 처리하는 데 비밀을 보장하고, 타인에게 자료를 공개할 때는 내담자의 동의가 있을 경우에 가능하며, 자료공개 시에는 비밀 보호에 책임을 진다는 것을 의미한다.

어떤 미술치료사는 미술작품을 만든 내담자가 작품을 가져야 한다고 생각하는 경우가 있다. 그러나 미술작품이 의학적으로 또는 법적인 기록이 될 수 있는 경우가 발생할 수 있으므로 안전한 곳에 보관되어야 할 필요가 있다. 특히, 학대, 정신적 외상, 가정폭력의 상황에서 내담자가 만든 미술작품은 반드시 잘 보관해야 한다.

7 작품의 소유권과 윤리

미술치료 과정에서 만들어진 작품에 대한 소유권도 윤리적 차원에서는 중요한 문제가 될 수 있다. 내담자 자신이 작품을 만들었다고 해도, 치료기간 동안은 내담자에 대한 책임이 미술치료사에게 있으므로 내담자의 작품에 대해서도 미술치료사에게 책임이 있다고 볼 수 있다.

어떤 경우에는 작품이 내담자에 대해서 법적인 책임을 가지고 있는 보호자의 소유라고 생각될 수도 있다. 그리고 상황에 따라 치료가 이루어진 기관에서 내담자의 기록 차원으로 소유해야 한다고 생각할 수도 있다. 이처럼 소유권의 문제는 간단하게 답을 내릴 수 있는 것이 아니다.

내담자가 미술활동을 좋아하고 자신의 작품에 대해 만족할 때 간혹 그것을 집에 가지고 가겠다고 하는 경우가 있다. 내담자들은 그리고 만들고, 오려서 붙이고 조각하는 활동 중에 특별히 재미있게 느끼는 활동이 있고, 그 활동을 할 때 더 적극적으로 열심히 표현할 수 있으며, 이러한 미술표현은 내담자의 성취감과 자아존중감을 향상시키게 된다. 내담자가 만약 자신의 미술작품을 가져가기를 원하는 경우에는, 미술치료사는 치료적인 관점에서 이 점을 존중할 필요가 있다. 이 경우에 복사본을 만들어 주고 원본은 치료실에 보관할 수도 있다.

그러나 내담자의 안전에 위협을 줄 수 있는 미술표현 내용이 있을 때 혹은 미술표현이 법정에서 증거로 사용될 수 있을 경우에는 미술작품을 그대로 치료실에 보관해야 한다. 아동, 장애인, 노인들의 작품에서 가족의 비밀을 담고 있거나 가족에게 학대당한 경험이 분명하게 드러나고 있는 경우도 있으므로 내담자를 보호해 주는 장치 없이 미술작품을 집에 가지고 가도록 하는 것은 적절하지 않다.

심각한 심리적 외상을 가지고 있거나 신체적, 정서적으로 학대받아 온 내담자들의 작품은 고통스러운 기억을 담고 있다. 그들의 미술작품들을 미술치료사가 보관하면, 내담자들은 자신의 환경과 감정으로부터 안전감을 느낄 수 있다. 그들은 미술표현을 자신들의 고통을 조금이나마 덜어 주는 대상으로 보기 때문이다.

그러나 투사검사로 사용한 그림은 내담자들이 창조적인 활동이라기보다 시험처럼 받아들이므로 오히려 소유하려고 하지 않는 경향이 있다.

8 심리검사로의 활용과 윤리

미술치료사가 사용하는 미술진단검사에 대하여도 윤리적 문제가 대두된다. 그림검사는 투사검사로서 유용한 측면이 있긴 하지만, 아직 표준화되지 않았고 충분히 검증된 것이 아니라고 할 수 있다. 더욱더 이미지는 점, 선, 도형, 형태, 색채, 구도 등의 다양한 요소들로 이루어진다. 그러므로 하나의 요소만 가지고 그림을 분석한다면 전체의 내용을 놓치는 경우가 발생할 수 있다. 따라서 내담자의 이야기와 같은 부가적인 정보 없이 그림만을 가지고 진단하지 않도록 해야 한다. 또한 분석과 진단을 하기 위한 미술치료사의 지식과 훈련도 많이 필요하다.

또한 미술진단검사는 진단으로 얻는 정보가 미술치료사가 내담자에 대한 편견을 더욱더 강화시키는 측면이 있을 수 있고, 그림에서 내담자의 상태를 뒷받침해 주는 특성을 찾으려 하게 될 수도 있다. 그렇다고 해서 표준화 심리검사의 사용만이 무조건 바람직한 것도 아니다. 표준화된 심리검사를 사용하는 데도 주의가 필요한데, 표준화 심리검사의 자료를 가지고 내담자를 어떤 성격범주로 분류하여 단정 짓는 것도 내담자에게 부정적인 영향을 줄 수 있다. 따라서 내담자에 대한 진단검사의 점수는 어떤 증상의 가능성을 보인다는 정도로만 해석해야 한다.

따라서 바람직한 방법은 한쪽으로 치우치지 않도록 미술진단검사와 표준화 심리검사를 병행하여 사용하고, 이에 내담자의 행동을 관찰하여 내담자를 이해하는 도구로 활용하는 것이 좋다.

09

미술치료 단계별 프로그램

상담목표가 정해지면 목표를 달성하기 위해 구체적인 미술치료 프로그램을 계획한다. 내담자와 목표에 따라 회기가 다양할 수 있지만 상담 시작에서 종결까지를 초기단계, 표출단계, 실천단계, 종결단계로 나누어 각 단계별 특징과 상담자의 임무, 진행되는 프로그램을 살펴보도록 한다.

I 초기단계

1) 특징

미술치료에 대한 기대, 소망, 흥분감, 탐색 및 사회화의 시기이며 상담자와 내담자와의 신뢰관계를 형성하는 중요한 시기이다. 낮은 신뢰감, 소극적 참여, 높은 불안감, 자신에의 초점 회피, 거기 그때(there and then)에 초점을 두는 특징이 나타나고 처음 미술치료를 시작하는 내담자는 미술매체에 대한 적응이 필요한 시기이다.

2) 상담자의 임무

신뢰 분위기를 조성하고 상담을 구조화하여야 하며 주의 깊은 경청과 공감적 이해를 통해 친밀하면서도 전문적인 관계 형성을 하는 것이 중요하다. 상담자는 내담자에게 매체의 특성에 대해 설명하고 미술표현을 촉진 시켜 자신을 표현하도록 도와주는 것이 필요하다.

3) 미술치료 프로그램

별칭짓기, 콜라주, 동물 가족화, 색종이 가족화, 물고기 가족화, 만다라, 과자만다라, 난화, 난화게임, 난화 상호 이야기법, 자유화, 출발그림 등이 있다.

4) 미술치료실습

프로그램명	동물 가족화
목표	가족 구성원의 성격 특성과 위치, 역할, 가족간의 역동성을 파악한다.
준비물	도화지, 다양한 동물그림, 색연필, 가위, 풀
방법	① 우리 가족이 동물로 변신한다면 어떤 동물이 어울릴까 생각을 하고, 다양한 동물 그림을 보며, 동물에 대한 느낌을 이야기 한다. ② 가족 구성원의 모습을 생각하면서 어울리는 동물사진을 참고하여 직접 그림을 그리도록 한다. ③ 동물의 크기와 위치는 자유롭게 배치하도록 한다.
적용	① 그림을 그린 후 그린 순서와 그림 속의 인물이 누구인지 적게 하고 가족간의 관계를 기호로 표시하도록 한다. ② 가족 구성원을 특정 동물로 표현한 이유에 대해 물어보고 이야기 나눈다. 가족을 표현하는 데 가장 어려웠던 사람은 누구인지, 어떤 부분이 힘들었는지 이야기 나눈다. ③ 그림을 그리는 것을 어려워하는 경우 가족에게 어울리는 동물을 선택하여 색칠하고 가위로 오린 후 도화지에 붙이도록 할 수 있지만 가능하면 직접 그리는 것이 더 다양하고 정확한 정보를 파악할 수 있다.
작품사진	 [그림 9-1] 동물 가족화

2 표출단계

1) 특징

내담자의 다양한 욕구가 자유로이 표출되면서 불안과 방어가 증가하고 갈등과 저항이 나타나는 혼란스러운 시기이다. 집단인 경우 내담자들 간의 긴장, 힘겨루기, 질투, 집단상담자에 대한 도전이 중심문제로 대두되면서 사회적인 서열을 확립하는 시기이다.

2) 상담자의 임무

내담자의 저항을 불가피한 측면으로 보고 이를 해결하기 위해 필요한 지지와 도전을 제공하고 모험 시도를 독려해주기도 한다. 때로는 시의적절한 해석을 제공함으로써 자신의 문제를 직면하도록 하고, 적절한 통제 유지, 비언어적 행동에 적극적 반응을 하면서 자신의 문제나 고통스러운 느낌을 탐색하면서 바람직한 행동변화를 일으킬 수 있도록 도와주는 것이 필요하다.

3) 미술치료 프로그램

핑거페인팅, 데칼코마니, 거품놀이, 우드락 부수기, 풍선 터트리기, 지금 나의 모습, 나의 장단점, 화산폭발, 감정파이, 화의 해결사, 미해결과제, 가면 만들기, 중요한 항아리, 비누조각, 감정꾸러미, 찰흙놀이 등이 있다.

4) 미술치료실습

프로그램명	지금 나의 모습
목표	현재 지각하는 자아상과 내면의 감정을 파악한다.
준비물	검은색 도화지, 건소면, 딱풀, 색종이, 풀, 가위, 장식재료
방법	① 최근 자신에게 일어나고 있는 일들과 심리적 상황을 생각하게 한다. ② 최근 자신의 모습을 사실적이거나 혹은 상징적 이미지로 연상하게 한다. ③ 종이 위에 연필로 연상된 자신의 모습을 그린 후 딱풀을 이용하여 소면으로 자신의 모습을 표현한다. ④ 장식이 필요한 부분은 색종이나 장식 재료로 꾸며준다. ⑤ 완성된 작품에 대해 관련된 질문을 하고 서로 이야기를 한다.
적용	① 표현된 자신의 모습을 보고 어떤 느낌인지 이야기 나눈다. ② 현재의 나의 모습에 영향을 미친 사람이나 사건은 무엇인지 이야기 나눈다. ③ 지금 현재 나에게 필요한 것은 무엇인지에 대해 서로 이야기를 나누고 나에게 필요한 것을 꾸며주거나 그려주어도 좋다. ④ 만들기를 어려워하는 경우 그림으로 표현하도록 한다.
작품사진	 [그림 9-2] 지금 나의 모습

3 실천단계

1) 특징

갈등과 저항이 해결되고 자신의 문제를 깊이 탐색하며 행동변화를 일으키는 단계로 내담자와 상담자간의 깊은 신뢰관계가 형성되어 높은 수준의 자기노출을 하게 된다. 의미 있는 상호작용을 하며 지금-여기(here and now)에 초점을 두고 자신을 통찰하고 적극적인 참여와 적극적인 변화가 일어나는 시기이다.

2) 상담자의 임무

이전까지 보여줬던 생산적인 행동을 솔선수범하여 모델 역할을 하고 내담자를 지지하고 격려하며 적절하고 생산적인 직면을 통해 자기탐색의 깊이와 강도를 높여가도록 도와주는 것이 필요하다. 자기 인식을 명확하게 하도록 문제와 자신에 대해 탐색하고 분석하고 해석해 주어야 하고 행동의 변화를 위해서는 실천이 필요하다는 점을 강조하고 구체적인 대안을 제시하는 것이 필요하다.

3) 미술치료 프로그램

내 인생의 중요한 세 사람, 생애 그래프, 신체 본뜨기, 석고 손 본뜨기, 선물 만들기, 안전하고 편안한 장소, 내가 걸어온 길, 나를 위한 정원 꾸미기, 기적화, 성공 스토리, 웅덩이 등이 있다.

4) 미술치료실습

프로그램명	나를 위한 정원꾸미기
목표	자신의 삶을 돌아보면서 자신을 위로하고 지지하며, 자신만을 위한 아름다운 정원을 꾸며 자신에게 선물하고 자신감을 회복하고 통합을 경험하도록 한다.
준비물	도화지, 꽃, 나뭇잎, 크레파스, 파스텔
방법	① 지금까지 가족을 위해 열심히 살아온 자신에게 이제는 자신만을 위한 정원을 꾸민다고 상상하도록 한다. ② 자신이 좋아하는 꽃과 나무, 자연을 떠올리도록 하고 자신이 생각한 이미지를 그림으로 그리거나 꽃, 나뭇잎을 이용하여 꾸미도록 한다. ③ 자신이 만든 아름다운 정원에 초대하고 싶은 사람을 초대해 함께 이야기를 나누는 것을 상상하면서 이야기 나눈다.
적용	① 중년기 이후 성인에게 자신의 삶을 돌아보고 긍정적으로 마무리 할 수 있도록 도와준다. ② 그동안 살아오면서 자신에게 힘이 되었던 사람이나, 자기 자신에게 해주고 싶은 이야기를 생각해 보고 이야기를 나누도록 한다. ③ 힘들고 휴식이 필요할 때 이곳에서 쉼을 누리고 있는 자신을 상상하며 마음의 평안을 얻도록 한다. ④ 자연물이 부족할 경우에는 조화를 이용하거나 색종이를 이용해서 만들거나 색점토를 이용해서 직접 만드는 것도 좋다.
작품사진	 [그림 9-3] 나를 위한 정원꾸미기

4 종결단계

1) 특징

종결에 대한 분리감과 상실감 등의 복합적 감정이 나타나는 시기이다. 새로 습득한 행동의 실천에 대한 두려움, 성취감, 기대감 등 혼란스러운 감정이 생겨나기도 하면서 소극적인 참여와 저항을 하는 경우도 있다. 종결은 새로운 출발이라는 것을 인식시켜 주면서 자신감을 갖도록 마무리하는 시기이다.

2) 상담자의 임무

상담에서 경험한 것의 의미를 명료화한다. 미해결 부분을 협력하여 마무리하도록 도와주고 종결에 대한 복합적인 감정을 표현하게 하고 격려와 지지를 해 준다. 상담에서 배우고 경험한 것을 견고히 할 수 있는 기회 제공하고 현실에서 지속해서 확장하도록 도와주는 것이 필요하다. 아름다운 이별을 준비하면서 기념이 될 만한 선물을 만들어 주고받거나 자신의 변화된 모습을 간직할 수 있는 작품으로 마무리하는 것이 좋다.

3) 미술치료 프로그램

희망나무, 나에게 편지쓰기, 인생계단, 작품집 만들기, 우산 만들기, 티셔츠 만들기, 명함꾸미기, 한복 만들기, 복주머니 만들기, 내가 살고 싶은 집, 달력 만들기 등이 있다.

4) 미술치료실습

프로그램명	나만의 우산
목표	새로운 매체 경험을 통한 성취감과 자존감을 향상 시킨다.
준비물	투명 비닐우산, 아크릴물감, 종이 팔레트, 붓, 물통, 물티슈
방법	① 투명한 우산을 준비하고 우산에 그려넣을 무늬를 생각하여 종이에 밑그림을 그려본다. ② 아크릴 물감은 마르면 지워지지 않는 특징이 있으므로 종이 팔레트를 준비하거나 없으면 일회용 접시를 준비하여 팔레트로 사용한다. ③ 자신이 원하는 무늬를 우산 바깥쪽에 위치를 정하고 아크릴 물감으로 그림을 그린다. ④ 그림을 그리기 전 우산의 표면을 깨끗이 세척하여 이물질을 제거하여 물감이 잘 밀착되도록 한다. ⑤ 물을 너무 많이 섞으면 물감이 우산에 밀착되지 않으므로 물을 많이 사용하지 말고 걸죽한 상태로 그리는 것이 좋다. ⑥ 완성 후 마르기 전까지는 우산을 접거나 만지지 말고 마를 때 까지 펴서 기다리도록 한다.
적용	① 세상에 하나뿐인 자신만의 우산을 만들어 봄으로써 자존감과 성취감을 높일 수 있다. ② 상담이 종결된 것을 기념하여 내담자와 상담자와 함께 작업을 하고 난 후 내담자에게 선물로 주고 상담의 긍정적인 이야기를 나누는 것도 좋다. ③ 아크릴 물감은 다루기 쉽지 않으므로 매체 통제가 가능한 청소년 이상의 내담자에게 적용하는 것이 좋으며, 아크릴 물감을 다루기 어려운 대상에게는 다양한 칼라의 유성매직으로 자신만의 개성있는 표현을 할 수도 있다.
작품사진	 [그림 9-4] 나만의 우산

5 자아존중감 향상을 위한 집단 미술치료 프로그램 예시

단계	회기 날짜	프로그램명	목 표	활 동 내 용	준비물
준비 단계	1	오리엔테이션, 별칭짓기	집단의 목표와 규범알기, 동기유발과 친밀감 형성	매체에 대한 설명과 함께 프로그램 진행과정을 소개하고 미래 지향적이고 긍정적인 별칭을 짓고 이야기 한다.	도화지, 크레파스, 색연필
초기 단계	2	콜라주	자신의 인간관과 가치관을 알아보고 자신의 욕구탐색	잡지에서 자신이 좋아하는 사람, 글, 물건, 풍경, 이미지 등을 골라 붙이고 말풍선을 달아주고 하고 싶은 말을 써 넣는다.	잡지책, 도화지, 풀, 가위, 사인펜
	3	만다라	자신의 무의식을 이해하고 집단 활동을 통한 사회성 향상	만다라 책에 있는 만다라를 골라서 색칠하고 만다라 일기를 과제로 내주고 조를 짜서 집단 구상 만다라를 한다.	만다라 책, 도화지, 색연필, 크레파스, 파스텔
	4	핑거 페인팅	자신의 욕구(스트레스, 불안의 원인) 탐색 및 표출	밀가루 반죽에 물감을 섞으며 자유롭게 핑거페인팅을 한다. 감정, 경험을 표현하고 도화지에 그림을 찍는다.	밀가루풀, 물감, 도화지, 아세테이트지, 앞치마, 물수건
표출 단계	5	찰흙 놀이	자신의 무의식을 표출하고 정서적인 안정감 찾기	찰흙, 고무찰흙, 칼라점토 등을 주무르고 만지작거리며 놀다가 자신이 생각나는 것이나 만들고 싶은 것을 만든다. 색지 위에 올려놓고 작품을 감상한 후 배경을 그리거나 추가하고 싶은 것을 만든다.	다양한 종류의 점토, 색도화지, 사인펜, 풀, 가위
	6	우드락 부수기	자신의 욕구표현 및 감정해소	우드락에 자신의 감정을 그림으로 그리거나 글로 쓴 다음 우드락을 마음껏 부순다. 부순 우드락 조각을 갖고 쌓기놀이, 도미노 놀이 등을 한다.	우드락, 크레파스, 사인펜

단계	회기 날짜	프로그램명	목 표	활 동 내 용	준비물
	7	감정 꾸러미	억압되었던 감정표출, 자기감정인식, 존중	신문지 찢기를 통하여 억압된 자기 감정을 발산하고 신문지 위에 누워 보고 눈처럼 머리 위에 뿌려주며 축복해 준다. 현재 자신의 감정의 종류와 크기만큼의 감정꾸러미들을 만들어 본다.	충분한 양의 신문지, 한지, 포장끈, 테이프, 장식재료
실천 단계	8	석고손 본뜨기	자신의 장점에 대해 이야기 나누며 자존감 향상	석고 붕대로 자신의 손 모양을 본을 뜬 후 각각의 손가락에 자신의 장점을 그림으로 그리거나 글로 적어 본다.	석고붕대, 가위, 바세린 로션, 신문지, 물, 사인펜
	9	나만의 안전하고 편안한 공간	심리정서 안정, 자신감 향상	자신이 편안하게 느끼는 장소를 생각하고 직접 만들어 보고 그 안에 들어가 본다	우드락, 한지, 장식재료, 칼, 접착제, 테이프
	10	신체 본뜨기	집단 내의 상호작용을 통한 사회성 향상과 집단 응집력 강화	전지 2장을 이어 붙여서 실물 크기로 자신의 모습을 본을 뜬 후 파스텔로 칠해주고 장식 재료를 이용하여 예쁘게 꾸며준다.	전지, 파스텔, 스카치 테이프, 장식재료, 글루건
종결 단계	11	희망나무	미래에 대한 희망을 표현함으로 동기부여, 자신감 향상	미래의 희망나무를 만든 후 자신의 꿈과 희망을 적어 나무에 붙인 후 이야기 나눈다.	우드락, 칼, 가위, 색종이, 테이프, 장식재료
	12	달력 만들기, 종결 파티	자신의 위치와 정체감 발견, 자존감 향상	그동안 만들었던 작품사진을 뽑아 달력에 붙여 세상에 하나뿐인 나의 작품집 달력을 만든다. 함께했던 시간들을 돌아보고 카드 쓰기와 파티를 한다.	달력, 함께했던 작품사진들, 풀, 가위,

10

미술치료의 실제적용

지금까지의 내용은 미술치료의 이해, 미술매체의 분류와 특성, 미술의 치료적 의미, 미술치료의 심리이론, 색채 심리, 미술치료의 진단기법, 미술치료 진행과정, 미술치료와 윤리, 미술치료 단계별 프로그램에 대해서 살펴보았다. 이 장에서는 미술치료의 이론을 기반으로 진단 및 치료기법을 적용한 실제 사례에 대해서 알아보려 한다. 상담 현장에서 상담자가 가장 자주 만날 수 있는 내담자인 아동 사례, 학교와 상담센터에서 만날 수 있는 청소년 사례, 고령화 사회로 인하여 심리치료의 내담자로 늘고 있는 노인 사례를 대표적인 미술치료 사례로 알아보려 한다. 대부분의 미술치료 관련 책에는 개인 사례 위주로 소개되었기 때문에 이 장에서는 집단미술치료 사례를 미술치료의 실제 적용 사례로 제시하고자 한다.

I 〈사례 10-1〉 아동

1) 사례 제목

ADHD 초등남아의 사회성 향상을 위한 집단미술치료 프로그램

2) 연구대상

초등학교 저학년 ADHD 아동 남아 4명

〈표 10-1〉 연구대상

대상	이름	성별	연령 (학력)	ADHD 정도	특징
C1	김OO	남	10세 (3학년)	보통 이상	외모는 보통 체격과 키에 동그랗고 귀여운 얼굴, 자신감이 없어 자신이 원하는 욕구를 구체적으로 의사표현 하지 못하고 프로그램 진행에 대한 이해도가 떨어짐. 또래보다 어린애 같아 못하면 의존하려는 경향 강함.
C2	최OO	남	10세 (3학년)	보통 이상	외모는 작은 키에 까맣고 장난기 있는 얼굴, 집중도가 떨어지고 산만하며 충동성이 높아 모든 상황에 참견하려고 하고 눈치가 빠르며 인정욕구가 강함.

대상	이름	성별	연령 (학력)	ADHD 정도	특징
C3	하OO	남	11세 (4학년)	심함	외모는 큰 키에 보통 체격으로 작은 눈에 긴 얼굴, 주변인들에게 무시당하여 억눌려 있는 분노가 큼. 담임선생님과 C3를 괴롭히는 특정 친구에 대한 공격성 존재. 솔직한 의사표현에 자신감 없어 감정표현에 어려움 존재. 완벽성이 강해 상황에 맞지 않아도 마음에 들 때까지 하려는 경향 강함.
C4	고OO	남	13세 (6학년)	보통	외모는 보통 키와 체격에 모범생 같은 인상에 안경 착용. 완벽하게 하고 실수하지 않으려는 강박적 성향 강해 결과가 나와야 하는 상황에서 늘 긴장함. 학교 공부와 성적에 대한 스트레스가 큼. 손에 묻히는 작업에 민감함.

3) 의뢰사유

OOOO기관에서 ADHD 증상을 가지고 있는 초등학생의 사회성 향상을 위한 집단미술치료 프로그램 모집에 내담자 부모가 신청하여 의뢰하였다.

4) 주 호소문제

ADHD 증상으로 인하여 또래관계에 어려움을 호소하였다.

5) 연구도구

(1) 질적검사

① 사례연구

ADHD 증상 초등 남아를 대상으로 2018년 10월 4일부터 11월 22일까지 총 8회기 집단 미술치료 프로그램 진행을 통해 관찰된 내담자의 언어적 비언어적 개인별행동 변화를 관찰기록를 통해 분석하였다.

② 학교생활화(KSD : Kinetic School Drawing)

학교에서의 역동성을 파악하기에 좋으며 내담자의 학급 내 사회적 위치나 역할, 적응 상태를 파악하는 데 유용하다. 진행방법은 한 장의 A4 용지와 4B 연필, 지우개를 준비하여 내담자에게 "당신을 포함해서 선생님, 학교의 친구들이 무엇인가를 하는 그림을 그려보세요."라고 지시한 뒤 그림을 그린 후 여러 가지 질문을 하여 내담자의 학교생활을 분석한다.

(2) 양적검사

① 사회성 검사

코리안 테스팅 센터에서 이종승(1999)이 개발한 '최신 인성·정서 진단 검사' 중에서 권영미(1999)가 사회성만 수정한 것과 김희성(2002)이 사용한 사회성 척도를 재수정 보완하여 사용하였다. 총 20문항으로 구성되어 있고 5점 척도로 부정문(2, 5, 6, 12, 14, 16, 18, 20)은 역 채점한다. 점수가 높을수록 사회성이 높은 것이며 점수 취득 범위는 20-100이다.

6) 연구목적

① 억압되고 긴장된 다양한 부정적 감정을 즐겁고 창의적인 미술활동으로 표출시킨다.

② 자신의 다양한 감정을 타인에게 표현하고 긍정적 지지를 받음으로써 관계에서 신뢰감을 경험한다.

③ 긍정적인 상호작용을 통해 관계에서의 안정감과 사회성을 향상한다.

7) 연구과정

(1) 진행기간

2018년 10월 4일 ~ 11월 22일 매주 목요일, 오후 5시~6시 30분(90분), 총 8회기

(2) 장소

OOOO기관 집단교육실

(3) 미술치료 프로그램

〈표 10-2〉 미술치료 프로그램

단계	회기	프로그램명	목표	활동내용	매체
초기	1	① 사전검사 (KSD, 사회성) ② 나 소개 (별칭표현)	① 문제행동 파악 ② 자기소개 및 라포 형성	① 문제행동 확인 검사 ② 우드락 위에 자신을 닮은 표정을 붙이거나 그리고 꾸민 후 자기 소개하고 별칭 짓기	① 연필, 지우개, 검사지 ② 흰색 우드락, 칼, 크레파스, 딱풀, 표정챠트, 가위, 네임펜, 명찰
표출	2	내 감정 없애기 (불어, 날려, 터트려 버리자)	내면에 있는 억압된 다양한 부정적인 감정 발산	비눗방울 놀이(도구→양손) 확대 시켜 불어 터트리기, 풍선 불어 던지기 놀이하다가 싫어하는 것 그림 그리거나 글씨 써서 다양한 도구로 터트리기	비눗방울, 동그란 풍선, 이쑤시개, 휴지, 네임펜, 로켓 총, 스카치테이프, 수채화 물감, 물통, 물티슈
	3	나를 괴롭히는 것 없애기 (부숴 부숴 버리자)	자신을 괴롭혔던 직접적인 원인에 대해 공격성 표출	우드락에 평소 싫어하거나 괴롭히는 모든 것을 그리거나 글씨로 써서 부숴 버리기	흰색 우드락, 크레파스

단계	회기	프로그램명	목표	활동내용	매체
실천	4	① 데칼코마니 ② 핑거페인팅 (나의 마음 자유롭게)	① 감정의 데칼코마니 작업 통해 내 감정 이해 ② 편안하고 안정된 공간에서 마음껏 자유롭게 몸과 마음으로 표현함으로써 긴장감 해소 및 카타르시스 경험	① 감정과 어울리는 색으로 데칼코마니 찍기 ② 밀가루 풀과 물풀을 내가 좋아하는 색 물감과 섞어 손으로 마음껏 섞어 놀고 종이 위에 찍기	문방풀, 물풀, 수채화 물감, 물티슈, 전지, 물통, 큰 붓, 4절 켄트지, 스카치테이프, 가위, 휴지, 전지, 아세테이트지
	5	공동화 (우리는 하나)	함께 협동작업을 하면서 타인에 대한 이해와 배려 및 공동체 의식 경험	사포에 그려진 다양한 모양의 조각 퍼즐을 다 함께 맞추며 새로운 모양 찾기	흰색 우드락, 사포, 크레파스, 양면테이프, 가위
	6	석고 손 본뜨기 (둘이서 함께)	긍정적 상호작용으로 친밀감과 자신의 신체 작품 통해 자신감 경험	2명이 한팀이 되어 상대방의 손에 로션을 발라주고 석고붕대를 감아준 후 마르면 각자 자신의 다양한 석고 손 꾸미기	석고붕대, 로션, 가위, 지퍼 팩, 아크릴물감, 붓, 물통, 팔레트, 네임펜
후기	7	나의 소망나무	미래에 대한 불안감 해소 및 긍정적인 미래관 제시	다양한 모양의 나무와 열매를 만들어 열매에 소망을 적어 붙이기	머메이드지, 가위, 연필, 지우개, 포스트잇, 스티커, 글루건, 양면테이프, 스카치테이프
종결	8	① 마니또 선물 ② 작품액자 전달식 ③ 사후검사 (KSD, 사회성)	① 또래관계에 친밀감과 안정감 경험 ② 문제행동 변화 확인 ③ 작품성취에 대한 만족감 및 마무리	① 제비뽑기로 나의 마니또를 뽑은 후 나의 마니또에게 줄 선물을 아이클레이로 만들어 전달 ② 문제행동 변화 검사 ③ 작품액자 진달 및 다과회	① 아이클레이, 낚싯줄, 가위, 클립, 강력 접착제, 투명컵, 카드, 연필, 지우개, ② 인화지, 액자, 다과회 준비물 ③ 연필, 지우개, 검사지

(4) 회기별 작품사진

〈표 10-3〉 회기별 작품사진

1회기	2회기

[그림 10-1] 나 소개(별칭표현)	[그림 10-2] 내 감정 없애기 (불어, 날려, 터트려 버리자)
3회기	4회기

[그림 10-3] 나를 괴롭히는 것 없애기 (부숴 부숴 버리자)	[그림 10-4] ① 데칼코마니

4회기	5회기
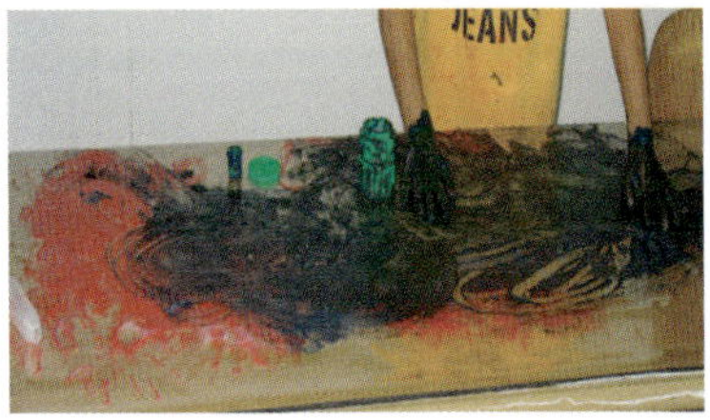	
[그림 10-5] ② 핑거페인팅(나의 마음 자유롭게)	[그림 10-6] 공동화(우리는 하나)
6회기	**7회기**

[그림 10-7] 석고 손 본뜨기(둘이서 함께)	[그림 10-8] 나의 소망나무
8회기	**8회기**

[그림 10-9] ① 마니또 선물	[그림 10-10] ② 작품액자 전달식

8) 연구결과

(1) 질적검사

① 개인행동변화

〈표 10-4〉 사회성 개인행동 사전 · 사후

대상	사회성	
	사전	사후
C1	자기표현에 자신감이 없어 솔직하게 주장 하지 못하고 C2의 의견에 싫어도 억지로 따르는 경향 강함. 사전 설문지 검사에서 '그러면 친구들한테 죽어요.' 라며 주변 친구들의 눈치를 많이 보며 솔직히 답변하지 않음. 수동 공격성이 존재함.	C2에게 "너랑은 말이 안 통해.", "네가 잘못해서 그러는 거야.", "그러지 말라고. 좀 줘 보라고." 하면서 자신의 불만과 요구를 솔직하게 감정 표현하고 자신보다 강자에게도 상황에 대해 의사 표현함으로써 함께 조율해 가려는 모습 생김.
C2	C1의 의견을 무시하고 자신이 하고 싶은 데로 참견하고 지시하며 눈치가 빠름. 상담자에게 잘 보이고 싶은 인정욕구와 경쟁의식으로 구성원들이 못하는 부분을 의도적으로 내세우기도 함. 구성원 중 특히 C1에 대해 경쟁의식과 친밀감 및 양가감정 존재함.	C1에게 간섭하고 지시하는 모습의 횟수가 줄어듦. "자꾸 딱지를 만지게 되니 선생님이 보관해 주세요."라고 하며 작업 중 충동성을 스스로 조절하려는 모습 보임. 경쟁의식과 인정욕구는 지속해서 존재하여 타인과 공동작업에서 수용하거나 배려하는 모습은 아직 부족함.
C3	평소 담임선생님과 본인을 괴롭히는 친구에 대해 내면의 분노가 존재하나 외부로 표출하기는 어려워 위축과 공격성이 동시에 존재하여 충동적 공격성이 존재함. 완벽하게 하고 싶은 욕구가 커서 상황에 상관없이 자신이 만족스러울 때까지 마무리하려 함.	담임선생님과 C3를 괴롭히는 친구에 대한 분노를 솔직하고 구체적으로 표출하여 내면에 있는 공격성을 정화함. 작업활동이 C3의 마음에 들지 않고 완벽하게 되지 않아도 융통성 있게 조절하는 모습 보임. 구성원들에게 자신이 원하는 욕구를 표현하고 중재하기도 함.
C4	성격이 예민한 편으로 학교 수업 시와 과제 수행할 때 늘 불안해함. 완벽하게 하려는 강박적 성향이 강하여 스스로 실수에 대해 용납하지 못하고 손에 묻히는 작업을 두려워함. 구성원 중 나이가 많지만, 갈등 상황 있을 때 방관하는 경향 강함.	학교 수업과 성적에 대해 고민은 하나 안정적인 모습 보임. 과제 수행 시 실수하거나 옷과 손에 묻히는 작업을 해도 스스로 "괜찮아."라고 하며 수용함. C1과 C2가 갈등 상황일 때 중재를 하며 구성원들을 인도하거나 간식을 챙기는 등 친밀감 있는 관계 형성 보임.

② 학교생활화(KSD)

〈표 10-5〉 학교생활화(KSD) 사전 · 사후

대상	사전	사후
C1	 [그림 10-11]	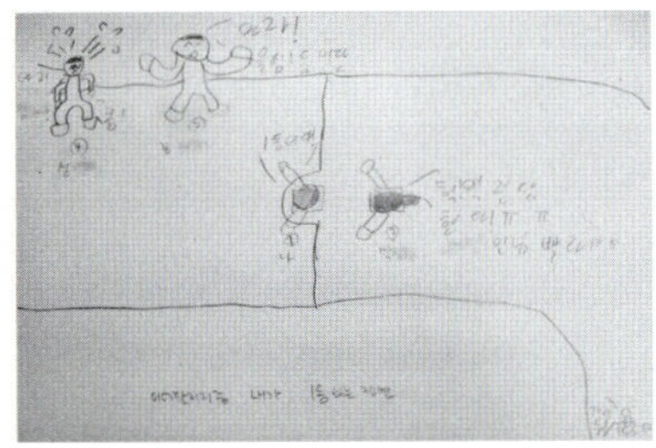 [그림 10-12]
	제목: 학교에서 예전에 마루타 놀이하는 모습 오랜 시간 소요되었으며 학교생활에서 불안하여 안정감을 얻으려는 경향 보임. 다른 반인 C2와 밀착 보이고 C2와 같은 반인 OO와는 관계는 있으나 친밀해 보이지 않음. 같은 반 아이들에 대해서는 전혀 표현하지 않은 것으로 보아 친한 친구도 없고 관계에 어려움 보임. 설문지도 솔직하지 못하고 방어적으로 작성함.	**제목: 이어달리기 중 내가 1등 하는 장면** 그림 순서는 C1(1등이다), 김OO(어라 울팀 1등이다), 박OO(C1 넘 빨라), 성OO(어~C1 땜시). 달리는 레일을 표시하면서 포위 적인 부분을 그리기는 하였으나 학교생활에서 자신감 넘치고 친구들에게 인정받는 모습 표현함. 하지만 자아에 대해서는 아직 부정적인 모습이 남아 있음.
C2	 [그림 10-13]	 [그림 10-14]
	제목: 고OO과 싸우는 장면 고OO와 좋을 때도 있고 안 좋을 때도 있다. 고OO에 대한 양가감정 표현, 학교생활에 불안하며 안정에 대한 욕구가 보이고 공격성과 충동성이 있으며 관계에서 융통성 있게 타인을 배려, 이해하여 관계하기보다 과격한 행동을 통해 관계를 맺었을 가능성이 커 보임.	**제목: 학교에 가는 길로 강아지가 C2를 쫓아와서 강아지를 보내려고 몽둥이를 들고 있는 모습** 김OO과 김OO 학교 친구를 그림. 학교생활에서 친구와의 관계에 친밀감은 없고 학교생활에 부적응하여 참여하지 못하는 모습 보임. 하지만 직접적인 갈등 관계의 대상은 없어짐.

대상	사전	사후
C3	 [그림 10-15]	 [그림 10-16]
	제목: 선생님께 혼나고 있는데 애들이 비웃는 모습(시험 쉬운 것 틀려서 오늘 있었던 경험) 그림 속 선생님은 C4의 5학년 때 담임으로 C4에게 선생님에 대한 부정적인 감정을 공감받음. 학교생활에 대한 불만과 분노를 표현. 특히 담임선생님의 훈육방침에 대한 분노가 큼. 같은 반 아이들에게도 무시당하는 경험이 많은 것으로 보임. 학교생활에서 부정적인 피드백을 많이 받은 것으로 보이며 친밀한 친구관계도 없음. 위축과 공격성이 동시에 존재하며 이는 충동적인 공격성으로 나타날 소지가 보임.	**제목: 발야구 하는 모습으로 우리가 졌다고 함** 가장 친한친구 김OO을 제일 먼저 그렸고 두 번째는 본인을 그림. 자신이 주인공이 되어서 발야구 하는 장면을 그리고 김OO이 바로 뒤에 서 있음. 안OO, 이OO, 김OO, 송OO, 최OO, 김OO 등 많은 친구를 그리고 이름도 다 얘기함. 학교생활에서 긍정적이고 중심적인 역할의 자아상을 표현하고 친밀감 있는 친구를 그려서 또래관계의 사회성 향상 보임.
C4	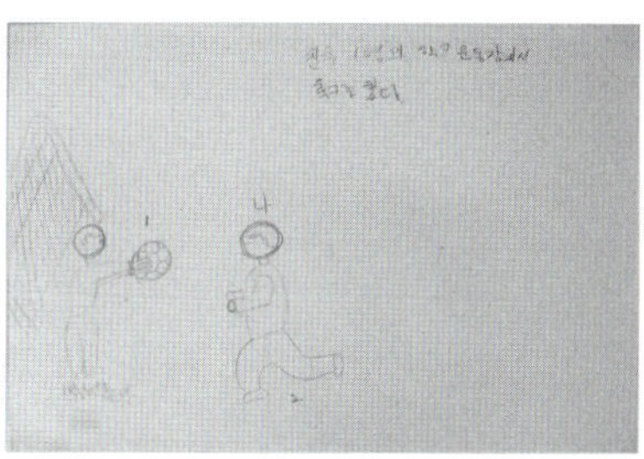 [그림 10-17]	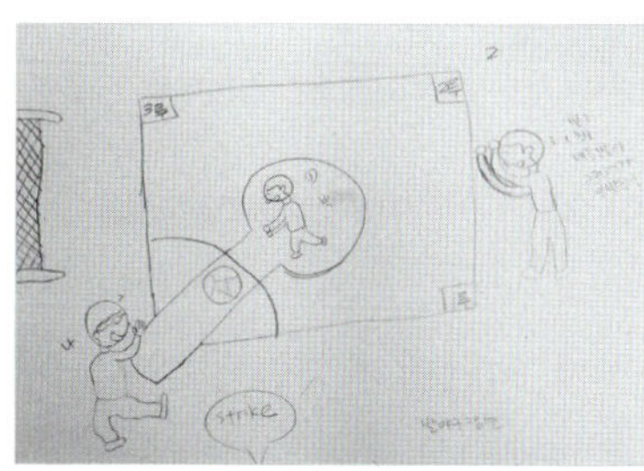 [그림 10-18]
	제목: 친구 한 명(1학년 때 같은 반 윤OO과 학교 운동장에서 축구를 했다고 함) 현재 6학년인 C4가 1학년 때 같은 반 친구와 노는 장면을 그린 것으로 보아 현재 같은 반 친구들과의 관계가 소원하고 친밀감 있는 친구가 없는 것으로 보임. 또한, 친구들에 관한 관심이 전혀 없는 것은 아니나 마음처럼 행동이 적극적으로 나서지 못하는 것으로 나타남.	**제목: 발야구 하는 장면. C4→박OO → 반 친구(애들 많이 그리려다 일반 친구 그렸다고 함)** 친구들과 함께 하는 장면으로 상호작용 보이며 본인이 중심이 되어 긍정적인 관계 형성 나타남. 폭넓은 관계는 아직 부족하나 초기보다 또래관계에서 친밀감이 형성됨.

(2) 양적검사

〈표 10-6〉 사회성 사전 · 사후

하위 요인	C1		C2		C3		C4	
	사전	사후	사전	사후	사전	사후	사전	사후
총점	76	84	60	61	81	84	84	86
평균	3.8	4.2	3	3.1	4.1	4.2	4.2	4.3

C1은 사전 76점에서 사후 84점으로 총 8점의 사회성이 향상되었다. C2는 사전 60점에서 사후 61점으로 총 1점의 사회성이 향상되었다. C3는 사전 81점에서 사후 84점으로 총 3점의 사회성이 향상되었다. C4는 사전 84점에서 사후 86점으로 총 2점의 사회성이 향상되었다. 구성원 중 C1은 사전에는 주변 친구들에 대해 눈치를 보면서 자신의 욕구를 제대로 표현하지 못하였던 모습에서 자아의 힘이 생겨 자신이 하고 싶은 이야기와 불만을 C2에게 표현하고 관계에서 조율하는 모습을 통해 사회성이 가장 높게 향상되었다. C2는 타인에 대해 이해 하거나 배려하는 모습이 부족하여 공동작업에서는 다른 구성원들에게 잘못된 부분을 지적당하는 때도 있었기 때문에 구성원 중 사회성이 가장 낮게 향상된 것으로 보였다.

9) 제언

첫째, 집단에 참석한 구성원들이 사전에 이미 아는 사이였기 때문에 프로그램 참석에 낯설어하지 않고 안정적이고 친밀감 있는 관계 형성을 쉽게 맺게 되었다. 하지만 집단 미술치료 프로그램의 장점인 집단원과의 관계 효과성을 높이기 위해서는 구성원의 이질성도 필요할 것으로 보인다.

둘째, 집단구성원들이 총 4명이었기 때문에 결석하는 구성원이 있는 경우에는 인원이 적어 집단미술치료 프로그램에서 구성원 서로의 역동성이 떨어지므로 집단프로그램의 효과를 위해서는 총 구성원이 6명은 되어야 적당할 것으로 보인다.

셋째, 프로그램에 참여한 대상자들의 출석률이 높을수록 프로그램에 대한 만족도와 효과성이 높았기 때문에 추후 집단미술치료 프로그램을 진행할 경우 대상자들이 모든 회기 출석을 할 수 있도록 보호자와 담당자의 적극적인 관심과 독려가 필요할 것으로 본다.

넷째, 구성원 중 ADHD 증상이 심한 구성원이 있는 경우 8회기까지는 문제인식 정도의 변화이므로 집단미술치료 프로그램의 명확한 효과성과 지속성을 위해서는 8회기보다 12회기 이상은 진행해야 할 것이다.

다섯째, 집단미술치료 프로그램 종결 후 상담자가 보호자와 개인별 일회성 상담을 진행하였고 보호자가 궁금증을 풀 수 있게 되어 좋은 평가를 받았다. ADHD 증상이 있는 구성원들에게는 집단미술치료 프로그램의 효과뿐만 아니라 가정에서의 훈육 방법이 중요함으로 추후 프로그램 계획 시에는 부모 교육의 시간이 2회기 이상 진행되어야 ADHD 증상 구성원들의 사후 관리가 제대로 이루어질 것으로 보인다.

2 〈사례 10-2〉 청소년

1) 사례 제목

학교부적응 중1 청소년의 자아존중감 향상을 위한 집단미술치료 프로그램

2) 연구대상

〈표 10-7〉 연구대상

대상	이름	성별	연령 (학력)	특징
C1	최○○	남	14세 (1학년 재학)	한부모 가정으로 모와 생활. 외모는 동그란 얼굴에 약간에 주근깨가 있고 체격은 또래보다 마르고 왜소한 편이며 경상도 사투리를 사용함. C2와 같은 반으로 항상 함께 다니며 자리도 옆에 앉는 모습 보임. 프로그램 중 C2에게 자주 장난을 치며 C2를 화나게 하는 경향도 보임. 미술활동에 적극적으로 참여하고 창의적 표현활동에 재능을 보이기도 함.
C2	한○○	남	14세 (1학년 재학)	조모와 단둘이 생활. 외모는 하얗고 동그란 얼굴에 안경을 끼고 있으며 인상은 모범생 같은 모습으로 체격은 또래보다 작은 편임. C1과 같은 반으로 함께 다니고 옆에 앉음. 미술활동 중 C1이나 다른 대상자들의 장난으로 화가 나면 충동적으로 분노(던지거나, 화나고 굳은 표정을 짓거나)를 표현하기도 함.
C3	김○○	여	14세 (1학년 재학)	C4와 친척이며 늘 함께 다니고 미술활동 중에는 자신이 궁금한 것이 있으면 C4에게 질문하거나 C4가 하라는 대로 하는 경향이 강함. 그러면서도 C4를 이기지 못하는 상황에 대해 내면에 억압된 감정이 있음. 자기 생각을 정확히 표현하는 데 시간이 걸리고 지시 따르기에 집중하지 못해 반복적으로 되물어 보는 모습 보임.
C4	박○○	여	14세 (1학년 재학)	C3와 친척이며 지속해서 떠들고 질문하고 장난치는 모습 보임. 충동적인 공격성이 있어 자신의 욕구가 들어 주지 않으면 소리치거나 C3에게 함부로 욕하는 모습 보임. C3가 의사 표현을 못 하면 대변인처럼 나서서 이야기하려는 경향 강함. 하고 싶은 것이 많아서 제시간에 미술작업 끝내는 것에 어려움 있으며 산만한 모습 보임.
C5	구○○	여	14세 (1학년 재학)	한부모 가정으로 모와 생활. 외모는 귀엽게 생겼으며 체격은 보통이고 평소 C3, C4와 친구 사이임. 모가 학업에 대한 기대치가 큰 편이며 모를 무서워하고 학원과 학교에서 또래관계 형성에 어려움 있으며 억압으로 제대로 표현하지 못하는 부분 있음. 규칙과 지시 따르기 수용 가능함.

3) 의뢰사유

학교생활 전반적인 부분에서 부적응을 보여 OO 중학교에서 OOOO 상담센터로 의뢰하였다.

4) 주 호소문제

낮은 자아 존중감으로 학교생활에서 또래관계에 어려움을 호소하고 있다.

5) 연구도구

(1) 질적검사

① 사례연구

학교부적응 청소년 중학교 1학년 총 5명(남 2명, 여 3명)을 대상으로 2017년 6월 1일부터 8월 3일까지 매주 목요일 총 10회기 집단미술치료 프로그램을 시행하여 자아존중감의 비언어적, 언어적 개인별행동변화를 관찰기록을 통해 사전·사후 분석하였다.

② 동적 집-나무-사람(KHTP : Kinetic Home Tree Person)

집, 나무, 사람(HTP)검사에서 상호작용이 나타나지 않는 문제들을 보완하기 위해 역동성을 부가하였고 인간의 성장과 잠재력을 이해하는 데 도움이 되는 검사이다. 한 장의 종이 위에 집, 나무, 사람을 함께 그리는 것으로 내담자에게 용지를 가로 방향으로 책상에 놓고 "이 종이 위에 집, 나무 그리고 어떤 행동을 하는 사람의 전체 모습을 그리세요. 사람의 전체 모습을 그릴 때 만화나 혹은 막대기 같은 모양의 사람은 그리지 마세요."라고 지시를 한다.

(2) 양적검사

① 자아존중감 검사

쿠퍼스미스(Coopersmith, 1967)와 포프, 맥헤일, 크레이그헤드(Pope & McHale, Craighead, 1988)의 연구를 참조하여 최보가와 전귀연(1993)이 우리나라 아동과 청소년의 자아존중감을 측정할 수 있는 도구를 연구 개발한 척도지를 사용하였다. 전체 32문항으로 구성되어 있으며, 총체적 자아존중감, 사회적 자아존중감, 가정에서의 자아존중감, 학교에서의 자아존중감 등 네 영역으로 구성되어 있다. 5점 리커트 척도로 구성하였으며 부정문은 역 채점한다(4, 8, 12, 16, 20, 24, 27, 30). 하위영역에 대한 문항 번호는 다음과 같다. 총체적(1, 5, 9, 13, 17, 21), 사회적(2, 6, 10, 14, 18, 22, 25, 28, 31), 가정(3, 7, 11, 15, 19, 23, 26, 29, 32), 학교(4, 8, 12, 16, 20, 24, 27, 30)이다.

6) 연구목적

① 편안하고 안정된 공간에서 억압된 감정을 미술매체 활동으로 발산시켜 감정을 정화한다.

② 자유롭고 창의적인 미술활동에서 감정을 솔직하게 표현하고 긍정적 공감과 적극적 지지 경험으로 적극적인 자기표현력을 향상한다.

③ 나와 타인과의 차이에 대해 이해하고 상호작용의 경험으로 또래관계에서의 대인관계능력을 향상한다.

7) 연구과정

(1) 진행기간

2017년 6월 1일 ~ 8월 3일 매주 목요일, 오후 3시부터 4시 30분(90분), 총 10회기

(2) 장소

OOOO 상담센터 집단상담실

(3) 미술치료 프로그램

〈표 10-8〉 미술치료 프로그램

단계	회기	프로그램명	목표	활동내용	재료
나 소 개	1	① P/G O · T(서약서) ② 사전검사 (KHTP, 자아존중감) ③ 내 명함 만들기	① P/G 소개 및 규칙 인식 ② 문제행동 파악 ③ 자기소개 및 라포형성	① 서약서 작성 ② 문제행동 확인 검사 ③ 종이 위에 다양한 재료 사용해 자신의 명함을 만들어 표현 후 자기소개	지우개, 4B 연필, A4 용지, 설문지, 흰색 머메이드지(A4), 손코팅지(A4사이즈), 파스텔, 색연필, 수성사인펜, 네임펜, 물티슈, 가위, 칼, 스티커, 반짝이 풀, 휴지, 물티슈
	2	동물가족화	가족을 동물로 상징적 표현함으로써 가족 내에서의 나의 존재 인식 및 가족관계 확인	가족 구성원들을 다양한 모양의 동물 사진에서 찾아 오려 붙이고 얼굴표정 및 관계 표시	동물사진, A4 용지, 4B 연필, 지우개, 수성사인펜 , 색연필, 딱풀, 가위, 물티슈, 휴지
감 정 이 완	3	물감 번지기 놀이	내면에 긴장된 감정을 이완	물티슈 위 자신의 다양한 감정을 물감을 찍어 표현하고 분무기로 발사 후 물감이 번지는 것을 눈으로 보고 휴지에 물 묻혀 던지기	아세테이트지 한롤, 휴지, 물티슈, 신문지, 수채화 물감, 분무기, 8절 켄트지, 큰 물통, 네임펜, 스카치테이프, 청테이프, 가위, 칼, 노트북(음악USB가능), 두꺼운 붓
	4	핑거페인팅	억압된 다양한 감정을 마음껏 표출하고 유아기 때의 재경험 통해 편안함과 안정감 경험	아세테이트지 위에 비눗방울 부어 불기 놀이 및 남성용 쉐이브폼 사용해 손에 묻혀 놀이하고 좋아하는 색을 다양하게 섞은 후 종이 위에 찍기	남성용쉐이브폼, 수채화물감, 문방풀, 4절 켄트지, 아세테이트지 한롤, 물티슈, 휴지, 칼, 스카치테이프, 청테이프, 비눗방울, 투명컵, 빨대, 가위, 노트북

단계	회기	프로그램명	목표	활동내용	재료
감정표출	5	부정 감정의 상자 없애기	평소에 싫었던 대상(사물 및 상황, 사람)에 대한 부정적 감정을 마음껏 표현하고 표출함으로써 정화	평소에 싫었던 대상을 종이에 적어 상자 안에 넣은 후 종이 방망이를 만들어 상자를 부수기	상자, 잡지, 종이테이프 넓은 것(빨,검,노,파,초),가위, 칼, 신문지, 네임펜, A4 용지, 물티슈
	6	아프고 상처받은 부분 표현하기	과거 받았던 자신의 내면의 외상을 외현화시킴으로써 위로와 위안을 통해 상처 치유	나를 연상하는 모양의 사람의 형태를 선택하고 그 모양대로 우드락에 그리거나 붙인 후, 과거 및 현재에 받았던 상처를 신체 부위에 표현하기	다양한 모양의 사람의 형태, 색 우드락 4절지(노랑, 하늘색, 연분홍, 연두, 회색), 가위, 칼, 딱풀, 물티슈, 다양한 스티커, 색종이, 네임펜, 4B 연필, 지우개, 크레파스
타인 속 나 이해	7	공동화 작업(우리는 하나)	여러 명이 하나의 마음으로 한팀이 되어 서로의 의견을 조율하여 하나의 작품완성을 통해 관계 형성 능력을 향상	대상자 모두가 함께 의논하여 주제를 정하고 함께 작업하며 만든 후 제목 정하기	스카치테이프, 가위, 청테이프, 칼, 우드락, 크레파스, 색연필, 사인펜, 색종이, 딱풀, 다양한 모양 스티커, 물티슈, 휴지, 전지, 반짝이 풀
	8	석고 손 본뜨기(남이 보는 나, 내가 보는 나)	타인과의 관계 속에서의 나를 인식하고 또래 관계 속 나를 새롭게 변화시켜 관계 기술력을 향상	2명이 한팀이 되어 서로의 손에 다양한 모양의 손 본뜨기 작업을 해주고 남이 보는 나와 내가 보는 나를 표현	석고붕대, 가위, 신문지, 물통, 꾸미기 재료(스티커 등), 글루건, 수채화 물감, 붓, 락카(금,은), 물티슈, 휴지, 로션

단계	회기	프로그램명	목표	활동내용	재료
변화된 나	9	꿈의 나무 만들기	미래에 내가 원하는 것, 변화하고 싶은 나의 모습을 계획함으로써 긍정적 미래관을 제시	나의 꿈 나무를 만들어 원하고 변화하고 싶은 꿈들을 열매로 표현하여 나무에 붙이고 작품을 소개하기	4절 머메이드지 (빨, 주, 노, 초, 연두, 파), 가위, 다양한 꾸미기 재료(스티커, 모루, 등), 양면테이프, 스카치테이프, 접착제 분사기, 포스트잇(하트, 별, 화살표, 사과 모양), 연필, 지우개, 네임펜, 물티슈, 휴지, 반짝이풀
	10	① 나에게 주는 선물 (롤링 페이퍼) ② 작품전달식 ③ 사후검사 (KHTP, 자아존중감), 평가서	① 나에게 주는 선물 작업 통해 스스로 만족감 경험 및 타인으로부터 긍정적 지지 받음으로써 관계에서 자신감 획득 ② 자아존중감 향상 ③ 문제행동 변화 확인	① 아이클레이로 자신이 갖고 싶은 것 만들기 및 대상자들에게 하고 싶은 긍정적 메시지 전달하기 ② 상담자가 그동안 프로그램에서 만든 대상자의 작품을 전달하기 ③ 문제행동 변화 검사	아이클레이 8색 세트, 낚싯줄, 가위, 칼, 지퍼백 큰 것, 우드락, 색상8절지, 딱풀, 물티슈, 강력접착제, 네임펜, 색연필, 4B 연필, 지우개, A4 용지, 설문지, 다양한 스티커, 크레파스, 수성사인펜, 파티재료(작은 케이크, 생일 초, 음료수), 휴지, 쇼핑백, 양면테이프 넓은 것

(4) 회기별 작품사진

〈표 10-9〉 회기별 작품사진

1회기	2회기
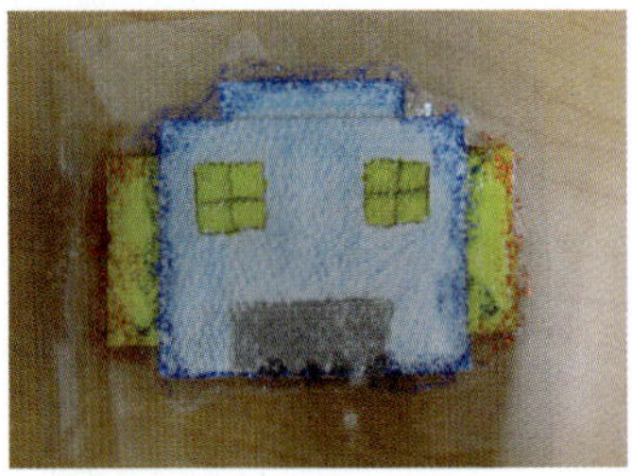 [그림 10-19] 내 명함 만들기	 [그림 10-20] 동물가족화
3회기	4회기
 [그림 10-21] 물감 번지기 놀이	 [그림 10-22] 핑거페인팅

5회기

[그림 10-23]
부정 감정의 상자 없애기

6회기

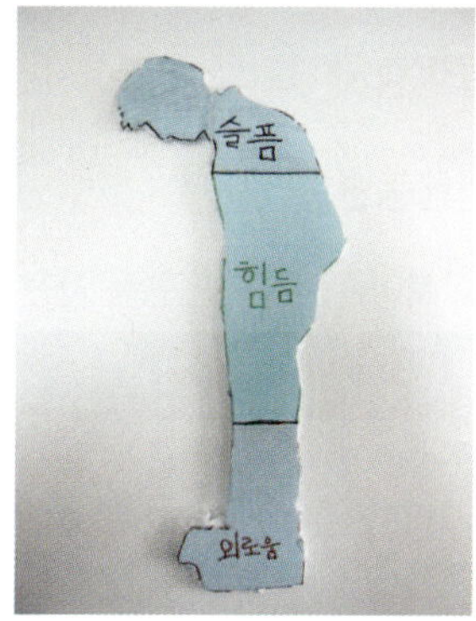

[그림 10-24]
아프고 상처받은 부분 표현하기

7회기

[그림 10-25]
공동화 작업(우리는 하나)

8회기

[그림 10-26]
석고 손 본뜨기(남이 보는 나, 내가 보는 나)

9회기

[그림 10-27]
꿈의 나무 만들기

10회기

[그림 10-28]
나에게 주는 선물

8) 연구결과

(1) 질적검사

① 개인행동변화

〈표 10-10〉 자아존중감 개인행동 사전 · 사후

대상	사전	사후
C1	상대방의 의견을 물어보지 않고 자신이 원하는 것을 요구하거나 고집을 피우는 모습이 보임. 자신이 표현하고 싶지 않을 때는 입을 다물어 버리기도 함. 뜻대로 되지 않을 때 상대방에게 짜증을 부리거나 자신이 하고 싶은 대로 하기도 함.	자신이 원하는 것이 있으면 상대방에게 의견을 물어보고 상황에 맞게 판단하고 행동하는 모습 보임. 공동작업에서도 배려하고 이해하는 모습 보이며 무조건 고집 피우기보다는 자신의 욕구를 언어로 표현하고 대처하는 모습 보임.
C2	내면에 불만이 있으면 꾹 참고 있다가 충동적으로 공격성을 보이거나 화를 내서 주변인들을 놀라게 하거나 당황스럽게 만들기도 함. 자신이 원하는 것을 잘 표현하지 못하고 말을 하려다 가도 물어보면 대답하지 않는 모습도 보임.	자신이 불만이 있으면 솔직하게 속마음을 이야기하려는 모습이 보이고 싫고, 좋음에 대한 감정을 표현하기 시작함. 충동적인 성향이 줄어들기는 하였으나 아직 존재하는 것으로 보임.
C3	자신의 의견을 솔직하게 표현하지 못하고 항상 C4에게 의견을 물어보거나 의지하는 모습 보임. 타인과의 의사소통에 전달력이 떨어지며 지시 따르기에 이해력이 떨어져 작업하는 데 시간이 오래 걸림.	자신의 의견을 솔직하게 이야기하려 노력함. C4의 의견에 좌지우지되지 않고 주도적으로 자기 생각을 이야기함. 집중력이 좋아져 지시를 따르는 데 소요시간이 줄어듦.
C4	주변 분위기를 파악하지 못하고 조절력이 떨어져 자신이 하고 싶은 말과 행동으로 타인에게 피해를 주기도 하고 C3에게 공격적 언행을 하기도 하며 C3의 대변인 역할을 함.	상황에 맞게 조절하거나 주변의 대상자들에게 배려하고 타협하는 모습 보이며 C3에게 부드러운 말투를 사용하고 C3의 의견을 수용하는 모습도 보임. C3에게 말할 기회를 주기도 하고 감정의 조절력이 보임.
C5	"그림을 잘 못 그린다.", "미술을 잘 못 한다." 고 하며 불만족스러운 상황이나 불합리한 경험에 대해 엄마에게 자신감 있게 표현하지 못하고 속으로 참는 경향이 강함. 주변의 의견에 과민하게 반응함.	미술표현에 자신감 있어 하고 다양하고 창의적인 미술작업으로 만족감과 성취감 경험함. 엄마에게 불합리한 상황을 당당하게 이야기하고 문제를 해결하는 모습 보임.

② 동적 집-나무-사람(KHTP)

〈표 10-11〉 동적 집-나무-사람(KHTP) 사전 · 사후

대상	사전	사후
C1	 [그림 10-29]	 [그림 10-30]
	생존을 위한 욕구가 있으며 뛰노는 아이들로 C1과 C2를 그림. 가정에서 애정과 따뜻함에 대한 욕구가 크며 성장하고 싶으나 현실적 기반이 부족해 보임. 가족보다는 C2에 대한 밀착도가 크며 의존 욕구도 보임.	생존을 위한 욕구가 있음. 본인이 야구하는 모습은 내가 주인공이 된 것으로 자아존중감의 향상이 보임. C2 이외에 새로운 친구가 등장한 것은 관계에서의 확장으로 보이며, 가정 내 친밀감을 기반으로 한 성장의 욕구가 나타남.
C2	 [그림 10-31]	 [그림 10-32]
	생존을 위한 욕구가 있으며 마당에서 노는 아이들로 형과 동생을 그리고 자신은 없으며 위협적이고 힘 있는 존재 때문에 영향을 강하게 받는 것으로 보임.	생존을 위한 욕구가 있으며 축구하는 아이로 타인과 외부와의 관계 형성에 적극성을 보이며 성장하고 싶은 욕구가 보이나 검사에 대한 회피형의 모습이 보이기도 함(캠프 끝나고 바로 와서 검사만 받음).

대상	사전	사후
C3	 [그림 10-33]	 [그림 10-34]
	생활과 성장의 욕구가 크며 하교 시간으로 C4만 그림. 집에 대한 애정이 전혀 없으며 회피가 보이며 힘없이 쓰러질 것 같은 나무로 성장 에너지가 없는 것으로 의존 욕구가 강함.	생활과 성장의 욕구가 보이며 성장의 잎이 생겼으며 접근형의 집으로 변화도 보임. C4뿐만 아니라 C3 자신도 나타남으로써 자아존중감의 향상도 보이나 포위적인 구분을 보이는 모습도 나타남.
C4	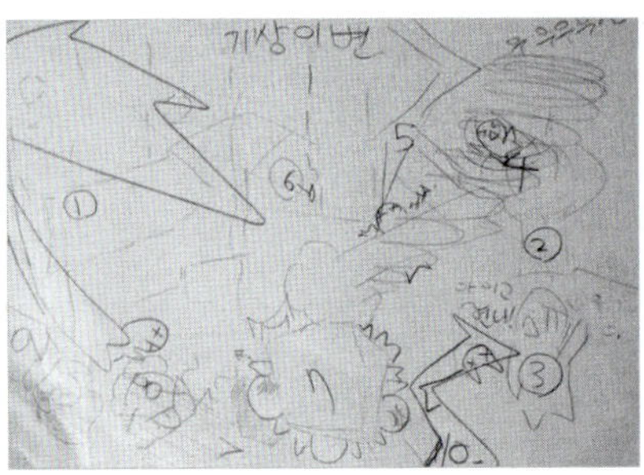 [그림 10-35]	 [그림 10-36]
	생존에 대한 욕구가 있으며 "난 표류 됐다. 이곳은 무인도이고 비도 온다."라고 하며 세목은 '기상이변'. 비현실적이고 추상적인 가상의 모습을 그렸으며 검사에 대한 거부감이 나타났고 현실인식능력의 문제와 낮은 자아존중감 보임.	생존에 대한 욕구가 있으며 포위적 모습을 그림. 정상적인 집, 나무, 사람을 그림으로써 현실적인 인식 능력이 보이며 접근형 모습도 나타나고 자아존중감의 향상이 보이기 시작함. 가정에서의 애정과 지지기반이 필요함.

대상	사전	사후
C5	 [그림 10-37]	 [그림 10-38]
	생존에 대한 욕구로 비스트를 응원하는 아이로 제목을 정함. 회피의 모습이 강하며 가정에 대한 의존 욕구와 낮은 자아존중감을 보이고 부정적 자아상도 나타남.	생존에 대한 욕구가 있으며 자신감 있는 자신의 모습을 표현하였고 무의식의 자기 상이 당당하고 자신감 있게 성장하였으며 자아존중감의 향상이 보임.

(2) 양적검사

① 자아존중감

〈표 10-12〉 자아존중감 사전 · 사후

대상	사전	사후	변화
C1	114	117	+3
C2	104	107	+3
C3	99	107	+8
C4	97	102	+5
C5	79	96	+17

- C1의 자아존중감(114→117) 3점 증가하였다. 하위영역별 변화는 총체적 자아존중감(21→21), 사회적 자아존중감(32→32), 가정에서의 자아존중감(36→36), 학교에서의 자아존중감(25→28) 으로 나타났다.

- C2의 자아존중감(104→107) 3점 증가하였다. 하위영역별 변화는 총체적 자아존중감(23→19), 사회적 자아존중감(20→32), 가정에서의 자아존중감(34→32), 학교에서의 자아존중감(27→24) 으로 나타났다.
- C3의 자아존중감(99→107) 8점 증가하였다. 하위영역별 변화는 총체적 자아존중감(21→20), 사회적 자아존중감(21→27), 가정에서의 자아존중감(28→32), 학교에서의 자아존중감(29→28) 으로 나타났다.
- C4의 자아존중감(97→102) 5점 증가하였다. 하위영역별 변화는 총체적 자아존중감(21→19), 사회적 자아존중감(27→25), 가정에서의 자아존중감(23→29), 학교에서의 자아존중감(26→29) 으로 나타났다.
- C5의 자아존중감(79→96) 17점 증가하였다. 하위영역별 변화는 총체적 자아존중감(19→22), 사회적 자아존중감(15→24), 가정에서의 자아존중감(34→37), 학교에서의 자아존중감(11→13) 으로 나타났다.

9) 제언

첫째, 대상자 인원이 다섯 명으로 홀수였기 때문에 짝을 이루어 진행하기에 어려움이 있어 공동작업의 장점인 서로에 대한 이해와 배려 경험을 충분히 경험할 수 없었던 아쉬움이 있기 때문에 대상자 인원은 짝수로 구성하는 것이 필요하다.

둘째, 친척 관계인(C3, C4)가 함께 프로그램에 참여하였기 때문에 평소에 문제 행동이 그대로 재현되어 다른 대상자들에게 부정적 역동이 전이되는 모습이 나타났으므로 다음에는 친척 관계일 경우 가족미술치료 또는 서로 다른 집단으로 진행하는 것이 필요하다.

셋째, 전반적으로 출석률이 높을수록 프로그램에 효과성이 높으므로 학기 중에 프로그램이 끝나도록 계획하거나 방학 프로그램으로 별도 진행하는 방법을 통해 개인사정으로 결석하는 횟수를 줄일 방법을 찾아야 할 것이다.

3 〈사례 10-3〉 노인

1) 사례 제목

집단미술치료가 뇌졸중 어르신의 자기표현과 대인관계에 미치는 영향

2) 연구대상

〈표 10-13〉 연구대상

대상	성별	연령	가족관계	동거인	종교	경제력	학력
C1	남	65	1남	아들 가족	기독교	중	대졸
C2	여	81	1남 7녀	아들 가족	천주교	상	중졸
C3	남	81	4남	부인	천주교	중	고졸
C4	남	67	2남	부인, 아들	기독교	중	대졸
C5	여	74	2남 1녀	아들 가족	불교	중	고졸
C6	남	77	3남 1녀	아들 가족	무교	하	대졸

3) 의뢰사유

뇌졸중 노인의 집단미술치료를 위해 OOOO 노인센터에서 본 상담자에게 의뢰하였다.

4) 주 호소문제

뇌졸중으로 인하여 자기표현과 대인민감성의 어려움이 있다.

5) 연구도구

(1) 질적검사

① 사례연구

2016년 4월 5일부터 11월 1일까지 총 20회기 집단미술치료프로그램 진행을 통해 관찰된 내담자의 언어적 비언어적 개인별 행동변화에 대해 관찰기록으로 분석하였다.

② 나무검사(Tree)

뇌졸중 노인을 대상으로 하는 검사이기 때문에 집, 나무, 사람(HTP)검사 중 가장 쉽고 편안하게 할 수 있는 나무(Tree)검사를 진행하였다. A4 용지, 4B 연필, 지우개를 준비하고 "나무 한 그루를 그려보십시오."라고 지시한다. 나무검사는 무의식의 자기 상을 파악할 수 있는 진단기법이다.

(2) 양적검사

① 자기표현

김파근(1998)의 자기표현 평정척도를 사용하였으며 20문항으로 5점 척도로 20점에서 100점 사이에 값을 갖고 점수가 높을수록 자기표현을 바람직하게 잘하는 것을 의미한다.

〈표 10-14〉 자기표현 하위 요인

하위 요인	문항 번호	문항 수
말한 내용	1,2,3,4,5,6,7,8,9	9
음성	10,11,12,13,14,15,16	7
비언어적	17,18,19,20	4

② 대인민감성

보이스와 파커(Boyce & Parker, 1989)가 제작한 IPSM(Interpersonal Sensitivity Measure)을 조현주(2000)가 번역한 것을 수정하여 사용하였으며 1점에서 4점의 점수가 부여되는 척도로 전체 점수는 24점에서부터 96점 사이의 값을 갖고 점수가 높을수록 대인관계가 바람직하게 잘할 수 있음을 의미한다.

〈표 10-15〉 대인민감성 하위 요인

하위 요인	문항 번호	문항 수
대인인식(타인의 행동과 반응에 과잉으로 주의하는 것)	10,14,25,30,33,35,36	7
유약한 내적자기(자기 존중감과 낮은 자기 가치감 의미)	5,24,26,27	4
소심함 (타인과의 관계에서 자신의 의견을 제대로 잘 주장하지 못하는 정도 의미)	7,8,21,22	4
분리불안(관계의 위협에 대해 민감성 의미)	1,16,17,29,31	5
동의 욕구(다른 사람을 기쁘게 하고 갈등을 최소화하려는 바램)	11,15,18,23	4

6) 연구목적

① 뇌졸중 노인의 비관적인 자아상을 자기표현과 긍정적인 지지를 통해 변화시킨다.

② 다양하고 창의적인 미술활동과 작품완성으로 성취감과 자기효능감을 갖게 한다.

③ 집단미술작업과 관계에서의 지지와 격려 통해 대인민감능력을 향상시킨다.

7) 연구과정

(1) 진행기간

2016년 4월 5일 ~ 11월 1일 매주 화요일, 오후 2시부터 3시(60분)까지 총 20회기

(2) 장소

OOOO 노인센터 집단교육실

(3) 미술치료 프로그램

〈표 10-16〉 미술치료 프로그램

단계	회기	프로그램명	목표	활동내용	미술매체
도입기	1	① 오리엔테이션 ① 자유화	① 프로그램에 대한 이해 및 자기소개 통해 참여 동기 부여 ② 매체에 대한 흥미 유발로 긴장감 이완 및 대상자들 간의 친밀감 형성	① 프로그램 및 자기소개 ② 원하는 매체 선택하여 자유화 작업	크레파스, 사인펜, 4B 연필, 지우개, 칼라찰흙, 8절 켄트지, A4 용지, 스카치테이프, 명찰
	2	① 사전검사(질적검사 : 나무그리기, 양적검사 : 자기표현, 대인민감성 검사) ② 집단공동화	① 개인의 심리파악 주변 환경지각 ② 집단원 간의 대인관계 확인 및 의사소통능력 촉진	① 자신의 나무 그리기 ② 4명씩 그룹 지어 집단그림 표현(공동화 작업)	파스텔, 크레파스, 전지, 8절 켄트지, 스카치테이프
	3	감정 선 표현하기(개인)	자신의 감정과 타인의 감정 인식	현재 느끼는 자신의 감성을 각각의 종이에 다양한 선으로 표현한 후 발표하고 타인의 감정선에 대해 느낌 이야기	A4 용지, 스카치테이프, 색연필, 사인펜, 크레파스, 연필

단계	회기	프로그램명	목표	활동내용	미술매체
진행기	4	지점토, 칼라찰흙 공작 만들기 (개인)	매체에 대한 감각운동 능력 활성화 및 감정의 정화	지점토, 칼라찰흙을 사용하여 다양한 자신의 마음(나를 화나게 하는 것, 나를 기쁘게 하는 것)을 표현하여 이야기 나누기	지점토, 두꺼운 종이, 물감, 물통, 붓, 토시, 조각칼, 앞치마, 물티슈, 스카치테이프, 칼라찰흙
	5	먹 사용한 협동화 (공동화)	매체 변화에 대한 자신 감정표현 및 집단원간의 관계 파악	세 집단으로 나눈 후 집단별 화선지에 먹, 나무젓가락, 붓 사용하여 돌아가며 그린 후 이야기 나누기	전지 크기의 화선지, 먹물, 나무젓가락, 플라스틱 접시, 물티슈, 토시, 앞치마, 스카치테이프, 붓
	6	손 본뜨기 (개인)	자기 인식을 도와 자기를 재계발	움직일 수 있는 손으로 마비된 손을 그리고 정상적인 손은 상담자가 그려주어 자신이 꾸미고 싶은 손을 채색하여 제목을 붙인 후 느낀 점 이야기 나누기	크레파스, 색연필, 도화지(8절), 물감용구, 다양한 스티커(다양한 모양, 별하트 등), 사인펜, 연필, 지우개, 물티슈, 토시, 앞치마
	7	과거-현재-미래 자신의 얼굴 표현하기 (개인)	자기 발견과 자각을 통해 자아 성장과 자기 표현력을 증진	다양한 모양의 표정을 본 후 자신의 과거-현재-미래를 표현해 줄 수 있는 형태를 선택하여 꾸민 후 이야기 나누기	크레파스, 파스텔, 스티커, 색연필, 사인펜, 8절지, 색상 8절지(파랑, 분홍, 노랑, 녹색), 물감 용구, 연필, 지우개, 물티슈, 토시, 앞치마, 표정파일
	8	데칼코마니 (공동화)	개인감정과 타인감정의 조화를 통한 의사소통 능력과 성취감을 경험함	집단을 2팀으로 나눈 후 개인이 만든 다양한 모양의 데칼코마니를 전지에 붙여 집단별 새로운 하나의 작품을 완성한 후 이야기 나누기	8절 도화지, 전지 4장, 물감 용구, 풀, 가위, 색연필, 크레파스, 사인펜

단계	회기	프로그램명	목표	활동내용	미술매체
강화내성 형성기	9	내 자세 표현하기 (개인)	현재 자신이 느끼는 자신의 모습에 대해 자각하고 타인이 느끼는 모습에서의 교류 통해 관계 속에서의 나를 경험함	다양한 자세의 사람들 모습에서 자신과 가장 같은 사람의 자세를 선택하여 채색하고 꾸민 후 제목 쓰고 왜 자신과 가장 비슷하며 다른 대상자들이 보는 모습과의 차이점에 대해 서로 이야기 나누기	다양한 자세의 사람 모양 그림, 물감 용구, 파스텔, 크레파스, 사인펜, 색연필, 연필, 지우개
	10	만다라 (개인)	의식하지 못했던 무의식 세계의 자신의 문제 및 욕구를 표출함으로써 정화함	다양한 모양의 만다라에서 원하는 모양 선택 후 채색	다양한 만다라 모양 종이, 동그라미 그려진 종이(A4, 8절지), 파스넷, 물티슈, 크레파스, 색연필, 사인펜
	11	짝지어 번갈아 그리기 (공동화)	나와 다른 타인에 대한 인식과 수용을 통해 대인관계 기술능력을 촉진함	2명이 한 팀이 되어 주제를 정하고 비언어적으로 번갈아 그린 후 언어적으로 제목을 정하고 느낀점 이야기 나누기	파스넷, 색연필, 사인펜, 크레파스, 4절지, 8절지, 휴지, 연필, 지우개
	12	지점토 손 본뜨기 (개인)	자신의 신체에 대한 소중함 · 자신감 · 자존감을 형성함	마분지 위에서 지점토를 밀대로 밀은 후 자신의 손을 다양한 모양으로 찍고 금색으로 채색하여 제목 붙인 후 자신의 손 보며 이야기 나누기	물감 도구(붓, 물통, 물티슈, 팔레트, 물감, 휴지), 아크릴물감(금색), 마분지, 신문지, 밀대, 지점토
	13	내가 좋아하는 나, 싫어하는 나 감정 단어로 표현하기 (개인)	자신의 성격을 수용하고 표현력을 기르고 정체성을 계발함	8절지 종이를 반으로 접어 손바닥 대고 틀 그린 후 한쪽은 좋아하는 점, 다른 쪽은 싫어하는 점 감정단어로 표현한 후 서로 이야기 나누기	8절지색상지, 8절지 켄트지, 4절지켄트지, 좋은감정 · 싫은 감정 종이 단어 등

단계	회기	프로그램명	목표	활동내용	미술매체
통찰기	14	외로움 나누기 (공동화)	자신의 마음 상태를 알고 외로움과 스트레스 극복능력을 키움	두 사람이 짝이 되어 각자 자신의 외로움에 대해 이야기 나눈 후 외로움을 수용하고 극복할 수 있는 방법을 찾은 후 공동작품으로 표현하기	8절 · 4절 켄트지, 크레파스, 파스텔, 파스넷, 색연필, 사인펜, 연필, 지우개, 스티커
	15	나의 유산 (개인)	가족관계 속 세대 간의 갈등과 이해의 기회를 가짐	나의 자손에게 물려주고 싶은 유산, 자손에게 물려주고 싶지 않은 유산 표현 후 가족과 자신과의 관계를 재경험하기	8절 · 4절 켄트지, 크레파스, 파스넷, 색연필, 파스텔, 연필, 지우개
	16	나의 문 (개인)	자신과 외부와의 관계를 인식하고 내향적인 면과 외향적인 면을 살펴봄	종이를 양 가장자리에서 중앙에 오도록 접은 후 밖에 문을 그리고 문을 열었을 때 보이는 광경을 그림으로 그린 후 이야기 나누기	다양한 모양의 색종이, 스카치테이프, 풀, 1구 펀칭 등
	17	집단 만다라 (공동화)	마음의 안정과 집단원 간의 소속감과 응집력을 향상함	4~5명이 한 집단이 되어 큰 원(함께)과 집단 수 만큼의 작은 원(개인)들을 그린 후 만다라를 감상하고 느낀 점을 이야기로 나누기	전지 (가운데 큰 원, 인원수 만큼의 작은 원), 크레파스 등
	18	내 마음의 동양화 (개인)	무의식적인 욕구를 파악하고 창의성을 향상해 만족감과 성취감을 경험함	동양화를 표현하듯 화선지와 먹물을 사용해 한 폭의 멋진 풍경 및 정물화 표현 후 마음에 드는 시를 적어 느낀 점 이야기 나누기	화선지, 붓(일반 수채화 붓, 서예 붓), 먹물, 수채화 물감, 색화선지 등

단계	회기	프로그램명	목표	활동내용	미술매체
정리기	19	내가 걸어가는 눈길(개인)	앞으로 나아가야 할 나의 길을 발자국으로 표현함으로써 환경과의 적응력과 적극적 대처능력을 표현함	발자국을 다양한 모양으로 붙인 후 표정을 그리고 그 이유와 느낌에 대해 공유하기	4절지 · 8절 켄트지, 8절 색상지(검은색 포함) 등
	20	① 집단공동화 ② 사후검사(질적검사 : 나무그리기, 양적검사 : 자기표현, 대인관계 검사)	사후그림 검사로 프로그램 참여를 통한 변화도 측정	① 5명씩 그룹 지어 집단그림 표현 (공동화 작업) ② 나무그림(Tree)검사와 설문지 검사를 실시하기 ③ 가족들을 초대하여 작품전시회를 개최	색연필, 사인펜, 크레파스, 파스넷, 파스텔, 전지, 검사지, 4B 연필, 지우개

출처: 김은영(2013). 대상별 미술치료 & 임상사례분석.

(4) 회기별 작품사진

〈표 10-17〉 회기별 작품사진

1회기	2회기	3회기	4회기

[그림 10-39] 자유화	[그림 10-40] 집단공동화	[그림 10-41] 감전 선 표현하기	[그림 10-42] 점토 만들기
5회기	6회기	7회기	8회기
	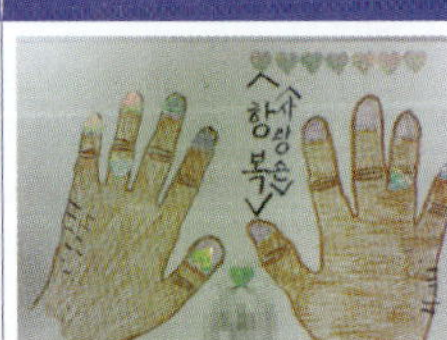	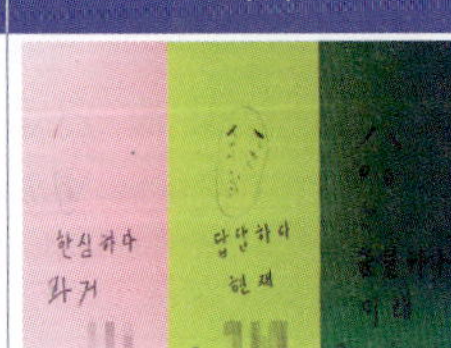	
[그림 10-43] 먹 사용 협동화	[그림 10-44] 손 본뜨기	[그림 10-45] 과거-현재-미래 자신의 얼굴 표현하기	[그림 10-46] 데칼코마니

9회기	10회기	11회기	12회기
			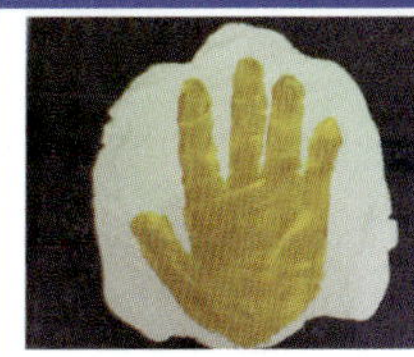
[그림 10-47] 내 자세 표현하기	[그림 10-48] 만다라	[그림 10-49] 짝지어 번갈아 그리기	[그림 10-50] 지점토 손 본뜨기
13회기	14회기	15회기	16회기
		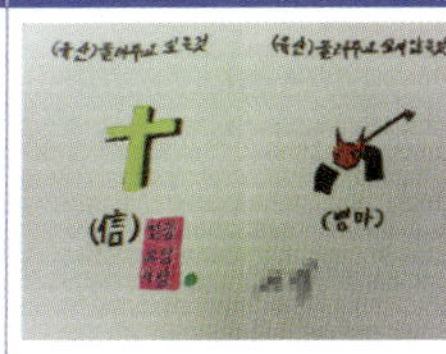	
[그림 10-51] 내가 좋아하는 나, 싫어하는 나 감정 단어로 표현하기	[그림 10-52] 외로움 나누기	[그림 10-53] 나의 유산	[그림 10-54] 나의 문
17회기	18회기	19회기	20회기
		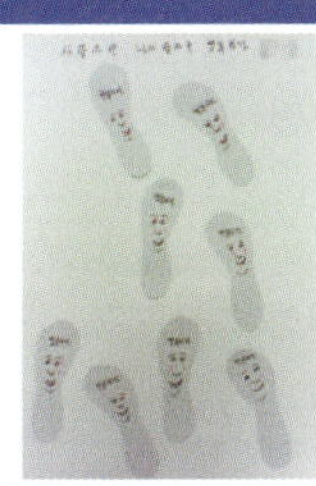	
[그림 10-55] 집단만다라	[그림 10-56] 내 마음의 동양화	[그림 10-57] 내가 걸어가는 눈길	[그림 10-58] 집단공동화

8) 연구결과

(1) 질적검사

① 개인행동변화

■ **자기표현**

〈표 10-18〉 자기표현 개인행동 사전 · 사후

대상	사전	사후
C1	자신은 할 수 있는 것이 하나도 없다고 하며 그림을 너무 못 그린다고 말함.	상담자에게 이메일 좀 보내 달라고 하거나 자신의 힘들었던 과거 경험을 솔직하게 이야기하기도 함.
C2	하고 싶은 말을 직설적으로 표현하며 자신이 잘하고 있는지 확인함.	작품에 대해 애착이 강하여 시간이 모자란다고 하며 완성된 작품은 만족스럽다고 함.
C3	묻는 말에만 대답하며 부인을 통해 자신이 왜 이런 프로그램을 받느냐고 화를 냈다는 이야기를 함.	고민 탓에 잘못했던 작품에 대해 다음 회기 때 재작업하고 싶다고 하며 완성한 후 마음이 편해졌다고 함.
C4	간단한 질문에만 대답하며 도움 주었을 때 감사하다는 표현 자주 함.	자신의 치부 경험에 대해 자세하게 설명해 주며 감정의 정화를 경험함. 처음에는 효과가 있을까 했는데 이제는 이 시간이 기다려지며 너무 좋아졌으며 내년에도 지속해서 했으면 좋겠다고 함.
C5	작품표현에 대한 애착과 집중력이 강하여 시간 조절에 어려움 보임.	작품에 대한 애착이 강하여 끝까지 마무리하고 느낌 표현이 "좋았다."는 표현을 자주 함.
C6	질문에만 대답하며 표현력이 없고 자신을 '바보'로 표현하며 미술작업하기를 자주 거부함.	이름과 글씨를 화지에 크게 잘 적을 수 있어 많이 향상되었다고 스스로 이야기함. 작품에 적극적으로 참여하며 더 잘할 수 있는 방법에 관해 물어보기도 함.

■ 대인민감성

〈표 10-19〉 대인민감성 개인행동 사전 · 사후

대상	사전	사후
C1	다른 집단원과 어울리지 않으며 혼자 있는 경우가 많음.	집단원들에게 안부를 묻거나 작품에 대해 칭찬을 해주는 모습이 보임.
C2	자기 고집이 강해서 다른 집단원 의견을 무시하고 자기 하고 싶은 대로 표현하려는 경향 강함.	C1에게 아프면서도 잘 참석해 주어서 너무 좋다고 하며 상장을 주어야 한다고 함. C3와 C5가 처음에는 선만 그렸으나 이제는 꽃도 그리고 잘한다고 칭찬을 해줌.
C3	다른 집단원과 아무 말도 하지 않으며 작업 발표 시 상담자의 물음에만 간단히 대답함.	대상자들과 인사하며 작품에 대해 잘했다고 지지해 주거나 힘들었을 거라 공감해 주는 모습 보임.
C4	C5와 컴퓨터를 같이 다녔고 아는 사이라 C5의 대변인 역할을 하고 다른 대상자들과는 어울리지 않음.	C1이 자기비하 한다고 하며 긍정적으로 변화할 것을 지지해 주며, C5와는 서로 지지하거나 장난치며 프로그램의 화기애애한 분위기를 이끌어 감.
C5	집단공동화 작업할 때 자신의 의견을 주도적으로 이끌며 가며 대상자에게 방법을 설명해 주기도 함.	집단원들에게 인사하거나 안부를 묻기도 함. 집단공동화에서 수용하거나 기다려 주는 등의 배려하는 모습도 보이고 대상자들 발표 시 적극적으로 손뼉 쳐주는 등의 모습 보임.
C6	다른 집단원과 어울리지 않으며 다른 대상자 작품에 대해서도 "모른다."라고 말함. 얼굴을 아는 C5와도 질문에만 간단히 대답하며 먼저 이야기하지 않음.	반장을 하겠다고 스스로 건의하여 주위의 추천으로 반장을 하게 되었고 프로그램 시작 시 "차렷, 경례"의 인사를 주도하거나 다른 대상자들과도 인사하고 힘들었던 일과 작품에 관해 이야기 나누기도 함.

② 나무(Tree)검사

〈표 10-20〉 나무검사 사전 · 사후

대상	사전	사후
C1	 [그림 10-59]	 [그림 10-60]
	다른 사람의 영향을 받기 쉽고 활발하지 못하며 저항력이 약하고 원기가 없으며 피로하기 쉬운 경향 보임. 폐쇄적이며 자기주장이 약하고 우울을 나타내며 나무 나이가 5세라고 하며 나약한 현재 자신의 모습을 표현함.	우측 방향에 그려 외향성과 미래성이 나타나며, 타인과 외계와의 관계에 적극적으로 대응하는 경향임. 타인과의 접촉을 원활히 하며 외계에 적응하려고 하는 욕구 나타냄(수피). 나무 나이가 20년생으로 사전에 비해 무의식의 자기상이 성장한 것으로 표현함.
C2	 [그림 10-61]	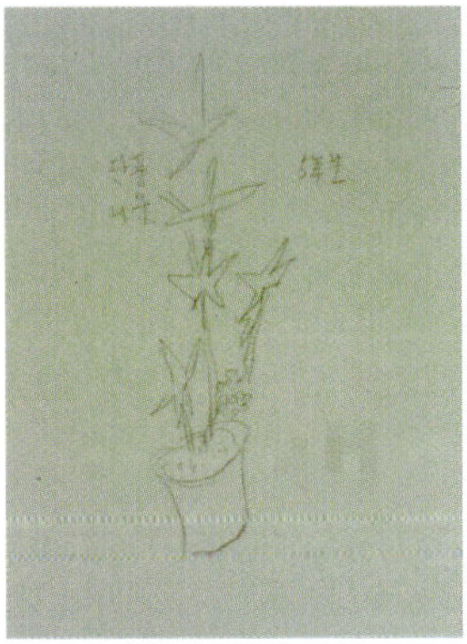 [그림 10-62]

대상	사전	사후
	퇴행 경향이 있으며 외향적이고 타인에게 접근하려 하는 경향이 보임. 외계의 자극 때문에 움직이기 쉬운 경향을 보임. 말하는 내용에 대해 표현력이 보이며 대상자들과 상의하려는 욕구를 보임으로써 대인 인식력은 있어보이나 소심함이 있고 동의 욕구는 낮은 편임.	자의식이 강하고 내향적이며 완고함도 보임(위치), 자주성의 결여와 불안정감을 나타내며 지지와 보호를 구하는 사람(받침), 줄기가 가는 것은 뇌기질장애로 보임(뇌졸중 증후), 무력감을 안고 있으면서도 표면적으로 적응해 가고 있음(큰 잎). 나무의 나이가 사전의 3년 생에서 5년 생으로 무의식의 자기상에 성장 나타남.
C3	 [그림 10-63]	 [그림 10-64]
	105세 된 고목으로 오래됐지만 튼튼한 나무로 나이는 많지만 활력이 넘치고 활동적인 삶을 사는 자신의 현재 모습 표현. 자기 표현력은 좋은 편이나 융화하거나 통합적인 모습은 어려워 보임.	우측에 그린 것으로 외향성과 미래성을 나타내며, 타인과 외계와의 관계에 적극적으로 대응하는 경향임. 타인과의 접촉을 원활히 하며 외계에 적응하려고 하는 욕구 나타냄(수피).
C4	 [그림 10-65]	 [그림 10-66]

대상	사전	사후
	3년생 수양버들은 외부의 압력과 무의식의 욕구에 자기가 지배되며 자신의 힘으로 통제할 수 없다는 감정을 나타낸 것으로 마비가 심하여 거동이 불편한 현재 자신의 모습을 나타냄. 유약한 내적자기와 분리불안에 대해 민감한 모습 보임.	객관성을 중히 여기고 순수한 사고를 하며 추상능력이 높은 것을 보임(줄기). 무력감을 안고 있으면서도 표면적으로는 적응해 가고 있는 것으로 보임(잎).
C5	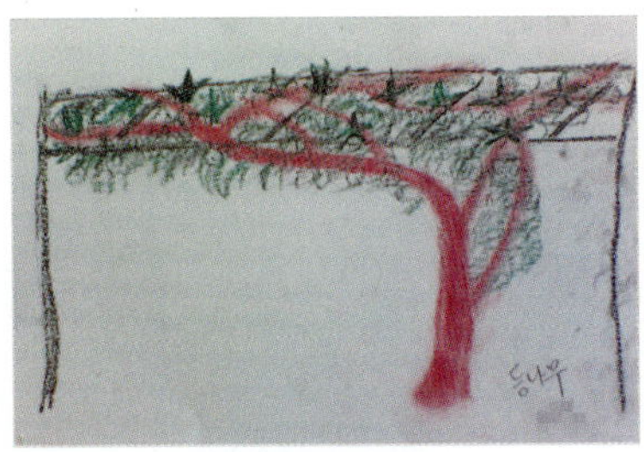 [그림 10-67]	 [그림 10-68]
	정서적인 만족을 지나치게 추구하는 경향을 보이며 환경 속에서 기회를 찾으려는 모습이 있음. 대인인식과 동의 욕구가 민감한 것으로 보임.	의존적 경향이 보이며(지면 선), 타인에 대하여 조심성이 많음(수관), 열망이 크며(잎), 인정욕구가 강하거나 예리한 관찰력을 가지고 있기도 함(수관에 잎), 환경과의 관계에 강한 관심을 가지고 완고함이 보임(껍질).
C6	 [그림 10-69]	 [그림 10-70]

대상	사전	사후
	만족을 구하려고 하나 마음의 안정을 상실하였으며 불안정성을 의미하고 형식적인 모습을 보임. 세상에 없는 나무로 자신이 나약하고 존재가치가 없는 모습을 형상시켜 표현함. 자기표현력도 떨어지며 대인인식에서 유약한 내적 자기, 소심함, 분리불안 등에 아주 민감한 모습을 표현함.	안전과 지지의 욕구가 보이며, 왼쪽으로 내려가 있는 것은 미래를 향하여 노력하는 것으로 보임(지면 선), 인간과 상호관계에서 완고함이 보임(위치), 불확실한 적응과 생활에 부적합하게 얽매여 있음(줄기), 현실 보다 추구하고 바라는 욕망이 큰 것으로 보임(줄기:잎), 자신의 긍정적 변화된 모습에 대해 수용하고 인정하는 향상된 모습 보임.

(2) 양적검사

① 자기표현

〈표 10-21〉 자기표현 사전 · 사후

하위 요인	C1		C2		C3		C4		C5		C6	
	사전	사후	사전	사후	사전	사후	사전	사후	사전	사후	사전	사후
총점	81	92	69	86	59	64	70	76	78	86	88	93
평균	4.1	4.6	3.5	4.3	3.0	3.2	3.5	3.8	3.9	4.3	4.4	4.7
말한 내용	32	37	26	39	28	32	27	37	31	37	37	40
음성	31	35	26	27	19	20	26	31	28	29	32	34
비언어적	18	20	17	20	12	12	17	8	19	20	19	19

자기표현의 사전 · 사후 검사에서 총점을 보면 C1(81점→92점), C2(69점→86점), C3(59점→64점), C4(70점→76점), C5(78점→86점), C6(88점→93점) 모두 사전에 비하여 사후의 자기표현 점수가 향상되었으며, 대상자 중 C2가 17점으로 가장 높게 향상되었다. 각 하위 요인 중 말한 내용, 음성에서는 대상자 모두 향상되었고, 비언어적 요인에서는 C1, C2, C5는 향상, C3와 C6는 동점으로 변화가 없었으며, C4는 감소 되었다.

② 대인민감성

〈표 10-22〉 대인민감성 사전 · 사후

하위 요인	C1		C2		C3		C4		C5		C6	
	사전	사후	사전	사후	사전	사후	사전	사후	사전	사후	사전	사후
총점	45	50	55	61	71	82	66	83	76	84	79	81
평균	1.9	2.1	2.3	2.5	3.0	3.4	2.8	3.5	3.2	3.5	3.3	3.4
대인인식	13	14	12	15	24	25	15	24	25	25	24	24
내적자기	9	11	16	15	13	13	16	16	12	13	15	14
소심함	8	7	6	8	11	14	7	11	7	13	11	11
분리불안	8	10	14	15	16	18	16	18	19	20	18	18
동의 욕구	7	8	7	8	7	12	12	14	13	13	11	14

대인민감성의 사전·사후 검사에서 총점을 보면 C1(45점→50점), C2(55점→61점), C3(71점→82점), C4(66점→83점), C5(76점→84점), C6(79점→81점) 모두 사전에 비하여 사후의 대인민감성 점수가 향상되었으며, 대상자 중 C4가 17점으로 가장 높게 향상 되었다. 하위 요인에서는 대인인식의 C4가 9점, 동의욕구의 C3가 5점으로 가장 높게 향상되었고, 내적자기의 C2, C6와 소심함의 C1은 모두 1점이 감소하였다.

9) 제언

첫째, 단계별 내담자들의 변화를 살펴보면 도입기에는 "이것을 해서 무엇 하나?", "할 줄 모른다." 등의 거부 의사나 자신감 없는 등의 표현을 자주 하였으나 중반 이후부터는 "일주일 중 프로그램 시간이 기다려진다.", "속이 후련하다." 등의 표현을 하였으며 프로그램 시간에도 전 회기에 사용했던 재료를 달라고 요구하거나, "나, 이만큼 잘했다.", "작업하기에 항상 시간이 부족하다."라고 스스로 이야기하며 자신감 있고 적극적인 참여 의지와 작품에 대한 애착을 표현하였다. 또한, 정리기가 되니 "약을 먹는 것보다 프로그램에 참여하는 것이 건강에 훨씬 좋다.", "프로그램 통해 너무 좋아졌다."라고 말하며 내년에도 꼭 지속해서 프로그램이 진행되기를 희망하는 의사를 표현하기도 하였다. 이러한 결과를 통해서 도입단계에서 내담자들이 미술치료에 대한 거부반응이 있을 때 상담자는 포기하지 않고 지속적으로 내담자에게 지지와 격려를 해주어야 함을 알 수 있었다.

둘째, 작품전시회를 통해서 내담자들은 "이렇게 멋진 작품이 될 줄 몰랐다. 더 열심히 하지 못한 것이 아쉽다, 아내가 나의 작품을 보며 내 인생이 보인다고 했다."라는 표현을 하였다. 이런 결과는 가족을 초대한 작품전시회가 뇌졸중 노인의 만족감과 성취감 및 자기효능감 향상에 효과적임을 알 수 있었기에, 뇌졸중 노인 대상 미술치료 프로그램에서는 종결 후 가족 및 지인을 초대한 작품전시회를 진행하는 것이 필요하다.

셋째, 질병이 있는 노인을 내담자로 진행하는 집단미술치료 프로그램에서는 질병으로 인하여 잦은 결석이 생길 수 있으므로 담당자를 통해 상시 내담자의 건강관리와 프로그램 참여 독려가 매 회기 프로그램 전후에 개인별로 관리되어야 할 것이다.

참고문헌

강진령(2021). 상담이론과 실제의 이해. 서울: 마인드포럼.

권석만(2003). 현대이상심리학 2. 서울: 학지사.

권영미(1999). 부모의 이혼이 자녀의 자아존중감과 사회성에 미치는 영향. 중앙대학교 대학원 석사학위논문.

권중돈(2014). 인간행동과 사회환경: 이론과 실천. 서울: 학지사.

권중돈(2021). 인간행동과 사회복지실천 2판. 서울: 학지사.

김동연·공마리아·최외선(2006). HTP와 KHTP 심리진단법. 대구: 동아문화사.

김선현(2006a). 마음을 읽는 미술치료. 경기: 넥서스.

김선현(2006b). 임상미술치료의 이해. 서울: 학지사.

김선현(2009). 컬러가 내 몸을 바꾼다. 경기: 넥서스.

김유숙(2006). 관계, 치유, 사회구성주의. 한국예술치료학회지, 51, 4-17.

김은영(2013). 대상별 미술치료 & 임상사례분석. 서울: 사)마음그림문화예술협회.

김은영(2018). 인지행동과 미술치료. 서울: 사)마음그림문화예술협회 워크숍 자료.

김인선·김설화·전은청·오승주(2018). 임상적용을 위한 미술치료기법. 서울: 학지사.

김정미·최외선(2019). 색채와 심리. 서울: 학지사.

김진원(2009). 인간행동과 사회환경. 서울: 대왕사 .

김파근(1998). 노인의 자기표현능력과 우울간의 관계연구. 한성대학교 행정대학원 석사학위논문.

김희성(2002). 빈곤가정 청소년의 자립준비에 관한 연구. 이화여자대학교 대학원 박사학위논문.

노안영(2018). 상담심리학의 이론과 실제 2판. 서울: 학지사 .

박윤미·박신자(2011). 최신 미술치료 핸드북. 경기: 한국학술정보(주).

박현주·서명옥(2013). 미술치료의 매체활용법. 경기: 양서원.

신동열·한상희(2016). 미술심리치료 : 이론과 실제. 경기: 양서원.

신민섭·김수경·김용희·김향숙·김진영·류명은·박혜근·서승연·이순희·이혜란·전선영·한수정(2019). 그림을 통한 아동의 진단과 이해. 서울: 학지사.

신성만·김주은·신청미·금창민·김이삭·김향미·주교현·유안나(2021). 심리상담의 이론과 실제. 서울: 마인드포럼.

안명현·강민수·김민지·김영애·송민영·오현주·장재영·정유진·최희진·하연아·홍정의(2020). 재미있고 쉬운 인지행동미술치료. 서울: 학지사.

양지원(2016). 처음 시작하는 미술치료. 서울: 소울메이트.

엄신자(2008). 인간행동과 사회환경. 서울: 인간과 복지.

영남대학교 미술치료연구회(2011). 미술치료학개론. 서울: 학지사.

윤순임 · 이죽내 · 김정희 · 이형득 · 이장호 · 신희천 · 이성진 · 홍경자 · 장혁표 · 김정규 · 김인자 · 설기문 · 전윤식 · 김정택 · 심혜숙(2005). 현대상담 심리치료의 이론과 실제. 서울: 중앙적성출판사.

이근매(2008). 미술치료: 이론과 실제. 경기: 양서원.

이미숙 · 김완수(2017). 미술심리진단 및 이상심리와 미술치료. 서울: 사)마음그림문화예술협회

이영희 · 박정원(2017). 미술치료의 이해와 매체활용기법. 서울: 사)마음그림문화예술협회.

이용석 · 정경아(2017). 임상심리사 2급. 서울: 시대고시기획.

이종승(1999). 초등학교 고학년용 최신 인성 정서 진단 검사 검사요강. 서울: 코리아테스팅센터.

장휘숙(2000). 전생애발달심리학-인간발달. 서울: 박영사.

정문자 · 송성자 · 이영분 · 김유순 · 김은영(2008). 해결중심단기치료. 서울: 학지사.

정여주(2006). 미술치료의 이해 이론과 실제. 서울: 학지사.

정여주(2014). 미술치료의 이해 이론과 실제 2판. 서울: 학지사.

정현희(2006). 실제적용중심의 미술치료. 서울: 학지사.

정현희(2018). 실제적용중심의 미술치료 2판. 서울: 학지사.

조미영(2013). 미술심리치료의 이해와 실제. 서울: 파란마음.

조영숙 · 이혜숙 · 여동원 · 반주영(2012). 미술심리지도사 (사)한국대학평생교육원협의회. 경기: 양서원.

조현주(2000). 우울에 취약한 성격 특성과 인지-행동적 요인에 관한 연구. 성균관대학교 대학원. 박사학위논문.

주리애(2003). 미술치료 요리책. 경기: 아트북스.

주리애(2011). 미술치료학. 서울: 학지사.

주리애(2015). 미술심리진단 및 평가. 서울: 학지사.

천성문 · 이영순 · 박명숙 · 이동훈 · 함경애(2015). 상담심리학의 이론과 실제. 서울: 학지사.

최보가 · 전귀연(1993). 「자아존중감 척도」 개발에 관한 연구(1). 대한가정학회지, 31(2), 41-54.

최선남 · 김갑숙 · 전종국(2007). 집단미술치료. 서울: 학지사.

최외선 · 김갑숙 · 최선남 · 이미옥(2006). 미술치료기법. 서울: 학지사.

최외선 · 이근매 · 김갑숙 · 최선남 · 이미옥(2016). 마음을 나누는 미술치료. 서울: 학지사.

최외선 · 김갑숙 · 정은주 · 정광석(2013). 미술치료기법 II. 서울: 학지사.

최인혁 · 김소영 · 김경순 · 오선미 · 곽영희 · 장윤희(2014). 매체 in 미술치료. 경기: 양서원.

한국미술치료학회(2000). 미술치료의 이론과 실제. 대구: 동아문화사.

홍형표(2015). 청소년상담사 수험연구소. 서울:시대고시기획.

스에나가 타미오(2003). Color는 Doctor(박필임 역). 경기: 예경.

스에나가 타미오(2006). 색채심리(박필임 역). 경기: 예경.

로웬펠드 & 브리테인(2002). 인간을 위한 미술교육(서울교육대미술교육연구회 역). 서울: 미진사.

Berg, I. K., & Steiner, T. (2009). *Children's solution work*(유재성·장은진 공역). 아동과 청소년을 위한 해결중심 상담. 서울: 학지사(원서 2003년 출판).

Berk, L. E. (2008). 아동발달 제7판(이종숙·이옥·신은수·안선희·이경옥 공역). 서울: 시그마프레스.

Cashdan, S. (2006). 대상관계치료(이영희·고양자·김해란·김수형 공역). 서울: 학지사.

Corey, G. (2010). 심리 상담과 치료의 이론과 실제(조현춘·조현재 공역). 서울: 시그마프레스.

Corey, G. (2013). 심리상담과 치료의 이론과 실제(조현춘·조현재·문지혜·이근배·홍영근 공역). 서울: Cengage Learning.

De Jong, P. (2004). 해결을 위한 면접(노혜련·허남순 공역). 서울: 시그마프레스.

Hamilton, N. G. (2007). 대상관계이론과 실제: 자기와 타자(김진숙·김창대·이지연 공역). 서울: 학지사.

Lauer, D. A., & Penkak, S. (2002). 조형의 원리(이대일 역). 경기: 예경.

Malchiodi, C. A. (2014). 미술치료 입문. 서울: 학지사.

Riedel, I. (2000). 융의 분석심리학에 기초한 미술치료(정여주 역). 서울: 학지사.

Rogers, C. (2006). 칼 로저스의 카운슬링의 이론과 실제(한승호·한성렬 공역). 서울: 학지사.

Rubin, J. A. (2006). 이구동성 미술치료(주리애 역). 서울: 학지사.

Rubin, J. A. (2012). 이구동성 미술치료 2판: 미술치료 이론의 종합편(주리애 역). 서울: 학지사.

Silver, R. (2017). 그림 속 우울과 공격성(재미난 DAS이야기)(주리애 역). 서울: 학지사.

Wright, J. H., Basco, M. R., Thase, M. E. (2009). 인지행동치료(김정민 역). 서울: 학지사.

Aach Feldman, S., & Kunkle Miller, C. (1987). A developmental approach to arttherapy. In J. A. Rubin (Ed.), *Approacher to art therapy*(pp.251-274). New York, NY: Brunner/Mazel.

Alschuler, R., & Hattwick, L. W. (1969). *Painting and personality*. Chicago, IL: The University of Chicago Press.

Bandura, A. (1977). *Social Learning Theory*. Englewood Cliffs, NJ: Prentice-Hall.

Barlow, D. H., & Cerny, J. A. (1988). *Psychological Treatment of Panic*. New York, NY: Guilford Press.

Barlow, D.H., Craske, M.G., Cerny, J.A., & Klosko, JS. (1989). Behavioral treatment of panic disorder. *Behaviour Therapy, 20*(2), 261-268.

Beck, A. T., Rush, A. J., Shaw, B. F., & Emery, G. (1979). *Cognitive therapy ofdepression*. New York: Guilford Press.

Beck, A. T. (1963). Thinking and Depression Idiosyncratic Content and Cognitive Distortions. *Archives of General Psychiatry*, *9*, 324-333.

Beck, A. T. (1964). Thinking and Depression: Theory and therapy. *Archives of General Psychiatry*, *10*, 561-571.

Berg, I. K. (1994). *Family Based Services: A Solution-Focused Approach*. New York: W. W. Norton.

Boyce P., & Parker G. (1989) Development of a scale to measure interpersonal sensitivity. *Australian and New Zealand Journal of Psychiatry*, *23*(3), 341-351.

Butler, A. C., & Beck, J. S. (2000). Cognitive therapy outcomes: A review ofmeta-analysis. *Journal of the Norwegian Psychological Association*, *37*, 1-9.

Clark, D. A., Beck, A. T., & Alford, B. A. (1999). *Scientific foundations of cognitive theory and therapy of depression*. Hoboken, NJ: JohnWiley&Sons.

Clark, D. M. (1986). A cognitive approach to panic. *Behaviour research and therapy*, *24*(4), 461-470.

Clark, D. M., Salkovskis, P. M., Hackmann, A., Middleton, H., Anastasiades, P., & Gelder, M. (1994). A comparison of cognitive therapy, applied relaxation and imipramine in the treatment of panic disorder. *The British Journal of Psychiatry*, *164*(6), 759-769.

Corn, A. L. (1983). *Visual thinking*. Berkeley: University of California Press.

Coopersmith, S. (1967). *The antecedents of self-esteem*. San Francisco, CA: W. H. Freeman.

Dejong, P., & Berg, I. K. (1998). *Interviewing for Solutions*. California: Books / Cole Publishing Company USA.

De Shazer, S., Berg, I. K., Lipchick, E., Nunnaly, E,. Molnar A., Gingerich, W,. & Weiner-Davis, M. (1986). *Brief therapy: Focused Solution Development, Family Process*, *25*, pp. 207~221.

Franklin, C., Biever, J., Moore, K., Clemons, D., & Scamardo, M. (2001). The Effectiveness of Solution-Focused Brief Therapy with Children in a School Setting. *Research on Social work Practice*, *11*(4), pp. 411-434.

Freud, A. (1927). *The methods of child analysis. In "Four lectures on child analysis". The writings of Anna Freud. Vol.1*. New York: International University Press.

Freud, S. (1909). *Analysis of a phobia in a five year-old-boy. Standard edition, 10*. London: Hogarth Press.

Freud, S. (1922). *Introductory Lectures on Psycho-analysis: a course of 28 lectures delivered at the Univ. of Vienna*. London: George Allen & Unwin.

Hall, C. S. (1954). *A primer of Freudian psychology*. New York, NY: Menter.

Jacobson E. (1938). *Progressive relaxation*. Chicago, IL: University of Chicago Press.

Jung, C. G. (1964). *Man and his symbols*. New York, NY: Doubleday.

Klein, M. (1952). *Envy and gratitude and other works*. New York, NY: Delacorte Press.

Kohut, H. (1966). Forms and transformations of narcissism. *Journal of American Psychoanalytic Association*, *14*(2), 243-272.

Kramer, E. (1958). *Art Therapy in a children's community*. Springfield, IL: Charls C. Thomas.

Kwiatkowska, H. (1978). *Family therapy and evaluation through art*. Springfield, IL: Charles C. Thomas.

Lowenfeld, V. (1952). *Creative and mental growth*. New York, NY: The Macmillan Company.

Mahler, M., Pine, F., & Bergman, A. (1975). *The Psychological Birth of the Human Infant : Symbiosis And Individuation*. New York, NY: Basic Books.

Naumburg, M. (1953). *Psychoneurotic art: Its function in psychotherapy*. New York, NY: Grune & Stratton.

Naumburg, M. (1966). *Dynamically oriented art therapy: Its principles and practices*. New York, NY: Grune & Stratton.

Pavlov, I. P. (1972). *Conditioned reflexes*. London: Oxford University Press.

Petersen, P. (2000). *Der Therapeut als Künstier*. Hannover: Mayer

Pick, H. L. (1981). Tactual and haptic perception. In R. L, Welsh, & B. B. Blash(Eds.), *Foundation of orientation mobility*. NY : AFB

Pope, A. W., McHale, S. M., & Craighead, W. E. (1988). *Self-esteem enhancement with children and adolescents*. New York, NY: Pergamon Press.

Rachman, S. (1997). The evolution of cognitive behaviour therapy, In D. M. Clark, & C. G . Fairburn(Eds.), *Science and Practice of Cognitive Behavior Therapy*(pp, 3-26). New York, NY: Oxford University Press.

Riedel, I. (1988). *Bilder in Therapie, Kunst und Religion*. Stuttgart: Kreuz

Riley, S.(1999). *Contemporary art therapy with adolescents*. London and Philadelphia: Jessica Kingsley Publishers

Skinner, B. F. (1971). *Beyond Freedom and Dignity*. New York, NY: Knopf.

Thorndike, E. L. (1965). *Animal Intelligence*. New York, NY: Hafner Publishing Co.

Ulman, E. (1961). Art therapy: Problems of definition. *Bulletin of Art Therapy*, *1*(2), 10-20.

Wadeson, H. S. (1980). *Art Psychotherapy*. New York: JohnWiley&Sons.

Watson, D., & Tharp, R.G. (2013). *Self-derected Behavior: Self-modification for personal adjustment(10th ed.)*. Belmont: Wadsworth Publishing.

Weick, A., Kreider, J., & Chamberlain, R. (2006). *Solving Problems from a Strengths Perspective. In D. Saleeby(4th Ed.). The Strengths Perspective in Social Work Practice*. Allyn & Bacon. pp.116-127.

Williams, G., & Woods, M. (1977). *Developmental Art Therapy.* Baltimore: Univ. Park Press.

Winnicott, D. W. (1953) Transitional objects and transitional phenomena. *International Journal of Psychoanalysis*, *34*(2), 89-97.

Winnicott, D. W. (1971). *Playing and Reality*. New York, NY: Basic Books.

Wolpe, J. (1969). *The practice of behavior therapy*. New York, NY: Pergamon Press.

Wright J. H., & Beck A. T., & Thase M. (2003). Cognitive therapy, In R. E. Hales, & S. C. Yudofsky(Eds.), *The American Psychiatric Publishing Textbook of Clinical Psychiatry, 4th Edition*(pp. 1245-1284). Washington, DC: American Psychiatric Publishing.

골판지(2021.11.14). 두산백과. https://www.doopedia.co.kr/search/encyber/new_totalSearch.jsp

에런 벡(2021.11.14). 위키백과. https://ko.wikipedia.org/w/index.php?title=에런 벡&oldid=30688199

연필(2021.11.14). 두산백과. https://www.doopedia.co.kr/doopedia/master/master.do?_method=view&MAS_IDX=101013000788758

장 피아제(2021.11.14). 위키백과. https://ko.wikipedia.org/w/index.php?title=장 피아제&oldid=30005664

콘테(2021.11.14). 네이버 지식백과. https://terms.naver.com/search.naver?query=%EC%BD%98%ED%85%8C&searchType=&dicType=&subject=

크레파스(2021.11.14). 네이버 지식백과. https://terms.naver.com/search.naver?query=%ED%81%AC%EB%A0%88%ED%8C%8C%EC%8A%A4&searchType=text&dicType=&subject=

파스텔(2021.11.14). 네이버 지식백과. https://terms.naver.com/search.naver?query=%ED%8C%8C%EC%8A%A4%ED%85%94&searchType=text&dicType=&subject=

저자소개

❖ 이 영 희

숭실대학교 사회복지대학원 사회복지학과 박사수료
숭실대학교 사회복지대학원 사회사업학과 석사
연세대학교 문과대학 영어영문학과 학사
숭실대학교 사회복지대학원 겸임교수
숙명여자대학교 미래교육원, 총신대학교 평생교육원, 가톨릭대학교 평생교육원 외래교수
숭실대학교 사회복지대학원 미술심리상담사과정 강사
사단법인 마음그림문화예술협회 이사 · 슈퍼바이저
미술심리지도사 1급 종목 출제위원 (사)한국대학평생교육원협의회)

❖ 박 정 원

경기대학교 일반대학원 사회복지학과 박사수료
이화여자대학교 일반대학원 도예과 석사
서울대학교 미술대학 공예과 학사
경인여자대학교 교양과 초빙교수
서울과학기술대학교 대학원, 경기대학교 사회복지대학원, 숭실대학교 사회복지대학원,
대전대학교, 서울과학기술대학교, 한양여자대학교, 경인여자대학교
총신대학교 평생교육원, 건국대학교 미래지식교육원 외래교수
숭실대학교 사회복지대학원 미술심리상담사과정 강사
사단법인 마음그림문화예술협회 이사 · 슈퍼바이저
경인여자대학교 교양교육센터 교육과정 위원회 운영위원

저자소개

❖ 김 은 영

명지대학교 대학원 아동학(아동가족심리치료 전공) 박사(PH.D)
가톨릭대학교 사회복지대학원 사회복지학 석사
경복대학교 아동상담보육과 겸임교수
명지대학교 아동학과 객원조교수, 디지털서울문화예술대학교 사회복지학과 외래교수
총신대학교 평생교육원 교수, 가톨릭대학교 평생교육원, 경인여자대학교 강사
숭실대학교 사회복지대학원 미술심리상담사과정 강사
사단법인 마음그림문화예술협회 대표이사 · 슈퍼바이저
사단법인 청소년행복세상 경기중부연맹 회장
미술심리지도사 1급 종목 출제위원 (사)한국대학평생교육원협의회)

❖ 양 지 원

경기대학교 일반대학원 사회복지학 박사(PH.D.)
숭실대학교 사회복지대학원 사회복지학 석사
경기대학교 사회복지학과 겸임교수
명지대학교 미래교육원 외래교수
숭실대학교 사회복지대학원, 명지대학교 미래교육원 미술심리상담사과정 강사
사단법인 마음그림문화예술협회 이사 · 슈퍼바이저
하음심리상담센터 소장
한국백혈병소아암협회 소아청소년암 통합치료센터 미술상담 전문가
웅진또또사랑, 농심세계소아암의날 전국 그림공모전 심사위원

미술치료의 길잡이

– 이론과 매체 적용 –

초 판 1쇄 발행 2022년 2월 4일
초 판 2쇄 발행 2026년 3월 10일

지 은 이 | 이영희 · 박정원 · 김은영 · 양지원
펴 낸 이 | 김기섭
편 집 인 | 이상희
펴 낸 곳 | 창지사 www.changjisa.com
08589 서울시 금천구 가산디지털 1로 83 파트너스타워 1차 9층
전화 (02)719-2211~3
팩스 (02)701-9386
등 록 | 1977년 4월 28일 · 제1-421호

ISBN 978-89-426-1523-0 (93370)

값 26,000원